纪念中国共产党成立 100 周年

『苏河红色印记』系列丛书

地标火红

中共上海市普陀区委党史研究室　上海市普陀区档案局　编

华东师范大学出版社

·上海·

图书在版编目（CIP）数据

火红地标 / 中共上海市普陀区委党史研究室，上海
市普陀区档案局编 . —— 上海 ：华东师范大学出版社 ,2021
　ISBN 978-7-5760-1838-7

　Ⅰ.①火… Ⅱ.①中… ②上… Ⅲ.①革命纪念地－
介绍－普陀区 Ⅳ.① K878.2

　中国版本图书馆 CIP 数据核字 (2021) 第 101547 号

"苏河红色印记"系列丛书

火红地标

编　　者　中共上海市普陀区委党史研究室　上海市普陀区档案局
策划编辑　张俊玲
责任编辑　黄诗韵
责任校对　黄欣怡　时东明
装帧设计　谢琳琪

出版发行　华东师范大学出版社
社　　址　上海市中山北路 3663 号　邮编 200062
网　　址　www.ecnupress.com.cn
电　　话　021-60821666　行政传真　021-62572105
客服电话　021-62865537　门市（邮购）电话　021-62869887
地　　址　上海市中山北路 3663 号华东师范大学校内先锋路口
网　　店　http://hdsdcbs.tmall.com

印　刷　者　苏州工业园区美柯乐制版印务有限责任公司
开　　本　787×1092　16 开
印　　张　21
字　　数　381 千字
版　　次　2021 年 7 月第 1 版
印　　次　2021 年 7 月第 1 次
书　　号　ISBN 978-7-5760-1838-7
定　　价　98.00 元

出 版 人　王　焰

（如发现本版图书有印订质量问题，请寄回本社客服中心调换或电话 021-62865537 联系）

中央党史和文献研究院便笺

记录红色足迹

讲好党的故事

祝贺《火红地林》出版

金冲及

2021·1·5

金冲及，中共党史和中国近代史专家、原中国史学会会长，中央文献研究室常务副主任、研究员，国家哲学社会科学规划领导小组成员，中国社会科学院教授、博士生导师。

前　言

　　上海市普陀区是中国近代民族工业的重要发祥地之一，也是党领导的上海工人运动的发源地之一，遗存有一大批红色革命印记，有着"赤色沪西"的美誉。根据中共上海市普陀区委的工作要求，我们对区内（沪西地区）45处红色革命旧址（遗址）进行了考证，并挖掘整理出相关历史事件及其文献资料和研究成果，汇集成册，取名《火红地标》出版，向中国共产党建党100周年献礼。

　　本书所记录的45处革命旧址（遗址）所在地，现今大都变成了高楼林立、绿树成荫的风景线，人们已很难从中找寻到旧时的痕迹。为了弥补这个缺憾，我们以老马识途的韧劲，尽力搜寻到往日的照片，并配以旧址（遗址）所在地如今的地貌照片，试图在人文历史与现实世界之间架起桥梁，让读者寻觅到普陀（沪西）红色文化的厚重历史，不忘先辈们的初心和使命，在缅怀先烈中激发让我们为中华民族伟大复兴更加坚定地奋斗，以实现存史资政育人的目的。

一、普陀区光荣革命传统起始于五四爱国运动

　　上海是一座具有光荣革命传统的英雄城市。19世纪末，上海开埠，民族实业家和外商（主要是日商）开始在横贯沪西地区的苏州河沿岸开厂兴业，逐渐形成了上海近代工业产业，孕育出了中国最早的一批产业工人。他们深受帝国主义、资本主义和封建势力的三重压迫，每天劳动12小时甚至更长，但工资极低，生活、劳动的条件恶劣，人身自由和政治权利更缺乏。他们团结起来，不断地为生存而抗争。马克思在《共产党宣言》里指出："无产阶级的运动是为绝大多数人谋利益的独立运动，是资本主义的掘墓人。"沪西工人阶级在不断的斗争中逐渐成为一支最进步、最革命、最有远大前途的政治力量。

　　1919年5月4日，北京爆发反帝反封建爱国运动，标志着中国新民主主义革命的到来。就在学生爱国运动遭到军阀政府的残酷镇压之际，上海沪西地区内外棉三、四、五厂工人率先罢工，走上街头，声援北京学生的大罢工，激起了全国声援五四运动的浪潮，史称"六三"大罢工。"六三"大罢工标志着中国工人阶级开始以独立的姿态正式登上政治舞台。本书首篇《1919年沪西工人首次政治罢工地》通过对史实的描述和分析，全面、深刻地揭示了沪西小沙渡地区内外棉三、四、五厂工人率先发动"六三"大罢工所具有的历史意义。

　　沪西内外棉三、四、五厂工人在五四运动中的壮举意义非凡，让中国先进分子看到中国工

人阶级力量的强大。1920 年初，陈独秀南下上海，遵循马克思主义的建党学说，在上海建立了中国共产党发起组。发起组把深入工人、组织工人作为建党的第一步，委派发起组成员李启汉和外国语学社陈为人等到上海纺织工人最为集中的小沙渡地区创办沪西工人半日学校。沪西工人半日学校的创办是马克思主义基本原理与中国工人运动相结合的伟大探索和实践。

本书中《沪西工人半日学校遗址》一篇通过详实的史料，全方位再现了中国共产党创办第一个工人学校的艰难历程。李启汉、陈望道等发起组成员把马克思主义基本原理送进工人阶级的学校大课堂，启发广大工人的阶级觉悟，继而创建了沪西纺织工会。沪西工人半日学校在培养工人运动先驱的同时，也催化了先进知识分子思想的无产阶级革命化，实现了教和学的"初心致远、使命铸魂"。1921 年 7 月，中国共产党的诞生开创了中国命运的新纪元，也开创了沪西工人运动的新局面。本书相关篇章也可成为正在沪西工人半日学校旧址筹建的沪西工人半日学校史料陈列馆的参观指南。

二、沪西工运的星星之火在中国大革命运动中燎原

1924 年至 1927 年，中国大地上爆发了一场轰轰烈烈的反帝反封建革命运动。这场革命运动规模之宏伟、发动群众之广泛、影响之深远，在中国近代史上前所未有，人们通常称其为"大革命"或"国民革命"。

1924 年 5 月，为了进一步推动上海工人运动，中共中央派邓中夏、李立三和项英等同志到沪西小沙渡地区领导沪西工人运动。他们在沪西工人半日学校和补习学校的基础上创办了沪西工友俱乐部，邓中夏、李立三、项英、刘华、蔡和森、恽代英、向警予、杨之华、杨开慧等同志和上海大学的许多学生相继到沪西工友俱乐部任教和开展工人运动，培养了孙良惠、顾正红、陶静轩等许许多多沪西工运领袖。沪西工友俱乐部成立不久，中共小沙渡小组、中共沪西支部先后建立，成为此后领导沪西工人运动的"心脏"。在党的领导下，1925 年初，沪西沪东联袂发起了二月罢工；5 月，沪西内外棉七厂工人顾正红的牺牲引爆了席卷全国的五卅反帝爱国运动，揭开了中国大革命高潮的序幕。1926 年 10 月至 1927 年 3 月，中国共产党领导发动了三次上海工人武装起义，沪西英雄儿女浴血奋战，彪炳中国革命史册。

本书中《沪西工友俱乐部遗址》《沪西工友俱乐部大丰里秘密据点》《潭子湾公祭顾正红大会纪念地》《上海总工会第四办事处遗址》《工人运动领袖刘华烈士纪念塑像》《孙民臣、戴器吉烈士殉难处》《大夏大学陈骏、陈亮烈士殉难处》《顾正红纪念馆》《上海工人三次武装起义大型群雕》等篇章再现了沪西工人阶级在中国大革命时期的壮举和历史功勋：沪西工友俱乐部与安源路矿工人俱乐部一起彪炳于中国工运史册；顾正红烈士和五卅运动成为中国共产党史和中国工人运动史中浓墨重彩的一笔；沪西工人在上海工人三次武装起义中的喋血奋战更是值得纪念……这些红色基因已深深融入了普陀的城市文化的血脉中，他们是普陀人民的信仰之光，普陀人民为之自豪。

三、沪西革命先烈多壮志，敢叫日月换新天

1927年4月，蒋介石集团在上海发动了"四一二"反革命政变，成千上万的共产党员、共青团员以及革命的工人、农民、知识分子和党外革命人士都倒在了血泊中，党的活动被迫转入地下。中国共产党所领导的人民革命斗争进入了最为艰苦的年代。

中国大革命失败了，但沪西共产党人和革命志士并没有被国民党的血腥屠杀吓倒。在白色恐怖统治下，沪西地区的党团组织屡遭破坏，许多党员和工人骨干被捕、被杀。革命的幸存者冲破了反革命的高压，擦干了战友身上的血迹，掩埋好战友的尸体，在黑暗中高举革命旗帜，以鲜血和生命，继续奋战前行。他们中，有的走上了红军长征路，投身于农村包围城市的革命道路；有的坚守上海沪西革命阵地，百折不挠地进行着"灵与肉"的斗争。

本书《沪西安迪生电泡厂工人抗暴斗争纪念地》等篇章，记载了这段血雨腥风的历史。沪西安迪生电泡厂工人的抗暴斗争打破了1927年"四一二"反革命政变以来上海工运的沉闷局面；美亚第四织绸厂等厂的革命斗争爆发后，时任中华苏维埃共和国中央政府主席的毛泽东发电全国声援；1936年上海日商纱厂沪西工人反日大罢工掀起了上海工运新高潮，并引发了"七君子事件"；劳工幼儿园、新会路华童公学的创办则表现了爱国民主人士在民族危亡之际用办学教育等方式坚持抗日的爱国之情。

本书通过对这段历史的介绍，力图揭示一种惊天地泣鬼神的精神力量。在那个黑暗的年代，陪伴革命先驱者的不是鲜花、掌声和美酒加咖啡，而是血淋淋的皮鞭、电刑和屠杀。《中共沪西特区委纪念地》一篇反映了党的机关遭到破坏后，无畏的共产主义战士直面生死考验时所呈现出的中国共产党人敢叫日月换新天的英雄气概。《沪西共舞台事件遗址》一篇介绍了13位烈士血洒南京雨花台的故事，再现了烈士在刑场上发出生命最后一刻的呐喊以及"这是最后的斗争，团结起来到明天，英特纳雄耐尔就一定要实现"的歌声依旧嘹亮。

四、中华民族到了最危险时刻的沪西人民抗日战斗

抗日战争是中国人民100多年来第一次取得完全胜利的反对帝国主义侵略的民族解放战争，它洗雪了自鸦片战争以来的民族耻辱，成为中华民族从生死存亡关头到重新奋起振兴的转折点。

中国人民抗战的14年，也是沪西工人阶级和人民抗战的14年。在这政治环境极其错综复杂的14年里，沪西党组织和党员执行抗日民族统一战线方针，高举民族抗战旗帜，团结广大人民和爱国志士，在斗争中积聚力量，扩展阵地，同仇敌忾，投身抗日，为夺取抗日战争的最后胜利作出了历史贡献。

上海"孤岛"时期，大量难民从战区涌向包括沪西在内的租界地区，社会各界纷纷参加救亡协会，组织抗日战时服务团。除了沪西国民战时服务团外，沪西妇女界、教育界甚至宗教界都行动起来，工厂、学校、街头、寺庙成了声讨日军暴行的阵地。本书以《真如暨南大学旧址》《大夏大学旧址》《沪西革命战时服务团活动地旧址》《地下少先队群雕》等篇记录了真如暨南大学在抗战中被日寇彻底炸毁、大夏大学被迫内迁、地下少先队员的抗日斗争、沪西国民战时服

团领导沪西地区人民抗日救亡运动的历史。《"三信"苏河工潮纪念地》一篇记录了 1940 年轰动上海的信和纱厂、信孚印染厂和信义机器厂"三信"工厂工人谋求生存的斗争故事。

《女青年会裕庆里女工夜校遗址》一篇记录的是中国共产党民族统一战线和先进教育思想引导下，我国劳工史中绽放的一枝花朵。在原沪西共青团区委书记胡瑞英的领导下，女工夜校师生组成上海劳动妇女战地服务团，3 年间辗转苏、浙、皖、赣、湘、鄂、豫、闽八省两万里，有的奔赴延安，有的参加新四军，投身到战火纷飞的抗战一线，成为中国妇女抗战的难忘记忆。

1941 年 12 月，太平洋战争爆发，日军进占上海全部租界，"孤岛"时期结束。本书《同兴纱厂革命斗争纪念地》《上海第一棉纺厂革命斗争纪念地》《上海第六棉纺厂革命斗争纪念地》《沪西地下军茶馆联络点遗址》《莫干山路（叉袋角）沪西地下军起义旧址》等篇以历史的大视角重现了沪西工人阶级在党的领导下坚持斗争，里应外合，迎接抗战胜利的几个精彩片段。我们从中可以体悟到共产党人在隐蔽战线开展工人运动所展现的斗争艺术，也能感受到沪西地下军在抗战胜利前夜预备武装起义的惊心动魄。回顾这段光荣历史，我们可以真切地感悟到上海地下党和沪西工人阶级不避艰险、敢于斗争、勇于牺牲的无畏精神和崇高品德。

五、沪西人民为争取彻底解放的浴血奋战

1945 年 8 月 15 日，日本宣布无条件投降，中国人民取得了艰苦卓绝的抗战胜利。但是，抗战胜利后的中国又面临着两种命运的抉择：是回到半殖民地半封建的老路，还是开创独立、民主、繁荣富强的光明新世界？为此，沪西人民在党的领导下掀起了针对国民党反动统治的反内战、反独裁、反迫害运动，并最终迎来了彻底解放。

抗战胜利后，经过长期斗争的沪西人民迫切需要休养生息，恢复生产，治疗创伤，但国民党接收大员们不顾人民死活，强取豪夺，变接收为劫收，导致原本已气息奄奄的上海经济愈加凋敝。工厂不开工，设备被盗卖，许多工人失业或半失业，陷入"接收关工厂，胜利饿肚皮"的悲惨境地。本书中《平民村沪西失业工人联合会遗址》《三区（沪西）棉纺业工会遗址》《于再烈士祭奠大会旧址》等篇讲述了以工人阶级为主体的沪西人民在党的领导下一次又一次地进行的"反饥饿、反内战"抗争的故事。随着中国人民解放军解放大上海的隆隆炮声临近，国民党反动政权加紧了白色恐怖镇压。面对黎明前的黑暗，沪西人民又开展了"反破坏、反屠杀、反迁移"的护厂、护校斗争。本书中《申新九厂"二二"斗争所在地》《中共地下沪西区委旧址》《警委钱凤岐、刘家栋两烈士遇难处》《第一印染厂工协护厂纪念地》《上海造币厂人民保安队护厂纪念地》《大隆机器厂护厂斗争纪念地》《青年会沪西公社遗址》等篇从不同侧面再现了在党的领导下，沪西人民不惜用生命守护工厂、学校，让人民财产完好地回归到即将迈入新世界的人民手中。《真如国际电台旧址》《解放军接受国民党上海警备副司令投诚地》等篇则真切地反映了沪西人民迎接胜利的欢庆之情。《沪西革命史陈列馆》通过对陈列馆的介绍，全方位地展现从 1919 年五四运动到 1949 年 5 月上海解放三十年间，沪西人民在党的领导下进行的波澜壮阔的斗争诗史。

六、挖掘红色资源，讲好红色故事，弘扬革命传统的现实意义

红色资源是我们党宝贵的精神财富，她承载着党为中国人民谋幸福、为中华民族谋复兴的初心和使命。习近平总书记高度重视红色资源的挖掘保护利用，强调要把红色资源利用好，把红色传统发扬好，把红色基因传承好。

45个火红地标勾勒的是沪西30年的火红画卷。本书对普陀（沪西）地区革命旧址（遗址）的挖掘整理，虽然只有区区45个点位的历史梳理以及53篇文史资料整理，但我们试图通过这些历史片段，串联起自1919年至1949年30年间中国共产党沪西党史以及党所领导的工人运动史的脉络。更为重要的是，我们希望用选取的历史记载来描绘出那些为了理想而舍生忘死、前仆后继的仁人志士英雄的群像，揭示出先驱、先烈们在残酷斗争中"没有被吓倒，被征服，被杀绝"，而是"从地下爬起来，揩干净身上的血迹，掩埋好同伴的尸体，他们又继续战斗了"（毛泽东语）的革命精神和意志。正如习近平总书记在纪念五四运动100周年大会上的讲话所诠释的："历史深刻表明，爱国主义自古以来就流淌在中华民族血脉之中，去不掉，打不破，灭不了，是中国人民和中华民族维护民族独立和民族尊严的强大精神动力，只要高举爱国主义的伟大旗帜，中国人民和中华民族就能在改造中国、改造世界的拼搏中迸发出排山倒海的历史伟力！""历史深刻表明，有了马克思主义，有了中国共产党领导，有了中国人民和中华民族的伟大觉醒，中国人民和中华民族追求真理、追求进步的潮流从此就是任何人都阻挡不了的！"

正如中央党史和文献研究院原常务副主任、中国近代史和中共党史研究专家金冲及为本书题词"记录红色足迹，讲好党的故事"所期望的那样，本书对45处革命旧址（遗址）历史的挖掘整理并不意味着沪西革命史研究的终结。我们期盼以此为契机，进一步推动普陀红色资源的发掘、保护和利用，进一步弘扬和传承革命精神和传统，激励全区党员干部和群众投身于新时代的伟大事业。

我们谨以此书，献给我们伟大光荣的党，献给无数的革命先烈，献给实现民族复兴的伟大新时代，献给为更加美好的明天而奋斗的普陀人民。

编　者
2021年1月

目　录

1919 年沪西工人首次政治罢工地

【火红地标】

西康路宜昌路口（原日商内外棉第三、四厂）

1919 年沪西工人首次政治罢工地外景近况

【火红历史】

　　1919 年 5 月 4 日，为反对帝国主义列强在巴黎和会上损害中国主权，北京大学等高校的青年学生冲破军警阻挠，走上街头，举行集会和游行示威，抗议反动政府的卖国政策，爆发了轰轰烈烈的五四爱国运动。6 月 3 日，北洋政府大肆逮捕青年学生，激起了全国人民的极大愤慨。6 月 4 日，上海学生纷纷走上街头，进行反帝宣传，并动员商店罢市。学生游行队伍来到沪西小沙渡内外棉厂附近，向工人群众演讲，控诉帝国主义的侵略行径、北洋政府的卖国罪行，高呼"外争主权、内除国贼"口号，激起了工人们的爱国热情。

"这时，一个重要的事实发生了：中国工人阶级开始以独立的姿态登上政治舞台。在上海学生'沿街跪求'商人罢市之际，从6月5日起，上海工人自动举行声援学生的罢工。"①当天上午，商店罢市的消息传到内外棉五厂，工人们关车停工，一边高喊"不替仇人做工"的口号，一边冲出厂门（今澳门路江宁路口），会同内外棉三厂、四厂的五六千名工人，与附近的码头工人一起，走上街头游行示威。下午，沪东地区的日华纱厂、沪东上海纱厂、商务印书馆、中华书局等工人也相继罢工。6月6日《申报》"日商纱厂工人"条对此作了报道：

　　　　日商纱厂工人　　昨日全体罢市之信流传。上午十一时三十分，曹家渡日人所设内外棉第三、第四、第五纱厂男女工人五六千人，亦全体罢工停作。下午一时半，陆家嘴日华纱厂、杨树浦上海纱厂男女各工人，亦相继停工罢作。该三厂共有工人二万余人。亦可见吾民之爱国心热矣。

　　从6月5日到11日，上海共约11万工人和7万余店员投入罢工罢市，史称"六三"大罢工。作为全市"三罢"斗争的主力军，上海工人阶级在此次斗争中显示了强大的战斗力。上海工人阶级的声援斗争蔓延全国，扩展到了

1919年6月5日，上海六七万工人大罢工，显示了工人阶级的巨大力量

20多个省区、100多个城市。迫于人民群众的压力，北洋政府不得不于6月10日释放被捕的北京学生，宣布罢免卖国贼，并拒绝在巴黎和会上签字。

1919年6月6日《申报》关于5日在内外棉三四五厂工人爆发罢工的报道

上海市民庆祝"三罢"斗争胜利

　　五四运动就这样突破了知识分子的狭小范围，成为有工人阶级、小资产阶级和资产阶级参加的全国规模的群众运动。运动的中心由北京转移到上海，斗争的主力也由学生逐渐转向工人。

　　沪西小沙渡地区是近代上

① 中共中央党史研究室：《中国共产党的九十年》，北京：中共党史出版社、党建读物出版社，2016年。

海工业的发轫地。日本从 20 世纪初就开始觊觎沪西小沙渡地区。1911 年 7 月，日商内外棉株式会社第三厂在宜昌路 320 号建成投产。1913 年至 1923 年，又先后在小沙渡地区创办了内外棉第四、五（东、西厂）、六、七、八等厂。

随着沪西小沙渡地区资本主义生产方式的形成和发展，产生了以出卖劳动力为生的雇佣劳动者——中国工人阶级。日本资本家通过多种形式雇佣工人，剥削中国工人劳动的剩余价值。由于旧中国是一个半殖民地半封建社会，因此，在近代发展起来的资本主义雇佣制度不同于封建主义的雇佣劳动，在许多方面还带有殖民主义、封建主义的特征，普遍实行招工头制、包工制、学徒工制、养成工制、包身工制。这种超经济剥削的强迫性质，相比西方国家的工人所受的剥削和压迫更为残酷，劳动条件更为恶劣，经济和社会地位更为低下，劳动人民的生活更为悲惨。

马克思、恩格斯在《共产党宣言》指出："无产阶级（工人阶级）是人类迄今历史上最伟大的阶级，是资本主义的掘墓人。"五四运动中，沪西工人阶级率先声援北京学生，推动了马克思主义在中国的广泛传播。中国先进青年知识分子在五四运动中看到了中国工人阶级的强大力量，从而推进了马克思主义与中国工人运动的结合。由此，中国共产党在 1921 年应运而生。

【火红记忆】

关于"六三"大罢工的几个问题 [①]

姜沛南

关于五四时期上海工人大规模的罢工斗争(1919 年 6 月 5 日—1919 年 6 月 11 日)，过去已有许多书刊作过介绍和评论，但对于这次罢工的名称、参加罢工的人数，以及对罢工的评价问题，诸说不一。本文拟对上述几个问题提出一些看法，就正于同行和读者。

一、名称问题

对于这次大规模的罢工，有各种各样的命名，大体上可区分为两类：一类是沿用邓中夏同志的说法，称之为"五四运动中的爱国罢工"，有的称为"五四政治罢工"，或称为"五四运动的政治大罢工"；另一类则与"六三"运动相联系，称之为"六三爱国大罢工"，或简称为"六三大罢工"，也有的称之为"六五罢工"或"六月罢工"，等等。

我建议采用"'六三'大罢工"这个名称，理由如下。

---

① 载上海社会科学院历史研究所：《史林》，1987 年第 4 期。文字有删减。

其一，名符其实。众所周知，这次大罢工是在五四爱国运动发展到六三运动这个新阶段才爆发的。6月3日以后，群众爱国运动的中心由北京移到上海，运动的主力由学生群众变为工人阶级。这次大罢工是和六三运动紧密相联的，是六三运动的主要内容之一。因此，"'六三'大罢工"这个名称最符合当时运动发展的实际，就像1925年的"五卅总罢工"最能体现五卅运动的精神实质一样。

其二，言简意明。如前所述，"'六三'大罢工"既把这次罢工和六三运动紧密结合在一起，已足以表明罢工的性质是爱国的政治罢工，自可省去"爱国""政治"等用语，以免繁琐。至于"六五罢工"或"六月罢工"等名称，简则简矣，可是意义不明，因为它们只表明了时间，却没有直接与六三运动挂起钩来，所以不宜采用。有人说，这次大罢工是6月5日爆发的，用"'六三'大罢工"这个名称在时间上不是会引起误解吗？这确实是一个缺憾，但一个名称只能从主要方面反映事物的实质，不可能面面俱到。

二、罢工人数问题

"六三"大罢工究竟有多少人参加？历来缺乏准确的统计。应当感谢邓中夏同志，在他所著《中国职工运动简史》中给我们留下了一个估计的数字。他说，参加大罢工的"总共人数无确实统计，大概有六、七万人"。解放后的各种书刊，大多沿用这个估计数。有一位美籍华人模棱两可地说："有的人估计共有六万至七万名，有的估计达九万名或更多。"

这些估计数的准确程度如何呢？现将当时报刊记载的参加"六三"大罢工的上海工厂工人和交通运输工人按单位列表统计如下。

1	沪西日商内外棉第三、四、五、七、八、九厂等	15,000人
2	沪东日商上海纱厂第一、二、三厂	4,000人
3	浦东日商日华纱厂全体工人	3,000人
4	中外轮船公司全体海员	5,000人
5	各轮船码头搬运工	20,000人
6	沪宁、沪杭铁路（包括铁路总机厂）工人	5,000人
7	英美烟厂全体工人	6,000人
8	法商求新机器造船厂全体工人	3,000人
9	英商祥生、耶松、瑞镕等船厂工人	3,000人
10	官办江南造船厂工人	2,000人
11	铜铁机器工人	5,000人

12	英商、法商和华商电车工人	3,000 人
13	全市汽车司机	2,000 人
14	全市马车工人	2,000 人
15	印别业（包括商务、中华、英商别发书房，海关、造册处等）	2,000 人
16	日商兴发荣机器厂及铃木洋行等	1,000 人
17	英美电话公司、工部局电气修理工等	1,000 人
18	美商奇异电灯厂、美孚和亚细亚油栈、慎昌和茂生洋行等	2,000 人
19	华章造纸厂、荣昌火柴厂、华昌盒片厂	2,000 人
20	大有榨油厂、信通织布厂、锦华等丝厂	1,000 人

以上 20 项合计 86000 余人。如果除去码头工人的 2 万之数（邓著漏列），其余 66000 人基本上属于产业工人。单就参加大罢工的产业工人而言，邓中夏的估计数还是相当准确的，也是难能可贵的。

但是，在中国工人阶级的队伍中，除了产业工人这个主体外，还应当列入"城市小工业和手工业的雇佣劳动者和商店人员"。手工业工人参加大罢工的主要有：

1	漆业工人（当时全市漆匠有 13,500 人，报载全体罢工，可能夸大，只计半数）	
		6,500 人
2	水木业工人（当时全市泥水匠、木匠有 7 万人，报载全体罢工，可能夸大，只计 1 万人）	
		10,000 人
3	理发工人（当时全市理发业有 24,000 人，参加罢工的只算其零数）	4,000 人
4	公共租界清道夫（当时清道夫约有 5000 人，参加罢工的至少有半数）	2,500 人

以上 4 项合计 23000 余人，连前共计 11 万人。这个数字证明参加大罢工的工人"达九万名或更多"的说法还是比较符合实际的。

一个美国新闻记者写的《出卖上海滩》中曾这样描述"六三"大罢工的声势："十余万名工人都从湫隘的厂屋中涌了出来，高声喊着他们的口号！"看来这并非过分的夸张。

至于积极推动和坚持罢市斗争的广大店员，也是工人阶级队伍的一部分，理应计入大罢工的总人数之内。最早把罢市店员纳入"六三"大罢工统计数字的是 1959 年沈以行同志的一篇文章，文中估计罢市店员约 3 万多人，连同罢工工人六七万，参加大罢工的总人数"在十万以上"。后来，在 1963 年出版的丁守和同志等著的一本书中，则估计产业工人及码头工、清洁工"总数达六、七万人，如果加上手工业工人、店员、苦力等当在十五万人以上"。这个数字比沈文估计数又跨出了一大步，可惜没有具体说明参加罢工的手工业工人和店员各有多少，苦力又有多少。

罢市店员究竟有多少呢？据《上海商业名录》（1918年商务版）的记载，全市比较大的商行近万家，不包括夫妻小店。每家平均以10人计，总人数当在10万之谱，除去各商行的店主和经理，店员至少有8万人。当时，全市华界和租界各商店一律罢市，外商经营的商行也有一部分中国职工罢业（如英商礼查饭店和一些洋行），那么，估计有7万多商店职工参加罢市罢工是不算夸大的。

综上所述，参加"六三"大罢工的上海产业工人和手工业工人，连同广大店员，总数共达18万余人。这样看来，过去对大罢工人数的估算偏低了，这就不足以充分说明为什么中外反动派感到那样猛烈的震动。

三、对罢工的评价问题

以上海"六三"大罢工为中心的全国各地工人的斗争，显示了中国工人阶级巨大的革命能量，给了帝国主义和军阀政府一个有力的打击，促成了五四爱国运动的胜利。这是毫无疑义的，几乎是各种书刊公认的看法。但对于这次大罢工在中国工人运动史以至新民主主义革命史上所占的地位，则有各种不同的评价。邓中夏认为："中国工人阶级的政治罢工开始于这一次，后来中国工人阶级能发展自己阶级的独立力量与独立斗争，显然的此次罢工有很大的影响。"解放初期出版的一些书刊基本上沿用这种看法。至1957年，评价有了变化。丁守和同志等认为"五四运动是中国工人阶级以独立的力量走上政治舞台来担负起中国民族民主革命任务的开始"，这时工人阶级"已经开始摆脱资产阶级在政治上的影响，而走上了独立地进行政治斗争的道路"。1963年，他进一步肯定："五四时期的大罢工表明，中国工人阶级已经摆脱资产阶级的影响，独立寻找民族解放和自身解放的道路。"1960年编印的《上海工人运动史稿》的评价更高，作者写道，"六三"大罢工"是中国工人阶级由自在阶级转变为自为阶级的标志"，这时的"工人阶级立场鲜明，态度坚决，斗争英勇，后来居上……显示出自己是一个觉悟了的独立的政治力量，从而将中国革命由资产阶级的轨道转上了无产阶级的轨道"。实际情况究竟怎样呢？

首先从工人阶级的觉悟程度来看。当时，在俄国十月革命影响下新生的共产主义知识分子为数甚少，还没有来得及到工人中去宣传灌输马列主义，而没有这种灌输，工人阶级就不可能从自在阶级转变为自为阶级。实际上，"六三"大罢工首先在日商纱厂爆发是由青年学生热情的爱国宣传鼓动起来的。那年5月间，承天、英华学校的学生就常去沪西小沙渡工厂区宣传演讲，讲的是朝鲜、印度亡国后的种种痛苦，呼请工人和学生一起齐心救国，抵制日货。而在北京"六三事件"发生后，有些学生立刻赶到小沙渡日商内外棉纱厂的工房里，紧急呼吁工人一致行动，援救被捕学生，罢免卖国害民的曹、陆、章。内外棉五厂的工人一想起日本厂主把他们当亡国奴一样虐待，就恨之入骨。他们在抵制日货时已直觉地想到要停止制造日货。所以，他们在6月5日首先发动罢工，喊出的口号就是"罢工救国""不替仇人做工"。

工人阶级在"六三"大罢工中反帝爱国的行动是坚决的，在某些方面已越出民族资产阶级所划定的范围，如日厂工人的打厂、冲厂，英、美、法等许多外商企业工人以至部分华厂工人的加入罢工等等。从这一点来讲，工人阶级在这次政治斗争中已不像过去那样完全听从资产阶级的指挥。在一定程度上表现了自己的独立性，或者说在实际行动上表现了自觉性的萌芽。但是工人当时还没有意识到他们的利益与整个社会政治经济制度的不可调和的矛盾，还没有认识到本阶级的历史使命，既没有远大的斗争目标，也缺乏近期的斗争纲领。

总之，"六三"大罢工虽然比以往的斗争有了很大的进步，但从政治思想上看，它只能说是工人阶级自发斗争的高峰，开始带有自觉性的萌芽，但还不是自觉性的运动。

再从工人阶级的组织状况来看。不用说，当时还没有工人阶级的政党，还没有共产主义小组，连产业工人自发组织的阶级工会也没有出世。中国产业工人阶级在当时还是很新的阶级，它是在第一次世界大战前随着现代工业的迅速发展才壮大起来的，还没有来得及建立自己的新式工会组织。

当时存在的组织有三种。第一种是历史上遗留下来的带有浓厚封建色彩的行会公所、同乡帮口以及秘密结社（青洪帮等），这是普遍而大量存在的旧式组织。"六三"大罢工的爆发和扩大，往往是通过这些旧式组织发动起来的。如内外棉五厂工人和青年技术员在酝酿罢工时就拉拢了摇纱间工头李凤池（湖北帮头目），得到了他的支持，罢工后他就成为沪西纱厂工人的总代表，并被推举为工界全体大会十二位代表之一，名列榜首。（此人不久被捕，判徒刑三年，后堕落为工贼。）

第二种是资产阶级及其知识分子发起组织的"工界"团体，如中华工业协会在五四运动期间相当活跃，他们企图影响工人依附于资产阶级，并利用工人的力量进行有利于资产阶级的政治和经济活动。这当然不是工人自己的团体，但工人因为缺乏组织，有时也会去参加该会召集的工界大会。

第三种是介乎行帮与新式工会之间的一些团体，如1918年成立的均安水手公所，有会员4000余人，绝大部分是宁波人，虽带有同乡帮口的色彩，但却是水手朱宝庭等自己发起的组织，类似西方的水手工会，朱本人就担任公所的董事。此外，由轮船上的加油工和烧火工组织的焱盈社，还有轮船上的西崽（服务员）组织的联义社，都带有职业工会的性质。在当时，这些团体已是工人中最进步的组织。朱宝庭等人就是通过均安公所，联络了焱盈社和联义社，发动了五千海员的大罢工的。

当时，工人群众还缺乏自己的阶级组织，最进步的组织，如均安水手公所等，也只是阶级工会的萌芽。在这种情况下，怎能说工人阶级已形成"独立的政治力量"呢？

总之，我认为中国工人阶级真正成为"觉悟了的独立的政治力量"，只能以中共成立为标志。从五四运动和六三运动中，中国社会里呈现出两股崭新的革命力量：一是马列主义思想的力量，以共产主义知识分子为代表；二是工人阶级的力量，以"六三"大罢工为起点。经过了两年的相互吸引和结合，这两股力量拧成了一股绳，于是产生了无产阶级的先锋队——中国共产党，这才奠定了中国工人阶级从自在走向自为阶级转变的基础。

沪西工人半日学校遗址

【火红地标】

安远路（槟榔路）62 弄锦绣里 178—180 号

沪西工人半日学校遗址（拍摄于 2018 年 4 月）

【火红历史】

1920 年 8 月，陈独秀等在上海建立了中国共产党发起组，揭开了改变中国命运的新篇章。中国共产党发起组在上海建立后，遵循马克思主义建党学说，选择上海工人最为集中的小沙渡地区向工人阶级宣传马克思主义，推动中国工人运动的兴起，为建党做好思想准备、组织准备和干部准备，奠定坚实的阶级基础。

沪西工人半日学校负责人李启汉

是年秋，中共上海发起组指派发起组成员李启汉到沪西小沙渡地区纱厂组织开展工人运动。针对纺织工人文化水平普遍较低的现实，李启汉以合法的"提倡平民教育"的名义，从创办工人补习学

9

校入手开展工作。

学校地点选在当时作为内外棉九厂工房的槟榔路 3 弄锦绣里（今安远路 62 弄锦绣里 178—180 号）。这些二层工房是由日本资方建造并租借给工人的。李启汉把楼下的

工房改为教室，楼上则作为办公室和晚班教师的宿舍。教室里只有桌凳和黑板，夜间用一盏煤油灯照明。学校按照工人的劳动时间，授课分早、晚两班，方便工人上学，不收学费，于是称为"工人半日学校"。为了便于与工人交流接触，作为湖南人的李启汉学会了用上海话与工人谈心，还购置了留声机和足球，通过游艺活动，一边与工人们听戏、玩球，一边讲述革命道理。

上海发起组成员陈望道是《共产党宣言》首个中文全译本的翻译者。《共产党宣言》中译本的出版是马克思主义在中国传播史上的一件大事。陈望道不仅在外国语学社讲课，还坚持到小沙渡工人半日学校以通俗易懂的语言给

沪西工人半日学校旧址

工人学员讲解《共产党宣言》，让工人学员原原本本地接受马克思主义有关无产阶级历史使命的启蒙教育。李启汉是工人半日学校的校务主持人和兼职教师，经常到校上课的教师还有外国语学社学生陈为人、雷晋笙、严信民等青年学生，他们都在给工人补习文化中的过程中卓有成效地宣传了马克思主义基本原理和历史使命。

上海发起组在小沙渡创办沪西工人半日学校，并非仅是让工人学员识字、解惑、接受理论宣讲。正如马克思说的："哲学家们只是用不同的方式解释世界，而问题在于改变世界。"李启汉经常组织师生参与改变中国社会的革命活动。李启汉组织创办了上海机器工会，让学校师生到中国公学参加上海机器工会成立大会，直接聆听孙中山热情洋溢的演讲，拓展师生的社会革命视野。为了更加吸引广大工人的参加，当年年底，李启汉把工人半日学校改为具有工会性质的上海工人游艺会，组织 200 多名学员参加在中国公学举行的开幕仪式。会上，李启汉做开幕演讲，公开亮出了中国工人阶级要进行社会革命的旗号："什么金钱万能，劳工无能，我们都要改革，打破！"1921年春，沪西工人半日学校恢复开学，工人学员队伍旋即壮大，李启汉适时成立了由沪西工人组成的纺织工会，工人半日学校培养的第一代工人骨干孙良惠成为纺织工会负责人。从此，沪西纺织工会与上海机器工会、上海印刷工会一起，成为了中国共产党人在上海为建党奠定工人阶级的政治组织，为中国共产党的诞生做出了积极贡献。

1921 年 7 月，中国共产党成立。旋即设立的劳动组合书记部又将沪西工人半日学校改为"上海第一工人补习学校"。前后将近两年间，参与沪西工人半日学校教学的教师有李启汉、陈望道、陈为人、雷晋笙、严信民、包惠僧、李汉俊、李震瀛、蔡和森等，可谓阵容庞大。

作为全国第一所由中国共产党组织开办的工人补习学校，沪西工人半日学校在中国共产党建党史上具有十分重要的历史意义和地位。在推进马克思主义与中国工人运动相结合的过程中，半日学校推动了马克思主义思想在工人和青年知识分子中的传播，为中国共产党建党创造了思想、阶级和组织条件。沪西工人半日学校推进了马克思主义与中国工人运动的结合，这一过程中形成的"初心致远、使命铸魂"深植在沪西，成为沪西光荣革命传统的源泉，培育了顾正红等众多英雄人物。1925 年，以顾正红牺牲为导火线，引爆了伟大的五卅爱国运动，迎来了中国大革命运动高潮的到来。

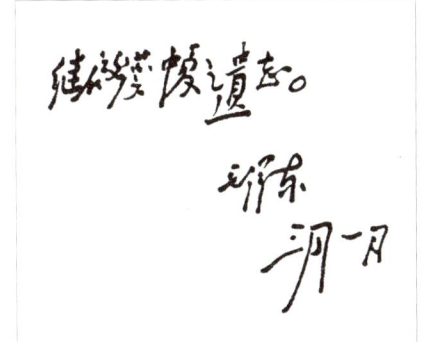

毛泽东手迹："继启汉中夏之遗志。"

【火红记忆】

李启汉和沪西工人半日学校 [①]

林健柏 李致宁

上海共产主义小组成立后，一方面在知识分子中宣传马克思列宁主义，培养干部，另一方面积极从事工人运动。上海工人在五四运动中以一支独立的政治力量登上了历史舞台，但由于没有先进理论的指导，工人对自己受苦受难的根本原因、未来社会的前景、革命的远大目标和自己的历史使命，却是不大了解的，如果工人运动和马列主义互不相关，两者都会"软弱无力，难以开展"。因此，革命知识分子在促使马列主义和工人运动相结合的过程中起到了必不可少的桥梁作用。上海共产党小组的成立对促进马克思主义和工人运动的结合作了不少工作。

上海共产党小组成立后，面临的工作主要有两项：一项是宣传马列主义，为此，他们于 1920 年 8 月间创办了专向工人群众进行

1920 年 8 月 15 日，李汉俊、陈独秀创办的《劳动界》问世，这是上海共产主义小组向工人进行马克思主义宣传教育的通俗刊物。

① 林健柏、李致宁：《李启汉》，广州：广东人民出版社，1984 年。标题为编者所加。

11

马列主义宣传的通俗性刊物《劳动界》周刊；另一项为组织工人，李启汉就参加了这一工作，负责到沪西小沙渡筹组纺织工会。

李启汉接受了党的指示，努力进行工作。小沙渡是纺织工人较集中的地区。李启汉认识到，只要耐心细致地向他们进行思想发动工作，把马克思主义的真理带到他们中间，工人们一旦觉悟起来，必将显示出巨大的力量。李启汉还考虑到，工人们文化水平太低，对接受马克思主义真理有所妨碍。他参考了邓中夏在长辛店办校的经验，建议在上海先创办劳动补习学校，边教文化边做宣传发动工作。上海党组织同意了他的意见，因此决定从举办文化补习学校入手。

同年秋天，李启汉几经曲折，克服各种困难，终于把劳动补习学校办起来了，称作"半日学校"，地址设在槟榔路北锦绣里3弄。这是党领导下的上海第一所工人补习学校。

学校虽然开办了，但前来报名上学的工人却不多，而且流动性很大，今天这个来，明天那个来，加上经费困难，教学设备简陋，到冬天时，前来学习的工人就更少了。李启汉面对这些困难，并不气馁，积极想方设法解决困难。为便于工作，李启汉还在短期间内学会了讲上海话。

为了吸引更多工人参加学习，同时使学习形式更活跃一些，李启汉决定把工人半日学校暂改名为上海工人游艺会。1920年12月19日，游艺会借白克路上海公学举行成立大会。李启汉在会上报告开会宗旨及进行方针，指出："我们从前只是各人苦着、饿着。我们想要免去这些困苦，就要大家高高兴兴地联合起来，讨论办法。""我们不独得到这样的游艺而已，什么金钱万能，劳工无能，我们都要改革，打破！"上海共产党小组成员杨明斋等也赶来演讲，鼓励工人发扬活泼精神，强健精神，努力学习，奋发上进。经过这次鼓动，1921年春劳动补习学校重新开学时，报名上学的人数有所增加。1921年8月，该校改名为上海第一工人补习学校，报名人数增至200人。

在李启汉创办劳动补习学校的过程中，有一名叫做黄桂生的外棉五厂的年轻工人，听到开办文化补习学校这一消息，觉得是一件新鲜事，就怀着好奇心，在一个星期天，约了几个小兄弟一道跑到劳动补习学校了解。他们站在门口张望着，只听到里面在热闹地唱京戏，然后见到"一个穿灰布夹袍的老师，中等身材，约莫二十多岁，笑着从屋里走出来，操着湖南口音亲切的招呼他们进去听留声机"。这位老师就是李启汉。黄桂生一开始不好意思进去，但他们看见已有几个工人坐在里面，也就跟着进去了。教室里摆着二十来张没有油漆过的白桌凳，墙上挂着一块黑板，收拾得干干净净。大家就坐下来听戏。

李启汉一面开留声机一面和大家交谈。当他发现大家有些拘束，态度不太自然时，又从屋里捧出一个足球来，让大家去踢球。大家正玩得高兴，黄桂生一脚踩在了粪污坑里，把球也弄脏了。黄桂生初时心里很害怕，谁知李启汉却和气地安慰他不要急，拉着他的手领他到自来水龙头那里洗脚，再把足球洗干净。这件事使黄桂生很受感动。他不禁想起在工厂里弄坏一点东西，日本资本家不仅要照价赔偿，还会把工人打个半死的情景。"这是多么鲜明的对照呵！"

回到教室里休息，李启汉又忙着倒茶让大家解渴。这时，工人与李启汉之间已经打破了隔阂，亲热地、无拘束地倾谈起来。李启汉勉励他们说："工人要尊重自己，努力上进，不要因为社会上有些人看不起咱们工人，自己就灰心丧气。我们一定要人穷志不穷。"黄桂生在旁边听了，也很受启发，于是报名参加补习学校。学习期间，黄桂生的思想认识不断提高，后来，他成为罢工斗争中的一名积极分子。

李启汉一面帮助工人学习文化，一面从中宣传马克思主义，宣传工人组织起来进行阶级斗争的道理及意义。当时，在上海社会上流行着一句这样的话："工人不出头，出头便入土。"李启汉给工人上课时，对"工人"两字作了新的解释，说："'工人'两字合起来，是一个天字，所以工人就是天。"工人们听后，从中受到了启发。

李启汉在对工人进行宣传教育的基础上进行组织纺织工会的工作。刚开始开展工作时，困难重重，遇到了很大的阻力。因为工厂和社会上都分帮分派，租界当局也不断阻挠。经过几番努力，才有一个工会的雏形，但很快就引起了外国租界当局的注意，工部局立即立档，严密关注事态的发展。上海公共租界工部局《警务处日报》作了如下的记载："一九二〇年十月二十日，中国工人联合会（或译作中华劳动联合会）于昨日下午二时假白克路二百〇七号举行成立大会，约有二十人出席。会议由工人李启汉任主席，号召出席者坚持增加工资及减少工作时间，争取中国工人的生活标准和西方各国工人相平衡，于四时散会。"

在上海，最大的地头蛇要数青红帮，尤其是青帮。李启汉办学校、建工会，屡遭他们的捣乱和破坏。工人们更怕帮会，因此，即使工会建起来，也难以坚持下去。为了建好工会，李启汉决定打进青帮里去。他在补习学校里认识了一个参加了青帮的女工。通过不断做她的工作，提高她的觉悟，李启汉争取到了她的合作，拜她为师傅，由她推荐，加入了青帮，然后以公开的身份在工人中活动。此后，工人们都不躲着他了。他来往于各纱厂、烟厂、印刷厂，渐渐打开了局面。经过他的不断努力，工人补习学校站住了脚。为了更好地开展工作，他干脆搬到学校里住，把公家的油印机、留声机都搬来。工会在工人心里也渐渐扎下了根。有一段时间，党的经费来源断绝了，李启汉只能靠借贷与典当维持生活，继续坚持工作，可见他对革命事业的忠诚。

随着工人运动的日益发展，需要有专门机构从事工运的组织领导工作。为此，上海党组织于 1921 年 1 月成立了职工运动委员会，由俞秀松、李启汉具体负责。他们不仅直接指导工人游艺会、印刷工会、机器工会的工作，而且与上海各界建立广泛联系，以便在斗争中互相支持，争取和团结更多的工人群众。而李启汉通过斗争实践，也不断成长，成为工人运动的一位卓越的组织者。正如邓中夏所说的："共产党的上海党部在一九二一年也开始组织工作，首先在小沙渡，此地是上海纱厂集中区域之一，着手也是开办劳动补习学校，主持者为李启汉同志"；"长辛店和小沙渡两地都是中国共产党最初做职工运动的起点。"

关于创办沪西工人补习学校的回忆[①]

稽直

1925 年至 1927 年的中国第一次大革命开始于上海的反帝五卅运动。而五卅运动的发源地正是一直在中国共产党领导下的小沙渡沪西工友俱乐部。现仅就这个俱乐部成立的经过，凭自己还能记忆的情况概述如下。

小沙渡位于上海西部，是日本帝国主义纱厂在上海比较集中的地区。自从 1921 年中国共产党成立后，党就派李启汉（即李森）同志来此做组织和教育工人的工作。但不久，因形势的需要，他离开此地，忙于支援香港海员罢工。

1922 年秋，上海中国社会主义青年团（SY）市委书记张秋人同志通知我说，组织上已决定派我去小沙渡继续启汉开始的工作，并且同时仍做些学生运动的事。因此要我不进上海大学而转到南方大学去。于是从那时起，我就从闸北上海大学宿舍搬到这个工人区，在劳勃生路（今长寿路）一家安徽人开的木行楼上租了一间房子，并在南方大学当了个"挂名学生"，决定先到工人中去交朋友。

在戈登路（今江宁路）转向劳勃生路的拐角上，竖立着一个露天邮筒，它的斜对面开着一家代售邮票的杂货铺。我就在旁边挂一块用马粪纸做的"代写书信，不取分文"的广告，每天按时去"办公"，帮人写书信。碰着青年男工，我就乘写信的机会向他们解释学习文化对工人的好处。我还按照替他们写信时顺便记下来的个人地址，去个

① 稽钧生：《风雨人生路 —— 稽直纪实传奇》，香港：香港文学报社，2001 年。标题为编者所加，文字有删改。

别访问他们，并把他们带到自己的住处，商议如何进行学习。就这样，我不但交到了朋友，还办起了一个工人补习班，人数虽只有四个，但我已觉如获至宝。

我所准备的都是"活"教材——大家在现实生活中既能看得见、听得到，又能用得着，而且与自己皆有切身厉害关系。所谓"活"的教材，当然绝大部分是从我党刊物《新青年》《向导》和劳动组合书记部出版的《劳动周刊》中找来，但有时也就地取材。就用这些教材，编成一个一个的课题，每星期讲三课。在每一个课题中，凡说到地名时，必定打开地图，指出方位，使人一目了然。而有些词句（如"为反对资产阶级的剥削和压迫而斗争"等等），除扼要解释清楚外，还写在纸上，教他们抄写。就这样，几乎每上一课，他们都能增添一些有关工人阶级的新知识，学会一些生字。

后来，补习的工友逐渐增多，经张秋人同志同意后，我吸收了一个名叫徐玮的同学来分工合作，即他也在自己的住处办个补习班。凡住在劳勃生路以北和宜昌路的，就到他那儿去上课；而住在劳勃生路以南槟榔路（现名安远路）和海防路的，则到我这儿来上课。由于徐的态度和蔼可亲，讲起课来能引人入胜，工友们对他特别满意。

大概在1922年初冬的一个星期天早晨，我刚起来，正忙着在汽油炉上做饭，忽然来了个不速之客。这个人外貌像工人，也有点像职员，一进门便往床上一坐，向周围注视了片刻，就亲切地问道："李启汉到哪儿去了？什么时候能回上海？你一定知道的吧？"当他见我有点紧张，没有马上回答问题，随即解释似的说道，他在同兴纱厂做过工，现临时在一家银行当门警，但仍住在小沙渡。启汉在此办工人夜校时，他常去上课，并且按照启汉的指示，还到浦东日华纱厂联络过工人，五一游行也参加了。因为听说我在工人补习班上讲的话，与启汉曾经对他讲的道理差不多，所以特来看看我，并乘机打听打听启汉的消息，等等。我见他态度诚恳，说话对头，也就轻松地与他攀谈起来，直到他起身走时，才问他的姓名以及愿不愿也来上课。他当即说："我叫孙良惠，一定常来。"以后，他果然常来，有时还带着他的朋友们来听讲。在上课时，他总带头发言，用自己的体会和工人语言帮助我解释问题。这给了我很好的印象，从而不禁使我一再想到："启汉，启汉！你在此开的荒，下的种，并没有白费。看，我不是已经发现其中的一粒正在发芽成长吗？"

关于以上情况，我向秋人已反映过几回，并于最后一次郑重表示，我很想介绍孙良惠和徐玮入SY。经过秋人考察后，孙、徐二人被批准为中国社会主义青年团团员，并成立上海SY第四支部，由我们三人组成。大家随即又公推我当支书。就这样，总算在沪西小沙渡地区开始有了一个只具雏形的SY基层组织。

记得有一次，秋人还先后带着任弼时、邓中夏两同志来我们这里作过亲身的了解。1924 年春，组织上终于决定，同意我们团支部意见：在适当地点，另找一所比较宽敞些的房子，把两个补习班合并成为一个工人补习学校，分日夜两班上课，以便工友学习，并在课余时间安排一些文艺活动。

　　根据这一指示，孙良惠就在小沙渡路槟榔路口新建的一群平房中租下一套三间房。两间作为日夜班课堂，一间作为文艺活动场所。所需桌凳和乐器，主要也是由孙良惠和几个热心的工友向左邻右舍那里临时借用，或从自己家里拿来。而徐玮不等一切布置完全就绪，便在大门左旁贴上一张写着"小沙渡沪西工人补习学校"字样的大纸条了。这样一来，在工作中逐渐出现了一些新气象：虽然流动性仍然很大，但来上课的人比较多了，并且又都不像从前到我们宿舍时那么拘束。每天下课后还总有人留下来，或谈话，或下棋，或玩弄乐器。经过一个时期，在个别工厂里也开始有了二三人的职工小组，如在同兴和内外棉四厂的小组，就是孙良惠首先串联成立起来的。每当市团委要我们在本区内散发什么传单，或到什么地方参加什么活动，支部总能带着一些工人去执行。虽然这些活动当时还不多，但大家在参加的过程中都表现了工人阶级应有的觉悟和组织性。为联络群众，有时还进行晚会，节目虽然很简单，如由徐玮和几个工友合编的双簧和小曲，但因内容都是讽刺资本家和官僚的，演唱起来都会受到大家的欢迎。

　　1924 年夏，有一天，秋人约我去见一个人，经介绍知道就是项英（即项德龙）同志。听取我的汇报后，秋人便说，中央决定在小沙渡组织工人俱乐部，要我们支部从中帮助。当即商妥，先由项英同志到我们那里就地了解一下情况，然后再作具体安排。我回来后随即将这消息告诉了孙良惠和徐玮，对此大家莫不欢欣鼓舞，认为今后工作定能得到开展。

　　按照约定的时间和地点，我把项英同志带到补习学校，与早在那儿等待的孙、徐见面，并到处视察了一下，然后一起来到我的宿舍。项英乃对我们说，就在学校现有的基础上成立"小沙渡沪西工友俱乐部"，在这个星期天就召开成立大会，选孙良惠当主任并负责在各厂组织职工小组的工作，徐和嵇照旧进行教育和文艺活动等事宜。此外，还应选两三个工人当干事。在这几天内，团支部应做的筹备事项是：尽量宣传成立俱乐部对工人的好处，并把安源煤矿俱乐部如何维护工人利益作为例子向工人解说。工人俱乐部的章程可准备几条，其中关于宗旨一条，概称以团结互助、增进知识、改良待遇为主。其经费一项，应指明由个人自愿捐助，等等。于是，我们就按照指示，分头进行。

当举行成立大会时，到会者 30 余人。会议由孙良惠主持，项英演讲，徐玮招待，我当记录。后即根据项英的讲话精神和大家的发言，把我们准备好的几条俱乐部章程草案略加修改，由大家一致通过。并照章公举孙良惠为主任，我为秘书，徐玮和两个工友（其中一个是失业工人刘贯之，因他当时表现积极，又有空闲时间）当干事。于是进行募捐，作为俱乐部的经费。当时，我就把自己的硬边草帽反放在主席桌上，请大家随意捐助，但失业者可以暂免。捐款为数虽不多，可是到会者对俱乐部成立表示的热忱，却很令人兴奋。上海小沙渡沪西工友俱乐部就在这样的气氛中宣告诞生了。过不多久，约在 1924 年的 10 月间，遵照组织上的决定，我便离开了上海。

我于 1925 年 6 月间重返上海时，虽在时间上相隔只有七八个月，可是随着革命潮流的高涨，由于党的坚强而又正确的领导，加上许多后来的同志，如刘华等同志的英勇斗争，这个上海小沙渡沪西工友俱乐部已不像成立时那样，只拥有几十个工人的组织，而竟成为伟大的五卅反帝运动的策源地了。

上海工人游艺会成立大会记[①]

陈为人

从前的工人，除了卖气力和睡眠以外，没有别项的作为，别项的思想，世界上什么权利，都受不到一点，世界上什么苦处，却都完全受过。无团体无势力，只是低头饮泣地为着奴隶牛马。这真是我们劳工底可耻！现在劳工可不然了，觉悟了，有团体了！工人游艺会开成立大会那一天，正是一个劳工团体成立的日子。所以我很快乐的把他纪录出来，想必阅者也亦很愿意知道这个不可多得的团体。

十二月十九日，午前十二时假上海公学校，开成立大会。会员四百余人。来宾甚多，由李启汉主席，报告开会宗旨及进行方针，略说我们从前只是各人苦着，饿着，我们想要免去这些困苦，就要大家高高兴兴的联合起来，讨论办法；我们不独得到这样的游艺而已；什么金钱万能，劳工无能，我们都要改革，打破！会员及来宾演说的甚多，记录于后。

　　杨明斋讲演：工人游艺会的益处

　　　　我们为什么要办这个会；他的好处在那里？这都是我们要知道的，我以为他的好处有三。

①载《劳动界》第 20 册，1920 年 12 月 26 日。

一、免去暴动。外界的人，说是有组织就有暴动，其实大说错了！为什么呢？警如有了团体，那么没有工作，可以大家设法，没有地耕，可以大家设法集合多数人底力，以支配那自然界的灾害，如水灾，旱灾，火灾，都可预先防备。怎么可以说是暴动。我实在不解，想必大家也是不解。

二、输入知识。从前劳工们，作工是他的天职，睡眠是他的本领，无论什么道理也不知道，于今组织这个会，常开大会，常请名人演说，这就是我们输入知识的好机会。

三、活泼精神。中国人没有精神，并不是原来没有精神，是精神没有活泼出现罢了！所以本会成立。不是游艺好玩无益的，是要活泼精神，强健精神。

沈玄庐讲演：劳工组织团体的重要

工人是替世界上谋幸福的人，是替人类谋目的的人，你看世界上哪一样不是工人做出来的，唉！这样神圣不可侵犯的工人，竟被资本家压迫了！真是可恼！我们此时应当要去抵抗他，我们此时就应该要有团体。但是团体，不是挂块招牌就是团体，必须以公共集合的团体，做公共的事情。由我们打破资本家，不可自己夺取资本家的资本弄成自己是资本家。我们当以自己的生产和消费，都要大家共同加入团体以内。

从前工人没有自悟的原因，都是为着迷信所误，什么命运不好呀！没有福气呀！我们赶快打破他！

邵力子讲演：现在工人的缺点

一、工人做一件东西，都是靠着先人发明的模范去做，不能自己去发明。只是依着四肢作工，不能依着脑力作工，这是一个大缺点。

二、只知用着死力做去，不知利用物力做去，这是二个大缺点。

三、只是低头与资本家做工，不知我们何以自己不能做自己的工。

余如朱鹤龄、张学瀛、管鹏、叶某君等，均有最诚恳、最激烈的演说，未能一一录出，对阅者不起！

真如暨南大学旧址

【火红地标】

交通路 3965 号

真如暨南大学旧址外景近况

【火红历史】

暨南大学是一所具有光荣革命传统的华侨高等学府，其前身是 1906 年清政府创立于南京的暨南学堂，1923 年迁至上海真如地区，1927 年改名国立暨南大学。"暨南"校名出自《尚书·禹贡》"东渐于海，西被于流沙，朔南暨，声教讫于四海"，意即面向南洋，将中华文化远播到五洲四海。"忠信笃敬"的校训出自《论语·卫灵公》"子张问行，子曰：'言忠信，行笃敬'"，意即"言语忠诚老实，行为敦厚恭敬"。1937 年的"八一三"战事中，暨南大学校舍尽毁于日军炮火之中，学校也南迁福建建阳。

1923 年至 1937 年，暨南大学的美名蜚声海内外，时称"南有集美，北有暨南"。当时，暨南大学拥有一大批名师，先后在该校任教的有蔡元培、郑洪年、夏丏尊、马寅初、钱亦石、郑振铎、梁实秋、林语堂、洪深、沈从文、黄宾虹、钱钟书、夏衍等。

校友中曾担任领导职务的有黄炎培、严济慈、周建人、许德珩、周谷城、楚图南、胡愈之、陶铸、吴学谦、李岚清等。

真如暨南大学校门

真如暨南大学校园

暨南大学也是上海学生运动的一面旗帜。1923 年 7 月，中国共产党早期革命活动家恽代英将在暨南大学任教时的学生韩汉光、蒙岛南等吸收为中共党员，并组建了中共暨南学校支部，领导暨南大学的地下党组织，通过领导暨南大学"学生救国会""抗日救国青年团""左联""社联""文艺社"等进步社团，开展民主爱国运动。

1927 年 12 月 21 日下午，经暨南大学教授章衣平出面联系，鲁迅到校演讲《文艺与政治的歧路》。记录稿有多份，其中刘率真（曹聚仁）的记录稿曾发表，后经鲁迅审阅校正后编入《集外集》。

1932 年，"一·二八"淞沪抗战爆发，国民革命军第十九路军在真如范庄设临时指挥军部。上海人民声援十九路军的慰问品集中送往暨南大学，堆积如山；上海和全国 29 支义勇军云集真如十九路军军部，请命抗战。暨南大学救国会的师生奋战在上海大街小巷，并发动全市 19 所大学 3000 人组成请愿团，赴南京向消极抗战的蒋介石请愿抗日。蒋介石在内部倾轧和学生抗议声中，以退为进，宣布"下野"。

1935 年"一二·九"运动中，暨南大学师生又联合复旦、交大、大夏、光华、圣约翰等校学生，多次发动抗日示威和请愿活动，共产党员黎莹、胡穗新、刘慈恺、王经纬（陈伟达）、邝劲志（方孟）等带领同学积极参与抗日救亡运动。暨南大学师生积极参加各种斗争，前赴后继，做出了重大牺牲。陈镇和、江上青、符克（符家客）等革命烈士成了暨南大学的红色丰碑。

1937 年，侵华日军挑起"八一三"事变，对上海发

暨南大学三烈士：陈镇和（左）、江上青（中）、符克（符家客）（右）

起进攻。在炮火连天的战火中，暨南大学校舍遭到严重焚毁，仅剩科学馆和暨南新村1号别墅两幢建筑，学校也被迫南迁福建。如今，普陀区万里小区内立有"国立暨南大学旧址纪念碑石"，作为这段光辉岁月的永远纪念。

【火红记忆】

回忆暨南大学在真如时的情景[①]

培生

暨南大学原名暨南学堂，初创于南京。1904年（光绪三十年），两江总督端方自欧洲考察宪政归来，有感于华侨教育之不可缓，建议创立华侨子女就读的高等学府，清廷准奏后，遂于1907年3月23日成立该学堂，首任总理是温秉忠，堂长是郑洪年。1911年辛亥革命成功，该学堂亦即停办。

1917年（民国6年），教育部委派黄炎培负责筹办恢复暨南学校，次年重新复校。北洋政府教育部委托赵正平为校长。赵是真如人，世居镇北赵巷，字厚生，少年习文史，不应科举，而专致于新学，后入浙江武备学堂，与黄郛同学，相友善，结业后，两人同被选派赴日留学，适孙中山先生在日本组同盟会，两人亦同时参加为会员。护国战争后，赵赴南洋从事华侨教育，任爪哇中学校长多年。赵被委为暨南大学校长后，即先把南京的暨南大学商科迁到上海，与东南大学校合办为商科大学。为了吸收更多的归国华侨子女就读，他规划将暨南大学迁到侨眷较多的大商埠上海。为了筹措迁校经费，他曾亲赴南洋募款，以他的声望与华侨的爱国热忱，不久即集得巨款回国。赵感乡土之情，决定在真如火车站北侧购地建校，此举得到当时乡董洪兰祥和甘鸿逵的支持。1922年（民国11年），以官价收购农田250亩，翌年开始建造校舍，年底建成西式楼房13幢，接着又建造1座殿式的办公大楼，是年便将男生部从南京迁来。

1927年（民国16年），郑洪年为校长后，改为国立暨南大学，把还在南京的女子部也迁来合并，并把商科扩充为商学院，文科扩充为文学院，附设中学部及义务小学，大中小三部学生共1600余人。大、中两部都只收华侨学生。

暨南大学征购农田2次，共400亩，第一次是建校舍，第二次是建暨南新村教授住宅区。为此，拆迁了一个北杨宅村庄和一些坟墓，造成当地农民的不满，迁怒于支持购地的洪兰祥乡董。在一次庆祝北伐胜利的提灯游行会上，在凤凰灯、兰花灯、象灯等彩花灯中夹入一只棺材灯，棺材里伸出一只握着银元的手，游行队伍经过真如寺

① 普陀区政协文史资料委员会：《普陀文史资料（选编）》第2辑，1991年10月。

前街洪兰祥住宅门口时，还有人把死人骨头丢到他家墙门里面。

暨南大学行政闻悉这些情况后，恐矛盾扩大，于是采取了优待附近农户子女入学的措施，以改善和农民的关系。因而实行了开门义务办学。此外，还有许多便民措施。如暨南大学的校门虽然坚固、美观，但门虽设而不关，任人出入。校园内除集体宿舍有工友看管外，其他大礼堂、图书馆等都无人看门，逢年过节，大礼堂举行文娱演出，也任人前来观赏，不加限制。甚至农民来得多时，学生会集体让座。暨南大学足球、篮球校队的水平都很高，并经常举行各项友谊赛，每次都是任人参观。当时民风朴实，这种开门任人出入的办法从未发生意外，而农民和学校的关系也自然地好起来了。暨南大学的义务小学原来是为教工子女就读而设立的，不收任何费用。附近农村没有小学，于是大学生下农村宣传，欢迎附近农民小孩来就读，同教工子女一样优待，我也去插班读了一个学期，还免费领到一套童子军制服。这所义务小学后来改名为实验小学，有学生 400 多人。其中有一学生名蔡号弟的，小学毕业后要求升入不收内地生的中学部，学校也破例收录。

1922 年，暨南大学在真如建校以后，球类活动就在这古老的乡镇中活跃起来了。暨大足球队请的教练是英国人李思廉，他训练出来的足球校队的水平是很高的，并以暨南名字参加上海西人联合会举办的足球联赛。每逢暨南队的比赛出场，真如球迷总是包租一辆大卡车集体前往观看。当时，真如球迷爱戴的球员是中学部的绰号叫"小黑炭"的陈镇如和大学部后来任国家队中锋的戴麟经，他们的球艺都很好。当在上海比赛时，真如球迷总是为暨南队助威，而上海球迷总是为上海的东华队助威。有一次，暨南队与外籍球队比赛，裁判员是外国人，明显地偏袒外籍球队，判了暨南队一个罚球，暨南队员不服，右内锋陈家球上前解释，外籍裁判阻止他上前说话，陈家球盛怒下打了裁判一记耳光，看台上的上海球迷与真如球迷一致支持陈家球，裁判员只得在外籍巡捕护持下回到球场休息室，此事就此结束，而上海与真如两派球迷的感情却融洽了。

暨南大学的篮球水平也很高，当时有国内最好的后卫王南珍和蔡演雄，前锋有徐亨和尹贵仁，是本市有名的篮球运动员，他们用暨南队名参加上海西侨青年会的篮球联赛，比赛在西侨青年会体育馆举行。真如球迷逢赛必到，为暨南队助威。徐亨是体育运动的多面手，最擅长的是排球，他与复旦大学的丘广燮、曹廷赞等是当年国家排球队的主力队员。

真如的足球运动受暨南大学影响，开展得较早和普遍，20 世纪 20 年代就有真如青年和暨南大学工友合组的桃光足球队。新中国成立后，上海足球市队守门员蒋耀章是真如中学学生，由该校体育教师孟健培育成材，该校另一毕业生於丽龙现为南京部队足球队主力。1985年起，真如农村的长征乡每年举办长征杯足球赛，并成立了农民体育协会，运动员大都是长征中学学生和乡村企业职工。

暨南大学有自设的大饭厅，供学生膳食，但华侨学生习惯家乡风味，多不在校用餐，校外饭店便开了几家餐馆，分别菜肴档次，学生也有向餐馆包月用膳。有的学生，图求生活方便，不在学校宿舍寄宿，而租附近民房居住，餐馆实行送饭上门。当时，我家多余房屋也住了学生，菜多时还邀我去吃。他们生活，也和镇上居民亲密无间。我家有一户房客的家属，定期去暨南大学的学生宿舍收洗衣服，洗好送去，不讲每件衣服的洗费，任学生自便付钱，一般都慷慨给付。

华侨学生的到来增加了真如镇的消费求量。到20年代初，死沉沉的车站南侧路北开出了40多家商店，吃、穿、用齐全，其中十几家餐馆中有杏花村西餐社供应正宗西餐，有祥泰、亚洲两家西服店能裁制高级西装，还有干洗商店、以冲洗为主的照相馆、有电烫设备的理发店，还有一家店堂宽敞的百货公司。

真如镇的繁荣当归功于把暨南大学迁来真如的赵正平校长，他不但是一位旧中国的教育家，而且是一位热爱乡土的实业家。暨南大学迁校完成后，自设发电机，解决了全校的照明，但附近集镇包括有600多年历史的古镇真如和杨家桥仍无电灯照明。那时，上海闸北水电公司限于设备力量，短期内尚难广放照明线路，赵校长乃与乡董甘鸿逵集资5万元，创设真如电灯公司于暨南大学校园北侧。1923年（民国12年），真如镇、杨家桥等地的商店和居民都获得了照明用电。夜间原来一片黑暗的真如出现了一派光亮的景象。

真如车站地区成为集镇和有了电灯后，就引来了一批上海富商下乡建造花园住宅。美商大通银行大班张颂周首先在暨南大学校园北侧购地10亩建成张家花园，园内挖荷池、叠假山，广栽花木，其中住宅1幢，高大宽敞。花园任人入内，成为暨南大学学生课余散步休息的好地方。随后，铁路局高级职员梁云在车站东南侧购地建梁家花园，园中树木葱郁，成为青年学生互诉衷情的场合。以双妹牌花露水出名的广生行老板林蔚南也在桃树浦边建林家花园。岭南人范肖之建造的范庄因"一·二八"抗战时被十九路军用作军事指挥部而闻名全国。粤籍营造商陆鸿堂在三民路（今三源路）购地8亩建陆家花园，园中有花木、草坪、小屋，草坪每天有暨南大学学生来打网球，小屋供暨大讲师康选宜常年居住。其余有粤商王元仁（上海商业储蓄银行襄理）、黄卓山等也在三民路购地或租地造了住宅。地价几年中翻了几番。赵正平校长开发真如的愿望实现了。但在抗日战争中，由于日军炮火和轰炸，使大部份建筑化为灰烬。暨南大学校舍除被日机炸毁外，其余幸存处全被日军拆去建造大场飞机场。现在存留的仅一幢三层楼的科学馆了。

大夏大学旧址

【火红地标】

中山北路 3663 号

大夏大学旧址外景近况

【火红历史】

　　坐落在普陀区境内的华东师范大学是一所综合性全国重点大学。华东师范大学的前身是大夏大学。如今，华师大校园内仍然保留着大夏大学的教学大楼"小白楼"（或称"文史楼"），记载着大夏大学艰辛的办学历程和光荣的革命历史。

　　1923 年，福建厦门大学的一些进步师生反对校方实施殖民奴化教育，遭到校方强力打压。次年 5 月，300 多名师生奔赴上海，筹建新校。他们租用宜昌路 115 号作为临时宿舍，劳勃生路（今长寿路）致和里作为师生员工宿舍，小沙渡路（今西康路）201 号作为校本部。9 月 20 日，在槟榔路潘家花园举行第一次开学典礼，9 月 22 日正式上课，10 月 22 日成立校董事会，以"大夏"为校名。"大夏"即"厦大"之颠倒，后来取"光大华夏"之意。建校初期，学校倡导苦教、苦学、苦干的"三苦精神"以及"师生合作""读书救国"，并制定了"自强不息"的校训。不久，校方在胶州路租借土地，开始兴建校舍。1925年五卅惨案发生后，大夏大学20余名学生因参加示威游行而被捕，原来的校舍也被租界英军占领。学校被迫迁到槟榔路（今安远路）临时校舍上课。是年9月，位于胶州路301号的新校舍落成，学校随即全部迁入。随着形势的发展和学生人数的激增，1929年3月起，校方陆续在沪西梵王渡中山路（今中山北路）购地三百亩，兴建新校舍，建成了包括"群贤堂"在内的一批建筑。第二年扩建，爱国企业家棉纱大王荣宗敬赠捐丽娃栗妲河给校方。

大夏大学鸟瞰　　　　　　　　　　　　　　　　1930年的群贤堂

大夏大学师资力量雄厚，教授包括了马君武、何昌寿、邵力子、田汉、何炳松、李石岑、曾昭抡、朱经农、程湘帆、艾伟、邵家麟、吴泽霖、王蘧常、马宗荣、夏元瑮、谢六逸、吴泽、周昌寿、姚雪垠等知名学者，大夏大学获享"东方的哥伦比亚大学"之美誉。

大夏大学从创建到发展，一直生息在沪西小沙渡地区，有着光荣的革命传统。1924年大夏大学创办后，即建有中国共产党的支部和共青团支部，地点设于劳勃生路（今长寿路）致和里。建国后第一任中共沪西和普陀区委书记吴亮平就是当年大夏大学的学生和学校党支部成员之一。

大夏大学在大革命时期是推进沪西工人运动的堡垒之一，革命先驱恽代英在该校任教过程中教育培养了一大批学子参加沪西工人运动。1925年5月15日，内外棉七厂工人、共产党员顾正红被枪杀，大夏大学师生走上街头抗议日本人暴行，声援工人斗争。5月30日，大夏大学学生又参加了南京路的抗议活动，遭到公共租界的血腥镇压，有20多名学生被捕。6月4日，学校被勒令迁出租界，校本部也被英军占领。1927年2月20日，大夏大学爱国学生在沪西小沙渡一带宣传、散发传单，声援上海工人第二次武装起义。其间，3名学生遭军阀李宝章大刀队逮捕，陈亮、陈骏两名同学在曹家渡惨遭杀害，"陪斩"的胡宏模血溅衣襟，被扣压在龙华看守所。大夏大学图书馆直到"八一三"淞沪抗战前还一直悬挂着陈亮、陈骏两烈士的遗像。

大夏大学学生在"五二〇"走上街头

1937年"八一三"淞沪抗战爆发，大夏大学被迫内迁，并与复旦大学合并成立"复旦大夏联合大学"，辗转江西、重庆、贵州各地。抗战胜利后，大夏大学回迁到已被战火严重毁坏的上海校区。解放战争期间，学校师生积极参加反饥饿、反内战的"五二〇"斗争。大夏大学中文系副教授郭莽西因揭露腐败的国民党反动统治而被捕，受尽酷刑，在5月20日上海解放前夜被杀害于宋公园。

1951年高校院系调整中，大夏大学与光华大学合并组建华东师范大学。10月16日，以大夏大学原址为校址的华东师范大学举行成立暨开学典礼。

【火红记忆】

大夏大学的创办与五卅运动 ①

吴亮平

厦门大学闹学潮

一九二三年十五岁时，我中学还未毕业，看到报纸上刊登了厦门大学预科在沪招生广告。我未征得家庭同意，就毅然前去应试，结果被经济系预科所录取，这样父亲不得不举债供我读书。

这一年夏天，我来到厦门大学学习。厦门大学不仅风景秀丽、财力雄厚、设备齐全，而且师资充足，学校教师中有很多人曾经留学英、美等国，因此是一个理想的求学场所。我在学习中，化学、数学两门功课的成绩最为突出。

一九二四年四五月份，学校闹起了学潮，起因是校长林文庆无理解雇了王毓祥等三名外省籍教师。那时，厦大存在一种当地人排外的情绪，而这三名外省籍教师都是

---

① 吴亮平：《吴亮平文集》（上集），北京：中共中央党校出版社，2009年。标题为编者所加，文字有删减。

留美学生，他们教学有方，思想比较民主，在学生中有威信，但因反对林文庆的专制统治，受到了不公正的处理。为此，厦门大学大多数学生起来向校方请愿，要求恢复聘用这三名教师。我当时虽然年龄尚小，但由于受民主主义思想的影响，出于义愤，成为经济系闹学潮的一名积极分子。后来，校方拒绝了学生的要求，学生们便起来罢课。罢课持续了一个多星期，最终仍未达成协议，校方竟宣布提前放假。我和一些同学则发起成立了"学生委员会"，草拟了一份去上海办学的计划，有五六位教师愿意任教，二百多名学生签名同意去沪就读，于是学生委员会便先派人去上海募捐筹款，布置租用校舍等。不久，全体师生抵沪，这样，我又回到了上海。

大夏大学的创办

厦门大学一部分师生的北迁，不仅给校方以很大打击，也在社会上引起很大反响。在它的影响下，上海圣约翰大学的部分学生在要求民主权利遭到校方压制后也宣布退学，创办了"光华大学"。

我们这些厦大师生到上海后，决定将新校名起为"大夏大学"，意"厦大"翻过来。学校当时在胶州路租了一幢楼房为教学楼、一些民房为宿舍，又在沪招了一批新生。一九二四年秋天，大夏大学终于开学了。

大夏大学地处沪西，是上海工人集居区，学校又紧邻日商的内外棉纱厂，学生们的宿舍都分散在周围的老百姓家里，学生同工人的关系自然就比较密切。我参加工人运动就从这里开始。那时，学校里常有人来宣传和出售马列主义的著作，如《共产党宣言》《价值与利润》《社会主义从空想到科学的发展》等书。这些书引起了我的极大兴趣，也启发了我思想的进一步发展。当时，外国资本家在中国耀武扬威，任意欺压中国老百姓，他们直接在中国开办工厂，残酷剥削中国工人，并豢养了"吃残羹剩饭"的买办阶级为他们效劳。仅日本资本家就在上海开办了九十家纱厂，他们利用延长工时、随意苛扣工人工资等手段，残酷压榨中国工人的血汗。我曾亲眼目睹了日商内外棉纱厂的中国工人所遭受的苦难。一次，我看见一个十来岁的女孩子，被日本工头的皮鞭打得皮开肉绽，满身是血，奄奄一息地躺在地上。这些活生生的事实强烈地刺激着我，使我对帝国主义异常愤恨。

此时，我除了上课读书以外，开始积极参加社会活动，担任了大夏大学周刊的主编，经常撰写文章，揭露和斥责帝国主义者在中国的种种罪恶行径；同时还担任了大夏大学学生会的宣传部长。学生会的社会工作主要是为工人举办文化补习夜校，学员主要是内外棉纱厂的工人。我经常到夜校给工人讲课，教他们学习文化，给他们讲帝国主义、封建军阀给中国人民带来的苦难。在夜校里，工人和学生的思想产生了共鸣，关系处得很融洽。那时，我自己学习、工作非常忙，经济上也很拮据，常常是饿着肚子跑来跑去，但情绪始终很高昂。这些实践活动对我是个很好的锻炼和提高。

五卅运动和恽代英同志

一九二五年五月十五日，上海内外棉纱厂的工人为抗议日本资方无理开除工人而罢工。日本资本家开枪打死共产党员、工人顾正红，中国工人死伤十多人。内外棉纱厂紧挨大夏大学，同学们很快得到了消息，但日方企图隐瞒这件事。学生会认为有责任把事情的真相向全上海市民公布，就派出代表到上海各大学广为宣传，并为死伤工人募捐。事件公布后，果然激起上海工人、学生和各界人士的极大愤慨。这一惨杀事件成为五卅运动的直接导火线。

紧接着，上海内外棉纱厂的两万工人举行大罢工，上海的学生为募捐救济死伤工人及参加顾正红追悼会，被租界巡捕无理捕去多人。在我党的领导下，议定：五月卅日，上海人民在租界举行反帝大示威。上海市学生联合会就在这时成立，当时上海大学、交通大学、大夏大学等学校是学联的骨干力量。我代表大夏大学参加学联执行委员会，并担任学联的总务部长（即秘书长）。

五月卅日那天，大批学生在学联领导下，走上街头讲演，散发传单，提出"收回租界，打倒帝国主义"的口号。我带着一支宣传队伍在霞飞路一带向群众演讲。我站在凳子上，控诉日本帝国主义残杀中国同胞的罪行，呼吁市民们起来，打倒帝国主义。那天，听众很多，群情激昂。中途，帝国主义巡捕多次前来驱赶群众，但越赶人越多，反帝的共同心愿把大学紧紧地聚合在一起了。

不久，传来了交通大学学生在南京路演讲，遭到英帝国主义巡捕枪击，死伤数十人的消息，这就是震惊中外的"五卅"惨案。"五卅"惨案掀起了上海各界人民反帝大怒潮。当天，我们得到消息后，就自发地涌向南京路，愤怒抗议帝国主义的暴行。

随后，我被学联指派为代表，到大资本家的组织——总商会，要求他们配合我们的斗争，向市政府请愿并举行罢市。他们表示同情，但不愿采取行动，交涉没有成功。而中小商人的组织——"各马路商界联合会"则表示愿意合作。这样，在党的领导下，上海市人民举行了"罢工、罢课、罢市"的三罢斗争，并成立了上海市工商学联合会。这场伟大的反帝斗争很快在全国范围内轰轰烈烈地开展起来。

回忆这段历史，特别应该提起我党著名革命家、引导我走上革命道路的启蒙老师——恽代英同志。我同恽代英同志是在五卅运动中相识的。那时，党派恽代英指导上海市学联的工作（学联的领导人是刘华，共产党员，上海大学学生，后被国民党杀害）。五卅运动中，学联执委会每两三天开一次会，由恽代英主持，开会地点在老西门公共体育场旁边一间小房子里。代英同志当时只有廿多岁，在上海学生中很有威望。他每次来开会，总是穿一件旧长衫，戴一副深度近视眼镜。他的长衫经常皱得很，衣角也卷了边。很多做地下工作的人为了掩护身份，在穿着上是比较讲究的，而代英同志当时是党的宣传工作的负责人，穿着却很随便。每逢开会，他常常是提前到，非常和蔼地同大家交谈。代英同志操一口无锡方言，讲话从不用讲稿，他的讲话不仅逻辑严谨，而且善于用通俗易懂的语言和方式来解释大家提出的种种疑难。

五卅运动开始时，我们党的力量还不大，那时，学联只有几个党员，代英同志除负责领导工作外，还很注意培养党的新生力量，积极吸收青年同志参加革命工作。他常常找我个别谈话，有时工作忙，就买两个烧饼充饥，我们一路走一路谈，主要是谈我们青年在民族斗争中应有的责任和作用。我当时才十七岁，但谈话时，代英同志总是很认真地听取我的看法和意见，使人感到异常亲切。代英同志从思想上、政治上对我进行了细心的帮助和培养。

一九二五年八月里的一天，学联通知我去某一书店买书，在书店后边的房间里，一位青年同志代表共青团（当时叫 C·Y）找我谈话。他说，你的情况，代英同志已经向我们全面介绍了，根据你的表现，决定吸收你参加 C·Y。当时我很激动，参加 C·Y 是当时许多进步青年的迫切愿望，我能成为其中一员，感到无比的自豪和幸福。后来，代英同志又推荐我去苏联学习。回国后，他又给过我很多帮助。代英同志是我参加革命的启蒙老师，他对我的一生经历有着极为重要的影响，我正是在他的帮助引导下，确定了为共产主义而奋斗的革命志向，走上了革命道路。几十年来，代英同志的光辉形象一直映在我的脑海里，并将激励我永远前进，生命不止，奋斗不息。

沪西工友俱乐部遗址

【火红地标】

西康路安远路口（槟榔路 278 号后德昌里）

沪西工友俱乐部遗址外景近况

【火红历史】

1924 年 5 月 14 日，中国共产党三届三次扩大的执行委员会在上海召开。鉴于全国工人运动发展的形势需要，中央决定指派邓中夏、李立三、项英等工运领袖到上海开展工人运动，并参照长辛店和安源工友俱乐部的经验，在原沪西工人补习学校基础上成立沪西工友俱乐部。经邓中夏、李立三、项英研究决定，沪西工友俱乐部设立在槟榔路德昌里 (今安远路 278 号)。

1924 年 9 月 1 日，沪西工友俱乐部举行了成立大会。会上，项英主持通过了"沪西工友俱乐部草章"，明确了"联络感情，交流知识，互相扶助，共谋幸福"的俱乐部宗旨。会议公推工人孙良惠为俱乐部主任，又

沪西工友俱乐部旧址

31

称委员长，嵇直为秘书，徐玮、刘贯之、李瑞清为干事。成立大会快结束的时候还进行了募捐活动。

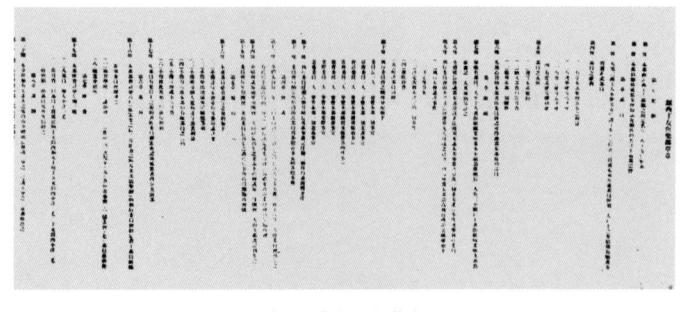

沪西工友俱乐部草章

沪西工友俱乐部内设识字班、文化补习班、演讲会。工人参加俱乐部活动络绎不绝，但是，参加识字班的工人为最多，他们到工友俱乐部迫切要求提高文化。上海大学是沪西工友俱乐部教学的主要师资来源。

上海大学是一所由国共两党共同举办的学校，邓中夏是教务长，其中社会学系集中了许多共产党的教育家、理论家，而社会学系又是共产党的党团员最为集中的地方，他们渴求到工人群众中开展社会革命活动。他们在沪西工友俱乐部上课，如鱼得水，一方面满足工人渴求文化知识的需求，另一方面在工人中间积极宣传马克思主义，提高工人的觉悟。到俱乐部讲课的教师很多，邓中夏、李立三、项英、蔡和森、恽代英、杨开慧、杨之华、刘华等中国共产党党员经常去俱乐部教书和演讲。瞿秋白通过杨之华了解到沪西工友俱乐部和沪西工运的许多情况，写下了许多指导中国工人运动的文章。不久，嵇直调离，项英也离沪，孙良惠和刘华成为工友俱乐部的主要领导人。

沪西工友俱乐部是沪西工人阶级思想进步和组织发展的革命摇篮。同兴纱厂工人郭尘侠、李振西、韩阿四，内外棉三厂的陶静轩、孔燕南（女），内外棉五厂王有福，内外棉七厂顾正红等，都是在俱乐部受到革命思想的教育，后来成为上海工人运动的中坚分子。沪西工友俱乐部是公开的工人办学和活动的阵地，但发展会员是秘密进行的。据1924年底的统计，在"短短的3个多月时间内，有19个纱厂建立了俱乐部的秘密组织，俱乐部会员近千人"。

在邓中夏、李立三、项英的领导下，很快创建了小沙渡地区的第一个党小组。中共小沙渡小组共有党员8名，其中包括孙良惠、陶静轩、郭尘侠等5名工人党员。随着沪西地区党组织的不断发展壮大，根据中共"四大"通过的党章"三个党员以上可成立支部"的规定，1925年1月，沪西小沙渡地区建立了第一个党支部，即中共沪西支部，党员共有32人：

孙良惠　黄原昆　陶静轩　夏福生　李瑞清　马彦波　王定玉
邓中夏　蔡支华　胡先清　刘剑华　江源清　顾　修　余小峰

刘月柱　徐晋珊　孔燕南（女）　郭尘侠　王瑞安　关明轩

盛松年　文巧云（女）　刘贯之　朱国平　李金生　姜维新

郭干贞　李剑如　曹正甫　孙杰三　郑永寿　李天涯

党支部负责人为孙良惠。2 月中旬，因二月罢工革命斗争的需要，沪西工友俱乐部从原槟榔路（今安远路）德昌里搬迁到苏州河北岸的潭子湾三德里（今潘家湾路 227 弄 19—22 号）。

创办沪西工友俱乐部的中共领导人：邓中夏（左）、李立三（中）、项英（右）

沪西工友俱乐部的建立使党在沪西纺织工人中扎下了根，培育出了一大批工人党员和先进分子，从而为党开展工人运动奠定了思想基础和组织基础。1925 年 6 月，在五卅运动的革命洪流中，沪西工友俱乐部改组为上海总工会第四办事处，成为推动五卅运动的中坚力量。

1987 年，沪西工友俱乐部遗址被上海市文物管理委员会列为市级革命纪念地，1989 年 9 月经上海市普陀区人民政府批准为区革命纪念地。

【火红记忆】

关于沪西工友俱乐部成立和二月罢工的回忆 [①]

李瑞青

1924 年秋天（八九月的样子），有一天我在家里，家里人告诉我说，门外有几个先生来找我，我去一看，是项英、李立三、刘华、恽代英、邓中夏、陶静轩等。他们一同都到了我住的亭子间里，因为房子太小，差不多都坐满了。交谈以后，知道他们找我的目的是想找房子。当时，他们在沪西组织沪西工友俱乐部，在同兴纱厂工房里已经开了一次会议，正式宣布成立，由项英、恽代英、刘华做了报告，但是以后经常办公的地方没有找到。因为同兴纱厂工房里有工贼，所以不能老是在里面活动。他们

---

① 上海市静安区文物史料馆、上海社会科学院历史研究所现代史研究室编：《红映浦江》，上海：上海书店出版社，2020 年。题目为编者所加，文字有删减。

来找我，就是想要我在小沙渡路槟榔路那里借几间房子，作为活动场所。他们走后，我和刘贯之一起到小沙渡路槟榔路把房子租好了，把沪西工友俱乐部招牌也挂了出来。那时，项英说他是一个平民学校的校长，刘华说是在静安寺那里的中华书局印刷所里做工。沪西工友俱乐部刚办起来时，什么家具都没有，刘华就说，厂里的工人可以捐一些钱出来，把这笔钱用来添置一些俱乐部的家具。这样说过后，不到一个礼拜，钱送来了。那时，刘贯之是脱产的，由他和孙良惠一起去办理。买了两张台子，一张台布，还借了一张写字台和一架油印机。那里一共有三间房子，把两间打通了，这地方就是现在的安远路西康路口。

沪西工友俱乐部里订了很多报纸，有《申报》《新闻报》《民国日报》等。工人白天忙着做工，晚上放工后就到俱乐部里来玩玩，看看报纸。有时大家碰在一起，就互相谈谈，这样做内外棉厂的、日华纱厂的、同兴厂的工人等都能相互认识了。不久，项英说要教大家学文化、写写字，不过，实际上就是上政治课。做夜工的工人下午去上课，做日班的是在晚上上课。开始时有十几个人，由刘华、恽代英、邓中夏、孙良惠、项英等轮流来上课。上课内容主要是讲阶级教育，讲我们工友在资本家那里做工非常辛苦，每天像牛马一样要做 12 个小时的工作，得到的待遇是吃不饱、穿不暖、受压迫、受剥削。当时的讲法虽然没有那么明显，不过内容是这样讲的。说明资本家和工人都是人，为什么他们的生活过得这样好，可以坐汽车、住洋房，子弟可以读书到大学毕业，还可以出洋留学，而我们工人的生活过得这样苦，工人的孩子很小就到厂里去做童工，哪里有钱给他们读书？资本家的幸福完全是建筑在工人的痛苦上面。我们应该把不合理的事情争取到合理，我们一个工人的力量很小，假如有成千上万个工人团结起来，力量就大了。上政治课的内容大概就是这些，不过各人来讲时所举的例子不同罢了。

自从这些同志对工人上了政治课后，等于是把革命的种子撒下了土。到 1924 年底，上海曹家渡和小沙渡发生了 17 家日本厂的大罢工。罢工的面非常的广。零零碎碎的一些罢工，对资本家讲起来也没有什么，但是这么广的罢工，资本家就惊慌了，他们就要总商会通过各马路商界联合会去找工人谈话，问工人罢工的目的是什么。工人告诉他们，罢工的目的就是为了要改良待遇，取消压迫工人的各种制度。总商会要工人选出代表到总商会去谈判，解决罢工潮。总商会出来的调解人是虞洽卿，日本鬼子在谈判时也出席了不少，工人代表参加谈判时把拟定的复工条件也一起带了去，这些条件是由邓中夏、刘华、李立三、瞿秋白等商量后提出来的。一共有五条：一、不准日本人打骂工人；二、增加工资百分之十；三、罢工期间工资照给；四、不得无故开除工人；五、承认工会有代表工人之权。

工人代表到了天后宫桥总商会后，跑上楼去，看见虞洽卿坐在中间的写字台上，神气活现，但是我们工人并不害怕。谈判结果，第一、第二条是答应了。第三条不答应，工人罢工十天，资本家工资照给，如果再罢工一个月、二个月，工资还是照给，那是不合理的。我们的工人代表说，工人罢工并不是没有原因的，罢工的因素是资本家压迫我们，因为资本家打我们、骂我们，不把我们当人看待，工人没有路走，才走上了罢工的道路，所以罢工的责任还是要资本家来负，罢工期间的工资要资本家来负担。争论的结果是发一半。第四条，资本家说他们从来不无故开除工人，要开除工人一定是有原因的。第五条要承认工会的事，资本家把这个责任推在中国政府身上，因为中国政府没有这样一条法令规定工人可以组织工会，所以他们日本人不能承认。我们提的五个条件大部分是答应了，一小部分没有达到目的。我们说商量了明天再给他们答复。

工人代表谈判回来后，在一个灶披间里向邓中夏、李立三、瞿秋白等作了汇报。我记得很清楚，在汇报时，邓中夏和李立三在听，瞿秋白在一边拿了一本簿子在记录。我们在汇报时是小声讲话的，我只看到瞿秋白拿了钢笔在记，写得非常快。邓中夏在听了汇报后，说："这些条件不一定要他们全部承认，他们不承认工会随他去，只要我们十万工人，大家一条心，即便工会不被他们承认，也不要紧，还是照样可以进行活动。"

第二天上午，工人代表就去和资本家签字，资本家拿一份，总商会拿一份，工人也有一份。工人的一份回来后就交给了刘华。

这次罢工，我们是胜利的，对工人的影响很大，以前工人对有了工会的好处，只知道空洞的一套，通过这次罢工胜利，就可以用事实来说明了。

1925年2月又发生了罢工，是邓中夏同志领导的。罢工原因是为了资本家无故开除工人，内外棉七厂开除了3个，五厂开除5个。工人就去质问资本家，为什么要无故开除工人，骂资本家食言背信，这样就不断地发生了罢工。无论哪个厂罢工了，工人都是把饭篮一拎，就摆渡到浜北去，找李立三、邓中夏、刘华等领导同志，他们就站在台子上，对大家讲话，要大家团结得好，不复工，一个工人也不要去上工，一定要大家团结一心，有组织、有领导地进行罢工或复工，那胜利一定是我们的。讲完后，要大家提出意见，要求些什么条件。这些条件提了以后，由他们几个领导人修改以后，再让工人代表去和资方交涉，谈好以后就复工。但是这个厂刚复工，别的厂又罢工了。所以2月罢工时把资本家弄得非常头痛，他们知道这不是一种简单的经济斗争，而是带有政治性的；也不是几个普通的工人所能搞得起，一定是有布尔什维克在领导的有组织的斗争。在这次罢工中，邓中夏和刘华是做了不少工作。

沪西工友俱乐部大丰里秘密据点

【火红地标】

中潭路 100 弄（潭子湾大丰纺织公司西侧）

二月罢工大丰里秘密指挥部纪念地外景近况

【火红历史】

1925 年 2 月，在中共中央的领导下，沪西、沪东 22 家纺织厂，约 35000 余工人举行了震惊中外的反日二月大罢工。

2 月 2 日凌晨，内外棉八厂发生了日本领班殴打一名夜班的 12 岁女童工事件，顷刻激起了厂内工人的抗争，要求惩处凶手，否则宁愿罢工。日商借机将提出抗议的 50 余名工人开除，并抓捕了 4 名工人。工人当即宣布罢工。

时任中共中央委员的李立三获悉后，立即到工厂调查，并向中共上海区执委作了汇报。党中央和上海区执委决定组织罢工委员会，由邓中夏、李立三等 3 人负责，并调上海大学学生杨之华、郭伯和等前往潭子湾三德里的沪西工友俱乐部，协助孙良惠

37

和刘华开展罢工斗争。罢工委员会决定，以工友俱乐部的名义向资方提出不准打人、不得无故克扣工人工钱、恢复被开除工友、不得无故开除工人等六项条件。潭子湾三德里的沪西工友俱乐部已是公开的革命活动阵地，共产党又在大丰里设置秘密革命活动据点，领导二月大罢工的展开。

二月罢工秘密指挥部大丰里

2月10日，内外棉九、十三、十四厂工人开始罢工；11日、12日，罢工扩大到内外棉三、四、十五厂。至此，包括沪西地区11家内外棉厂在内的1.7万多工人全部加入了罢工斗争的行列。13日，罢工委员会在潭子湾召开大会，宣布沪西内外棉厂工人同盟罢工，发表罢工宣言和敬告各业工友书。刘华在大会上宣布成立内外棉工会和工人纠察队。当时，上海公共租界工部局对沪西工友俱乐部的活动进行了秘密跟踪。是年2月13日，工部局《警务日报》有如下记录：

> 2月13日下午2时，内外棉各纱厂的大约6百名罢工工人，在闸北（应为沪西）大丰厂附近的三德里1号沪西工友俱乐部开会，由著名国民党煽动分子李成（即李立三）主持。李号召全体工人共同合作，将罢工坚持到日本资本家被迫承认他们的要求为止，……接着，会议决定各厂推出首席代表1人，以便管理罢工工人。出席会议的有：孙良惠，他是1922年邮电工人罢工发起人李启汉的杰出同事；上海大学杨之华、王一知等3名女学生；全国总会著名成员刘清扬。

二月罢工发布的罢工宣言书

2月14日，罢工斗争越出内外棉范围，沪西日华三、四厂和东亚麻袋厂等5000余名工人也投入到了罢工斗争中。同时，在杨树浦工人进德会策动下，沪东日商纱厂以及大康一、二厂4000余工人响应沪西工人罢工。18日，裕丰一、二厂2600余名工人也加入大罢工。至此，日商内外棉、日华、丰田、同兴和东洋纺等6个株式会社22家纺织厂约3.5万余名工人投入到了二月大罢工中。

工人大罢工给了日本资本家以沉重的打击。日商勾结日本政府试图动用武力予以镇压。日本海军第一遣外舰队"对马号"急驶上海，"伏见号"兵舰也由汉口调往上海。同时，他们到处张贴布告，用开工可获高额奖励来瓦解和分化工人，胁迫工人"安分上工"。淞沪警察厅也密切配合，于2月17日出动大批军警，阻拦正在集合罢工的队伍，当场抓捕29人，正在现场指挥的中国工人运动领袖邓中夏、沪西工人运动前线总指挥戴器吉和孙良惠当场被捕。为了激励工人齐心奋斗，李立三又在潭子湾召开工人群众大会，号召工人团结一致，争取罢工的最后胜利。大丰里工友俱乐部成了组织二月大罢工的秘密据点和工人斗争的心脏。

声势浩大的二月大罢工沉重打击了日本在华势力。最后，日本资本家不得不在上海总商会的调停下，于2月26日与工人代表签订了复工协议，接受了承认工会、严禁殴打工人、被开除工人复职等条件。次日，被捕的邓中夏、孙良惠等人被释放。3月1日，罢工胜利结束，工人们在潭子湾尽情欢庆胜利，并摄影留念。

二月大罢工成了3个月后的五卅风暴的预演。

复工大会与会者合影

【火红记忆】

"五卅"反帝斗争的前哨战 ①

沈积飞

（一）

春节刚过，2月2日清晨，八厂粗纱间一个12岁的女童工因连续做了11个小时的夜班，累得支持不住，不知不觉地靠在车头睡着了。这时，车间突然闯进日本领班来巡查，见状，拎起"皮鞋脚"朝她腿上猛踢。毫无抵御能力的女童倒在车弄堂里不断呻吟。与她同班工作的姐姐被日本人的举动激怒了，站出来和领班评理。一向不把中国人放在眼里的日本人，不管三七二十一，伸手给她姐姐扇了两记巴掌。

车间一男工挺身而出，怒斥日本人："新年新岁，为啥乱打人？"领班对男工瞪了一眼，冷笑着回答："嘿！你不服气，不想干了吧？"车间里的众男工闻言，齐声怒吼起来，针锋相对地呵斥："不干就不干，不许你打人！"日本人遭到众人的顶撞和奚落，在慌忙地离开车间时丢下一句话："你们想造反，通通地开除。"

---

① 华校生、陈宏申主编：《不灭的星》，上海：上海人民出版社，1991年。文字有删改。

果然，在日班工人上班时见到一张布告，50名粗纱间夜班男工全部被开除。于是，粗纱间日班全体男工自动宣布罢工。

（二）

八厂厂主的暴虐行为在沪西工友俱乐部传开了，激起了工人们的公愤。反抗日本资本家的高压手段，已成为工人们的共同愿望和坚定决心，罢工犹如箭在弦上，一触即发。当时，深入到小沙渡工人中的有邓中夏（中国劳动组合书记部主任）和李立三（中共上海地委农工部主任兼工运书记）等人，他们决定直接参与领导这次罢工，并即刻与俱乐部的工人骨干商议，作出四项决定：（一）在8、9号两天工人领过工资后，组织一场日商纱厂同盟总罢工。为此，劝导已经罢工的工人先忍耐几天，暂时复工；（二）组织罢工总指挥处（又称罢工委员会），下设三处五股，从中共和共青团地委，以及上海大学抽调一批党团员来斗争前线工作，支援罢工；（三）以沪西工友俱乐部为基本力量，发动分布在各厂近千名秘密部员，赶快进行串连活动，把各厂积极分子动员起来，作好总罢工准备；（四）为避开租界巡捕的骚扰，罢工发动后，把俱乐部迁往苏州河北华界（潭子湾三德里），作为领导罢工的大本营。

4日，被宣布开除出厂的男工向厂方结算工资，并要求发还存工，厂方竟叫来普陀区捕房巡捕，抓去7个工人代表。其后，"会审公堂"开庭，日本领事陪审，以"煽动罢工"罪判处7人各关押3个星期。工人们听到消息后，愤激情绪已达到顶点，个个摩拳擦掌，只等罢工命令。

于是决定由俱乐部公开出面，向资本家下"战书"，代表内外棉纱厂工人向日本厂主提出六项条件：（一）以后不准打人；（二）按照每人原有工钿增加十分之二；（三）恢复第八厂被开除的工友；（四）承认俱乐部有代表工人之权；（五）罢工期内的工钿，厂里照常发给；（六）以后职工非犯通奸，斗殴之事者，不得开除。并以相同内容，散发了《沪西工友俱乐部告内外棉纺织厂工友书》，向工人进行罢工动员。厂主对六项条件置若罔闻，反而派出"包打听"侦察工人行动，伺机进一步镇压。

（三）

9日，各厂工人领过工资后，下午4点，日班将下班时，工厂粗纱间工人党员戴器吉首先关车发难，口喊"大摇班啦！"，带领全体工人冲出车间，宣布内外棉东西五厂罢工。同一厂区的七、八、十二厂立即响应，由工人骨干分头关车，带领工人涌出厂门，冲破厂主与领班的阻挠。数千人上渡船过苏州河。不多时，夜班工人也来了，都汇集到潭子湾大丰纱厂东首广场开会。

刘华（当时俱乐部主持人）从俱乐部带来一面白布大旗，竖在最高处的坟堆上，上书"反对东洋人打人"七个大黑字，这喊出了众人的心声。工人们把厂里发的东洋小帽扔在地上，狠力践踏。刘华在会上讲话，宣布内外棉纱厂成立工会，宣读了《罢工宣言》，大家推他当工会主任。又组成64支纠察队，执行维持秩序，监督罢工顺利进行；并负责拦住渡口和各条路口，通知夜班工人不要上班，一起参加罢工；在浜南厂区周围也派出秘密纠察队。日本厂主派走狗抢夺渡船，准备接运夜班上工，被纠察队击退，只得眼望对岸工人活动，一筹莫展。

罢工队伍不断壮大，10日至12日，内外棉东西五厂、十三厂、十四厂、三厂、四厂、十五厂，在各厂工人和指挥处组织的打厂队配合下，也纷纷举行了罢工。至此，内外棉会社在上海的12个厂的17100余名工人参加了罢工。

14日起，罢工浪潮越出内外棉，至18日，日华三四厂、东亚麻袋厂、沪东大康一二厂、丰田一二厂、同兴一厂、沪东裕丰一二厂也纷纷成立了工会，发表了罢工宣言，组织了纠察队。罢工纱厂达22家，约35000余人。

罢工开始时，日本厂主以为工人同往常一样，会自动回厂复工的。这次却出乎其意料，工人非但一去不回，而且连最驯服的养成工亦全体参加了罢工，迫得只能全部停产。罢工工人还采取暴力捣毁了机器，更使厂主受到沉重打击。

（四）

罢工进行了一个星期，日本国内朝野震惊。国会议员向外相提出质询，资产阶级报纸惊呼："上海罢工是日本纺织业的生死问题。"17日上午，日本驻沪领事矢田偕副领事长冈再次去第四警署（闸北）交涉，对媚外的军阀当局施加压力，要求镇压罢工。

指挥处决定于17日组织一次工人上街游行，向广大民众宣传罢工工人的困难和痛苦，争取各界的理解和支持。前一天，曾向警署报告，警方答应："保护工人，义不容辞。"下午4时，游行队伍自闸北向租界行进，高呼"大家一条心，反对东洋人！""中国人要帮助中国人"等口号。可是途经恒丰路警署时，突然遭到手持警棍的数十名警察袭击，队伍中有些人被打得头破血流，戴器吉等10余名工人被逮捕。游行队伍还是服从命令，执行纪律，就地解散。

傍晚，潭子湾广场聚集的罢工工人议论纷起，要求对付警察的暴行。为稳定人心，李立三站到高处发表演说，安慰和鼓励工人继续集中全力坚持罢工斗争。突然，又有一二百军警和马队冲来，邓中夏做手势叫李立三停止演说，下来躲避。李混入游行队伍中，邓避到后面居民家中。警察在办公处搜查之后，临走又捕去10余名工人。军警去后，工人再次集合，提出包围警署，讨还被捕工人，邓、李二人不同意。工人们说"你们过去老叫大家抱义气，现在工人被捕，你们又不抱义气了。"为了安抚群众，邓同意派代表去。李立三要求自己去，邓认为外界认识李的人多，不妥当，就自己带了七八名群众代表去闸北警署。不料，全部代表被扣留。瞿秋白知道邓中夏被捕，急得一夜未眠。

次日上午，在一家茶馆门前见到一队警察押着一队戴手铐的工人代表过来，邓中夏在其中，他勇敢而镇定地走着，脸上浮着从容的微笑。

（五）

同盟罢工开始后，12日起，即得到本市工、商、学各界团体的声援。15日由上海国民会议促成会和各界国民促成会领头，成立了有40余团体参加的"东洋纱厂罢工后援会"。在向警予、俞秀松等人的积极活动下，后援会发表了声援《宣言》，并通电全国，呼吁全国同胞，奋起对抗日本人的横蛮行径，为国家争光荣。

上海的工会、学联及溥益、恒丰等华商纱厂的工人都慷慨解囊，捐款支援暂时失业的罢工工友。东洋纱厂罢工后援会还于18日至20日出动所属团体成员，佩戴"后援会募捐员"襟章，手握贴有标记的竹筒，组成10支队伍，于全市各马路布点，公开向民众募捐。19日那天，上海雪花纷飞，他们仍上街募捐。

罢工委员会收到了这些捐款，23日至25日，发放到每个罢工厂工人，至24日，已发出1347元。

（六）

21日起，市场纱价暴涨，每包棉纱从原来可获利白银2.5两上升到每包可获利4两。罢工对日本资本家的打击是沉重的，单是内外棉各厂直接的经济损失达50万日元。

25日，上海总商会出面召集谈判复工条件，日本资本家出于自身的利害关系，也只得参加了。

25日下午2时，总商会会董王一亭主持会议，警厅长、政府交涉员、日本领事、商总联代表及邵力子出席。资方代表数人，工会代表刘贯之、张佐臣等6人也参加会议。工会方面提出8条复工条件，经过背靠背的交涉磋商，厂主仍多方狡辩，总商会认为其中有些条件可用其他途径解决，商定以4条为明日签约基础。

次日下午3时，举行签字仪式。工会代表要求条件作适当修改补充，总商会承担"以后如有损害工人利益，由调解人和克威律师负责保护"。条约按4条签订，大意为：（一）不许打人；（二）不得无故开除工人；（三）储蓄金五年发还（原为十年）；（四）

42

工资每两星期发一次，不得拖延。资方代表冈田和总工会代表克威律师签字。文本一式四份，正本交调解人总商会，副本交克威律师，另外二本交劳资双方代表。

谈判中对被捕工人释放事宜，陆续进行了处理，至4月基本处理完毕。

这次从规模和组织程度可称为当时上海破天荒的一次大罢工，它为五卅运动奠定了良好的基础。

火红地标

顾正红烈士殉难处

【火红地标】

澳门路 300 号（日商内外棉七厂）

顾正红烈士殉难处（拍摄于 2004 年 4 月）

【火红历史】

　　顾正红，1905 年生于江苏阜宁，1921 年 10 月，随全家逃荒到上海进厂做工。次年，他在沪西日商内外棉九厂当扫地工，因反抗工头和资本家的剥削压迫，被开除出厂，后经工友介绍进入内外棉七厂织布车间做盘头工。1924 年秋，顾正红参加了沪西工友俱乐部的学习和活动，开始接受党的教育，并在厂里积极向工友宣传革命思想，组织俱乐部秘密小组。1925 年 2 月，爆发了震惊中外的二月大罢工。顾正红作为工友俱乐部的骨干成员，参加了大罢工工人纠察队、宣传队，揭露日本资本家欺压工人的罪行。

　　1925 年 4 月，时值棉纱市场萧条。针对日商可能乘机停掉

顾正红

45

部分工厂的情况，沪西工友俱乐部负责人刘华与各厂工会代表商议决定，维护工人权益，采取怠工和轮流罢工的方式开展斗争。此时，上海日本纺织同业工会要求租界工部局和北洋政府取缔工人工会。5月14日，内外棉十二厂开除并逮捕工会代表，并试图关闭七厂。刘华根据党的决定，指示其他工厂暂不罢工，尤其七厂要上工，支持十二厂的斗争。

15日，日商内外棉七厂厂方撕毁与工人达成的协议，借口存纱不敷，在厂门口贴出"因故停工"的布告，夜班工人被阻门外。顾正红见状，撕下布告，率领工人们冲进工厂，与资方交涉。内外棉副总大班元木和七厂大班川村带领打手拿着巡捕棒扑向工人，数名工人当场被打得头破血流。顾正红和工人们冲进物料间，拿起打梭棒，奋起自卫。顾正红带头责问元木和川村："为什么不让工人上工？"川村露出了凶残的本性，咬牙切齿地朝顾正红开枪，川村等也举起刀棍猛砍工人。此时，顾正红的左腿已鲜血直流。他忍着剧痛，高喊："工友们，大家团结斗争啊！"川村的子弹又向顾正红射去。身负重伤的顾正红紧紧地抓住身边的一棵小树，依然顽强挺立。川村又向顾正红头部开枪，顾正红晃动着身躯倒在地上。刽子手川村见顾正红还未气绝，又上前再补了一枪，并丧心病狂地用铁棍击打顾正红的身躯。在这次血腥镇压中，有3名工人遭到枪击，刺伤和被殴打的有数十名工人，其中包括10多名女工和10多名童工。

顾正红与敌人搏斗牺牲地

身中4枪的顾正红被工友们抬上人力车，送到医院抢救。昏迷中的顾正红还在喃喃地说不去东洋医院。16日，顾正红因伤重医治无效，英勇牺牲，年仅20岁。

顾正红殉难当日，沪西日本纱厂2万多工人宣布罢工。中共上海地方委员会召开会议，决定由李立三赴小沙渡领导工人斗争。中共中央发出第32号通告，紧急呼吁各界人民支持、援助工人斗争，上海学生首先走上街头，工商界也纷起

《申报》报道顾正红惨案

响应。17日，陶敬轩、刘贯之代表纱厂总工会向北洋政府和日本驻沪总领馆递交《为日人惨杀中国工人顾正红呈交涉使文》。18日，工人们抬着顾正红遗体前往潭子湾进行悼念，沿途4000多人致哀。19日，中共中央发出第33号通告，决定在全国范围内发动一场反帝游行示威。一场轰轰烈烈的反帝爱国运动即将爆发。

上海纺织工业局局长张承宗（左）和工人代表向顾正红烈士纪念碑献花圈

顾正红烈士的牺牲引爆了震惊世界的伟大的五卅反帝爱国运动。为纪念这位伟大的烈士，1959 年，国棉二厂在顾正红烈士殉难处以北的广场西侧塑建了高 2.5 米的顾正红烈士像，刻有魏文伯题写的"顾正红烈士精神不死"。烈士塑像北侧设置厂史陈列室，介绍顾正红烈士的斗争史迹。1989 年 9 月，顾正红烈士殉难处被列为普陀区第一批革命纪念地。2008 年 5 月 30 日五卅运动 83 周年纪念日，顾正红纪念馆和殉难处原址正式建成开放。2009 年 12 月，顾正红纪念馆被列为上海市爱国主义教育基地。

【火红记忆】

瞿秋白回忆顾正红殉难与五卅运动 ①

中共上海市普陀区委党史研究室

1925 年 5 月 15 日傍晚，发生日商内外棉纱厂工人顾正红被惨杀的事件。当天，中共上海地委正在开会研究沪西工人斗争应采取的策略问题，听到不幸消息后，立即派李立三前去了解情况，指导斗争，并作出有关决定。第二天，内外棉纱厂 8000 名工人罢工，抗议屠杀中国工人。中共中央接连发出第 32 号、第 33 号通告，要求各地党组织全体动员，号召工会、学联及各种社会团体一致援助上海内外棉纱厂罢工工人，发动一个"大运动"；要求各地党组织会同青年团下达全体动员令，组织游行、演讲队，加强与国民党合作，一起向日本帝国主义者发起"总攻击"；呼吁各地团体召开联席会议，发表宣言，指斥日本人历来压迫中国人的罪恶行径。

5 月 17 日早晨，顾正红因伤势过重，不幸牺牲。第二天，瞿秋白奋笔撰写《日本对华之屠杀政策》一文：

　　上海小沙渡日商纱厂，因为（二月）罢工之后，工会成立，工人团结起来，
　　力争改善劳动条件；而日纱厂方面死命不肯履行上次罢工结束时的条件，并且

① 上海市普陀区委党史研究室编：《瞿秋白与名人往事》，北京：中国社会出版社，2012 年。标题为编者所加，文字有删减。

还进一步，想尽方法克扣工资——如大洋兑成小洋等类。工人当然不能不积极和他们力争，哪知日本资本家和监工竟有意挑衅——施用铁棍手枪，打伤工人数十百人，工人顾正红身中四枪已经毙命。……日人在中国境内，到处何以随意放枪杀人，显然是以牛马奴隶对待中国人。他们想着，以为这种屠杀可以吓得住中国工人，不敢再组织再反抗吗？……日本帝国主义者呵，你们不要太乐观了！中国民众不是这种屠杀政策所吓得住的，中国民众必定要推翻你们派来的中国总督，打倒你们的帝国主义！

中共上海地委决定举行公祭顾正红烈士大会，发出紧急通知，要求各团体和在校党员发动群众，尽量动员工人、学生去参加追悼会。5月23日下午，杨之华前往沪西潭子湾工友俱乐部主持会议，向200多名女工宣传鼓动，要求工人姐妹们必须协助开好第二天举行的公祭大会。她的演讲激起了与会者的情绪，大家高呼口号："报仇雪恨！""全体工人团结起来！"

30日下午，上海大学等校学生在南京路上宣传时被抓进老闸捕房，其中有瞿秋白的弟弟瞿景白。他非常勇敢，与其他被关押的百余名演讲者敲门窗、拍桌椅，与敌人唇枪舌剑，大闹牢房。愤怒的民众高喊着反帝口号，声浪一浪高过一浪，要求释放被关押的学生和民众。突然，英国巡捕头目爱活生下令开枪。顷刻间，子弹横飞，血流遍地。上海大学学生、共产党员何秉彝等十几人倒在血泊中，数十人受重伤，轻伤不计其数，史称"五卅惨案"。

5月31日清晨，在横浜桥附近宝兴里的一幢两层楼房里，中共中央召开紧急会议。这是党中央的秘密机关。

会议决定由蔡和森、李立三、刘少奇、刘华和瞿秋白等组成行动委员会，领导开展反帝斗争；立即成立上海总工会，发布总同盟罢工宣言，号召全上海人民起来举行罢工、罢市、罢课的"三罢"斗争，决定以中共中央的名义发表告全国民众书，阐明这场斗争的性质和任务，制定全国各阶级反帝联合战线的根本策略。会议还决定出版《热血日报》，由瞿秋白任主编。瞿秋白在会议上发表讲话，主张动员大批工人和学生陆续到南京路上示威，如果英国巡捕敢开枪，把事态扩大，势必激起全国人民的反帝爱国怒潮，全世界人民也将同情和支持中国的反帝运动。

上午，阳光很快被厚云遮住，南京路上正在举行更大规模的演讲示威。午后，杨之华与沈雁冰夫妇再次前往南京路，杨之华和孔德沚主动参加演讲队。他们准备去下一家商店讲演时，忽然四五辆自行车的铃声从远而近，骑车者一路散发小传单。这是一个战斗信号。这时，从小巷小街里四处钻出一队队学生和工人，纷纷把身上携带的小标语贴在商店橱窗上，永安公司的楼顶上也忽然飘下无数传单。群众高呼口号，印度巡捕的马队前来镇压……杨之华与沈雁冰夫妇被冲散了。沈雁冰夫妇回到家后不放心，到隔壁的瞿秋白家去探望，见杨之华已经回来，瞿秋白正好也在家，大家就谈起这几天的事情。

6月1日，上海总工会发布第一道命令，宣布总同盟大罢工。在中国共产党的领导下，上海"三罢"斗争掀起高潮，五卅反帝风暴席卷全国，瞿秋白、杨之华携手投入了新的战斗。

如火如荼的沪西工人运动给瞿秋白留下了深刻的印象。1928年中共六大后，瞿秋白留在莫斯科工作，担任中共驻共产国际代表团团长。在百忙之中，他编写了《中国共产党历史概论》，这是为莫斯科列宁学院和中国劳动者共产主义大学讲授中共党史时使用的，其中第七讲谈到"五卅的前夜"，列举了上海沪西"二月罢工"等。他认为，从五四运动到五卅运动"是革命前夜的时期"，"中国社会中之各阶级都在团结组织自己的力量，无产阶级已经处于革命先锋的地位"。其中就有沪西工人运动显示的强大力量，成为五卅运动的策源地，从而掀起了中国大革命的高潮。

火红地标

潭子湾公祭顾正红大会纪念地

【火红地标】

中潭路 33 弄（大丰纺织公司西侧）

潭子湾公祭顾正红大会纪念地外景近况

【火红历史】

1925 年 5 月 15 日，顾正红烈士遭日本资本家枪击牺牲，中共中央和中共上海地委决定于 24 日举行公祭顾正红大会。

当天下午，上海各界公祭顾正红烈士大会在潭子湾三德里的空地上举行，包括工人、学生、店员等在内的社会各界爱国人士 1 万多人参加公祭大会。潭子湾广场变成了一片白色的海洋，广场四周挂满了挽联、挽幛，中间白布帷幕上悬着烈士遗像，两侧悬挂着刘华亲笔书写的挽联，上联为"先生虽死，精神不死！"，下联为"凶手犹在，公理安在！"，横额是"工人先锋"。帷幕后面安放着烈士的灵柩，覆盖着一块写有

"东洋人打死中国人！"的洁白绸子。会场中央的陈列台上放置着苏联、日本等各国工人组织发来的唁电。大会主席孙良惠致开会词，总指挥刘华报告公祭程序。公祭毕，分成五处讲台，由各团体、各学校代表分头演讲。恽代英、向警予、项英、刘华、杨之华等同志先后上台，发表慷慨激昂的讲演，呼吁全国工人阶级团结起来，同帝国主义斗争到底。会场上"为顾正红烈士报仇！""打倒帝国主义！"的口号声震天动地。

1925年5月24日潭子湾公祭顾正红大会

潭子湾公祭大会是在公共租界当局的围堵中进行的。租界当局箝制社会舆论，禁止各类报章登载顾正红事件的真相，同时试图打压声援公祭大会的社会团体。23日，首先起来声援工人斗争的文治大学学生在为救济死难烈士上街募捐时遭到租界巡捕抓捕。24日，前往潭子湾参加公祭大会的一些上海大学学生半途被巡捕阻拦，有4名学生被抓捕，当局还声称要对这些学生进行审判。而当租界当局赶到潭子湾公祭大会现场时，公祭大会已快结束了。

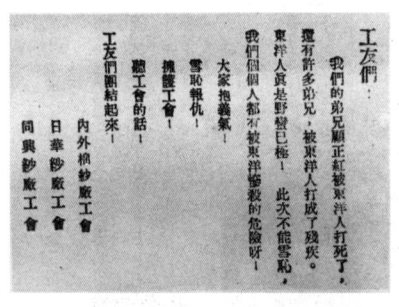

内外棉纱厂等工会为抗议顾正红惨案散发的传单

1925年5月24日举行的公祭顾正红大会是中国工人阶级向帝国主义抗争斗争的誓师大会，是中国共产党领导反帝统一战线的誓师大会，也是中共中央和中共上海地委准备发起更大规模的反帝爱国斗争的战前誓师大会。

5月27日，恽代英召开了上海大学、文治大学、大夏大学等高校学生代表会议，通过决议："1、用散发传单和发表露天演讲的方式来向公众阐明罢工事件真相；2、筹款救济因停工而面临困境的工人；3、如果那些被拘捕学生至5月30日仍未被释，则应采取措施使其获释。"

5月28日晚，中共中央在闸北宝兴路（中共四大召开地）召开紧急会议，陈独秀、蔡和森、李立三、恽代英以及中共上海地方区执委罗亦农、王一飞等参加。会上，蔡和森全面分析了当前上海工人运动的形势，提出："现在要把工人的经济斗争与目前正在蓬勃发展的反帝斗争汇合起来，要使工人斗争表明明显的反帝性质，以争取一切反帝力量的援助。同时也使工人加入总的反帝战线而成为这一战线的中坚。"会议接受了蔡和森的建议，决定成立由蔡和森、李立三、瞿秋白参加的党的行动委员会，并决定于 5 月 30 日在租界内举行大规模的反帝示威活动，抗议帝国主义屠杀中国人民的血腥罪行，抗议帝国主义逮捕、关押和审判爱国学生，声援罢工工人。

一场伟大的反帝爱国运动即将爆发，一场激荡全中国的大革命高潮即将掀起。

【火红记忆】

我到潭子湾追悼顾正红大会现场采访[①]

郑超麟

我 1924 年从莫斯科东方大学回国，任中国共产党中央宣传部秘书，负责撰写、翻译、编辑、出版中央机关报《向导》等刊物和各种书籍，参加五卅运动和上海工人三次武装起义，关注中国工人运动。

在工人运动中，共产党则拿出真面目来。"二七"失败后两年，工人运动复兴了。此次不是交通工人的运动，而是大城市工厂工人的运动。首先是上海纱厂工人的运动。这是李隆郅（李立三）和项德隆（项英）辛苦经营的成果：沪东和沪西两个俱乐部都发生了作用。俱乐部吸引了在工厂的工人；罢工发生，受俱乐部影响的工人立即起了作用，我们则在这些工人的背后指挥着。资本家凭过去经验，以为坚持二三日，工人会屈服的，可是不，工人能够支持下去，虽无工会和储备金，仍能支持很久很久。最后，资本家只好屈服，同罢工工人代表谈判，承认了条件，签了字。工人提出的条件并不忘记"承认工会"一条。资本家，外国的和中国的，都很诧异：工人哪里来的钱维持罢工期间的生活，又从哪里学得这些斗争方法，而且各厂工人用的方法大体是一样的。工人得到了胜利，都很高兴，不仅高兴他们的条件得到厂方承认，而且高兴他们有力量、有方法，能使厂方屈服。更进步的工人就加入了共产党。与国民会议促成会运动的同时，上海及其他城市的工人运动是更有助于共产党发展的。此时，上海最大的罢工是小沙渡日商内外棉纱厂。

我没有直接参加这两种群众运动。各团体代表开大会时，我常以无名的观察者资格去旁听。有一次，我、蒋光赤、沈泽民三人组成一个宣传队，向国民会议促成会机关领了纸旗和传单，在西门附近的马路上向行人演说。

潭子湾开追悼顾正红大会时，我同初回国的王若飞也去"观察"一下，可是几乎出了乱子。我们两人都穿西装，一到会场，就引起了注意，几个工人跟着我们，严密

① 郑超麟：《郑超麟回忆录》，合肥：安徽人民出版社，2004 年。标题为编者所加，文字有删改。

监视着。荒场上有无数的人，当中搭一个台，李隆郅穿的衣服同台上和台下的工人一样：蓝布短衫裤。刘华在演说。监视的人中出来了两个，叫我们跟他们到人群外空地去，问我们是什么人，是不是日本人。我说："我们两人都是上海大学学生。"一个麻皮青年说："那么你认识台上演说的是谁吗？"我说："他是我们的同学：刘华。"我为祛除他们的疑惑，又说："你看，那是李成，他也是我们的朋友。"这两个人似乎释然了。不久，隆郅（李成）从台上下来，找我们到旁边一个房子去，那是工会办事处，他要我们回去报告几件事情。

后来，我就将见到的顾正红牺牲和在潭子湾开的追悼大会作为专题报道在《向导》发表。

上海公共租界工部局警务处 1925 年 5 月 25 日《警务日报》关于 5 月 24 日潭子湾顾正红公祭大会的报道[①]

大约有二百名女工于五月二十三日下午四时半在闸北潭子湾工友俱乐部开会，由瞿秋白的老婆杨之华主持。她说，全体无产阶级姐妹们必须协助开好五月二十四日举行的顾正红追悼会。接着，与会者高呼："反对日本""报仇雪耻""全体工人团结起来"。会议于下午五时结束。

在工友俱乐部的领导下，罢工工人顾正红的追悼会于五月二十四日下午在闸北潭子湾俱乐部附近的一块旷地上举行。按顾正红是在五月十五日被内外棉纱厂的日籍工头为了自卫而向罢工人群开枪时打伤致死的。大约有五千人参加了追悼会，其中有一百名学生和几个妇女。淞沪警察厅的十二名警员和几名宪兵也在场，他们均全副武装。但由于追悼会自始至终秩序井然，因此警方无机会进行干预。追悼会会场布置有大约三百面不同的旗子和袖章，另有六种不同内容的传单向手拿死者照片的到会群众散发，这些传单谴责了帝国主义、军阀主义和资本家的压迫。下面是袖章上的典型词句："打倒日本帝国主义和抵制日货""不许日本人在中国开设纱厂和其他工厂""他是一位模范的革命家""他是工人运动的先驱""全体工人联合起来，杀人者应予严惩"。追悼会于下午二时五十分宣布开始，这时参加会议的乐队演奏了几支选曲。接着，人们在主持会议的煽动分子孙良惠的带领下，向安放在草棚内一只讲台上的死者照片致敬，然后由臭名昭著的共党煽动分子恽代英（此人现是上海大学教师）向群众发表

---

① 上海市档案馆编：《五卅运动》（第二辑），上海：上海人民出版社，1991 年。标题为编者所加，本文为原文引用。

演讲。恽说，他是和听众们一起来追悼被日本人卑鄙杀害的一名中国工人的。中国的腐败官吏是日本人所收买的走狗，他们不仅不将罪犯提交司法审判，反而派遣警察监视受害人的伙伴。因此，中国人民必须采取措施务使杀人犯缉拿归案。如果达不到目的，就应团结起来把日本人统统赶出中国。在追悼会上以类似语气同时在五个讲台上发表演讲的学生和工人领导人中有：臭名昭著的共党分子瞿秋白老婆杨之华；杨树浦工会代表张佐臣；大夏大学学生高伯定、刘峻山；以及自称是孙逸仙博士的信徒俞达。每个讲台上的演讲结束时，群众就齐声高呼"反对日本""报仇雪耻""为了斗争，工人们联合起来，把自己的队伍紧密团结起来"。追悼会于下午四时结束。

火红地标

上海总工会第四办事处遗址

远景路 801 号（潘家湾路三德里 277 弄）

上海总工会第四办事处遗址外景近况

【火红历史】

上海总工会第四办事处的前身是沪西工友俱乐部。它诞生于 1925 年爆发的震惊中外的五卅反帝爱国运动中，见证了中国大革命高潮的到来。

1925 年 2 月初，为抗议日资纱厂无故开除 40 余名工人、拘押 4 名工人代表，沪西工友俱乐部在邓中夏、李立三等人的直接领导下，掀起了一场震惊中外的沪西纺织工人二月大罢工，沪西、沪东 22 家日商纱厂 3.5 万名工人奋起响应。大罢工沉重打击了日本在华利益。日本帝国主义通过收买工贼、出动军舰示威、唆使北京政府出面干涉等方法企图破坏罢工，淞沪警察厅甚至逮捕了邓中夏、孙良惠、戴器吉等一批工运领袖，想扑灭怒火冲天的二月罢工。但在中国共产党的领导下，沪西、沪东工人愈

57

战愈勇。面对惨重的经济损失，日本资本家在上海总商会的调停下，于当月25日被迫接受工会提出的"严禁殴打工人、被开除工人复职"等8项条件，将被捕领导人和工人全部释放。二月罢工取得了最终的胜利。上海工人阶级经过此次大罢工的总演习，加强了反帝反封建革命斗争的决心和勇气，锻炼了自己的战斗能力，为3个月后的五卅运动作了思想、组织和干部上的准备。

5月15日，沪西工运领袖顾正红被日本大班枪杀，沪西工友俱乐部当即组织日商纱厂工人发表罢工宣言，抗议日本资本家的暴行。中共中央发出通告，呼吁各界人民支持和声援工人斗争，并电令担任中华全国总工会副委员长的刘少奇同志从广州赶回上海，筹建"全总上海办事处"。5月24日，沪西工友俱乐部主任孙良惠在潭子湾广场主持召开上海各界公祭顾正红烈士大会。顾正红烈士的牺牲和全市声讨大会成为爆发五卅反帝爱国运动的导火线。

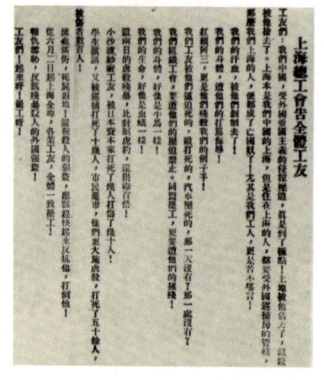

五卅惨案后，各工会召开联席会，决定成立上海总工会。6月1日上海总工会发表告工友书，号召从6月2日起举行总罢工。

5月31日，上海总工会在"五卅"风暴中成立，并宣布举行全市工人总罢工。18日，上海总工会决定在上海市区设立5个办事处，其中沪西设2个办事处，即以原沪西工友俱乐部为上海总工会（小沙渡）第四办事处和曹家渡的上海总工会第五办事处。第四办事处主任为刘华，副主任为陶静轩；第五办事处主任为张佐臣，副主任为龙大道。9月18日，上海总工会遭到帝国主义和国内反动势力的联合进攻，并被奉系军阀命令封闭，李立三、刘少奇、刘华等被通缉，上海总工会和各个办事处被迫转入秘密活动。

11月29日下午，沪西工运领袖、上海总工会第四办事处主任刘华在南市参加完群众集会，在返回静安寺路（今南京西路）途中，被2个"包探"和2个巡捕拦截抓捕，并迅即引渡到淞沪戒严司令部军法处。上海总工会设法营救刘华。12月9日，上海总工会召开工人代表大会，选举刘华为总工会副委员长，并再次向军阀当局提

工人庆祝上海总工会成立

出抗议，要求释放刘华。但敌人仍然在12月17日将刘华秘密杀害。

刘华牺牲后，陶静轩接任第四办事处主任。1926 年 9 月，为配合北伐军北伐，中共上海区委决定发动第一次工人武装起义，任命陶静轩为上海码头总工会副委员长，受命组建码头工人纠察队。10 月底，上海第一次工人武装起义失败，陶静轩不幸被捕。11 月 16 日，在直系军阀孙传芳命令下，上海警方秘密处决陶静轩。陶静轩临刑时，面西挺立，他说："我战斗在沪西，死也要面向沪西的工人兄弟！"

沪西工友俱乐部和上海总工会第四办事处是沪西革命的摇篮和战斗司令部，英雄人物辈出，他们为振兴中华、民族解放的伟大革命事业顽强奋战，英勇牺牲，永远是普陀人民崇敬的楷模。1977 年 12 月，上海市文物管理委员会将上海总工会第四办事处遗址列为上海市级革命纪念地。1989 年 9 月，又列为普陀区第一批革命纪念地。

【火红记忆】

上海总工会第四办事处纪实①

徐　渊

1925 年，声势浩大的"五卅"反帝爱国运动，如燎原烈火，席卷全国，震惊世界。而最早燃起这场运动星星之火的地点，是上海沪西地区的潭子湾。

（一）

潭子湾位于苏州河北岸。20 世纪初，这里还很荒凉，为洋人和"高等华人"足迹不到之处。随着对岸公共租界西区小沙渡一带大批工厂的开办，潭子湾也逐步形成工人聚居的贫民窟。潭子湾的三德里是 1922 年建造的 40 间砖木结构平房，当时周围还有很多草房、荒地、坟堆、菜园和水沟，较为偏僻。1925 年初，中国共产党领导的沪西工友俱乐部，为了避开帝国主义的视线，防止敌人的破坏，更好地领导小沙渡一带工人的罢工斗争，决定从租界区槟榔路（今安远路）德昌里迁到潭子湾三德里 37–40 号（今潘家湾路 277 弄 19–22 号一带）。

2 月初，日商内外棉纱厂工人因八厂日本监工殴打中国女工、开除表示抗议的男工而迅速导致了总同盟罢工。2 月 9 日，罢工工人乘船渡过苏州河，在俗称潭子湾广场的三德里前空地上举行了由 1 万多工人参加的群众大会。会场上，竖起了"反对东洋人打人"的白布大旗，人声鼎沸，口号声此起彼伏。沪西工友俱乐部主持人刘华宣读了"罢工宣言"，当场宣布成立内外棉纱厂工会和工人纠察队。大家公推刘华为工

① 华校生、陈宏申主编：《不灭的星》，上海：上海人民出版社，1991 年。题目有修改，文字有删减。

会主任，并将三德里沪西工友俱乐部充作工会会址。党的领导人李立三、邓中夏等相继发表演说，支持工人罢工。在党的领导下，在工会的组织下，二月罢工浪潮迅猛发展。13 日，小沙渡内外棉 11 家厂全部罢了工。18 日，上海罢工的日商纱厂达 22 家，罢工工人 3 万 5 千多人。经过一个来月的英勇斗争，这场被称作"五卅"风暴前奏的二月大罢工终于取得了初步胜利。3 月初，在潭子湾广场召开了庆祝罢工胜利大会后，各厂相继复工。为了加强工会工作，扩大工会组织，3 月 22 日，李立三在三德里沪西工友俱乐部召集会议，准备成立纱厂总工会。

（二）

二月罢工后，日本资本家为了搞垮工会，开除工会积极分子，抓走工人代表，内外棉十二厂工人以罢工进行反抗。5 月 15 日，内外棉七厂顾正红惨遭日本资本家枪杀。顾正红的牺牲激起了纱厂工人的无比愤怒。5 月 16 日，内外棉五、七、八、十二厂等 7000 多工人一齐罢工，大家往潭子湾广场集合，组织了罢工委员会。刘华号召工人化悲痛为力量，坚持斗争，把罢工扩大到全上海。5 月 18 日，顾正红烈士的棺柩从租界运到潭子湾时，男女工人整队往迎，吊唁厅就设在三德里工会会址。下午，4000 多工人在烈士灵前集会，控诉日本资本家的罪行。5 月 24 日下午，"顾正红烈士追悼大会"在三德里前的潭子湾广场上隆重举行。

烈士的鲜血唤醒了更多的人们起来斗争，上海学生积极行动起来了。帝国主义者在镇压工人的同时，也开始了对学生的迫害。5 月 28 日，中共中央决定于 5 月 30 日在上海租界组织反帝示威宣传。29 日，刘华在潭子湾三德里召开沪西各厂工会代表和积极分子紧急会议，作了传达布置。斗争的烈火烧向了租界中心地区。

5 月 30 日下午，帝国主义分子竟丧心病狂地下令向手无寸铁的群众开枪，南京路上碧血横飞，制造了震惊中外的"五卅惨案"。

（三）

"五卅"惨案发生后，中共中央连夜召开紧急会议，决定把这一斗争扩大到各阶层人民群众中去，结成广泛的反帝统一战线，党号召全市立即掀起工人罢工、学生罢课、商人罢市的"三罢运动"。

党为使罢工斗争成为"三罢"的中坚力量，在 5 月 31 日晚上正式成立了上海总工会，李立三任总工会委员长，当时担任中华全国总工会执行委员会副委员长的刘少奇兼任总务科主任。总工会成立后的第一道命令就是宣布立即在全市开始大罢工。沪西纱厂工人罢工早、影响大，前来联系的特别多。例如 6 月 1 日，准备罢工的电车公司工人就主动到潭子湾三德里找刘华联系。到6月4日，罢工工人已达18万，到6月13日，全上海参加罢工人数达到25万人。为了加强对工人运动的领导，总工会在杨树浦、引翔港、浦东、小沙渡、曹家渡、南市、虹口等设7个办事处，沪西小沙渡为总工会第四办事处，仍设在潭子湾三德里，刘华任主任。其他许多基层工会，如内外棉纱厂等数十家也在三德里或附近办公。上海总工会委员长李立三等常来这里作报告、布置工作。潭子湾三德里成了领导沪西广大工人群众参加"五卅"反帝爱国运动的指挥部，大家都称它为"大工会"。

根据总工会的指示，第四办事处组织了演讲团，分队出发到各地演讲，进行革命宣传。工人们唱道："我工人，团结牢，什么好处都得到。从前时，没组织，作牛作马受尽气。生活紧，工钱小，一家数口吃不饱。最伤心，停生意，簿子充公没人理。现今时，有工会，大家团结保地位……"这首由刘华编写的"新大鼓"唱出了工人的心愿，唱出了工会和工人的血肉关系。工人不论遇到什么事，都叫"找工会去"，"一切听工会命令"已成为工人群众的共同誓言。许多工人积极分子天不亮就跑到工会去，等候分配工作。

上海工人的反帝大罢工坚持了整整100天。罢工期间，工人的生活非常艰苦。刘华和工人们团结战斗、同甘共苦，每天从清晨忙到深夜，往往只睡三四个小时，做了大量的宣传和组织工作。他常鼓励工人们说："我们有困难，而帝国主义的困难至少比我们大一百倍，我们多坚持一天，就多给敌人一份打击！""五卅"反帝爱国运动不仅在全国范围得到热烈的响应，还得到世界各国人民的支持。8月2日，苏联工会理事会代表团的4位代表曾到三德里访问，表示对上海工人运动的支持。

帝国主义和反动军阀对上海总工会及领导人恨之入骨，奉军司令部曾派兵到潭子湾第四办事处，妄图搜捕刘华、孙良惠等人。在工人群众的掩护下，敌人扑了个空。从8月初开始，斗争形势发生了重大变化。为了保存有生力量，巩固已取得的成果，8月10日，中共中央决定改变上海地区总罢工的策略，实行有条件、有组织的复工。由于党的领导人细致的工作和工人群众高度的组织纪律性，20多万工人的复工自始至终进行得有条不紊。就拿8月下旬日商纱厂工人复工来说，通过反复谈判，和日本资本家签订了6项复工条件，在解决工人经济要求的前提下，决定于8月25日开始陆续复工。当复工工人进厂时，厂方燃鞭炮、鸣汽笛表示欢迎，而总工会则派出欢送队，列队欢送，一边还燃放鞭炮，声振天地，显示了饱满的斗争精神。

（四）

当上海大部分工人复工后，帝国主义和军阀等反动派便勾结起来联合镇压工人运动。9 月 18 日，封闭了上海总工会，通缉总工会负责人，总工会第四办事处亦被迫停止活动。日本纱厂资本家便乘机毁约开除工人。正如 10 月 7 日小沙渡《工人之声》所指出的："现在我们所处的是恶劣的环境，在这个生死关头中，更加要巩固我们团结来抵御资本家的压迫，要想解脱痛苦，非要有工会不可。不能公开组织，我们可以秘密地组织工会呵！"当时，公开或秘密的工会活动仍在继续。10 月初，沪西部分失业工人就在原第四办事处领导人的组织下，在潭子湾集合后，搭轮前往广东参加革命军。曾被奉系军阀以煽动工人罢工于 9 月间被捕的刘贯之，在 10 月 20 日释放后，又和其他工会积极分子在潭子湾三德里 30 至 33 号重新设立总工会第四办事处。因积劳成疾住院治疗的刘华刚一出院，就在 10 月 28 日到潭子湾第四办事处出席会议，开展工作，大家一致举手拥护他当主席。在总工会被封期间，党还通过上海工人临时代表会议，继续领导上海工人进行斗争。

12 月 17 日晚，刘华被反动军阀秘密杀害。刘华牺牲的消息传出后，总工会立即发出传单，号召工人们团结起来，"踏着我们领袖的血，继续奋斗"。10 月 30 日，党中央机关报《向导》发表《悼念刘华同志》一文，宣称："继续刘华同志的工作，为打倒帝国主义、军阀、资本家而斗争。"包括沪西工人在内的广大上海工人群众，用各种方式悼念刘华烈士，当时在工人中流传着"继他生平未竟志，个个来做革命党"的誓言，表达了大家决心以实际行动迎接新的革命风暴的到来。

上海第一棉纺厂革命斗争纪念地

长寿路 582 号

上海第一棉纺厂革命斗争纪念地外景近况

【火红历史】

　　上海第一棉纺厂有着悠久的革命历史，它历经了三个时代，更换了三个厂名：1921 年，日本三井洋行派遣川村千山在劳勃生路（今长寿路）创办内外棉株式会社第十三、十四工场（厂），1932 年后改为内外棉株式会社第一、二工场（厂）；抗战胜利后，由国民政府改建为中国纺织建设公司上海第一棉纺织厂（简称中纺公司一厂）；1949 年新中国成立后，人民政府又将它改制为国营上海第一棉纺织厂。

原上海第一棉纺织厂

从 1925 年起，内外棉厂就建有中国共产党支部，先后隶属于中共小沙渡部委、中共沪西部委领导。党组织领导内外棉厂工人参加了五卅运动和上海工人三次武装起义，1932 年又参加了由刘少奇领导的沪西抗日总同盟大罢工。1938 年，中共沪西纱厂委员会指派党员范小凤通过考试进入内外棉株式会社第一、二厂做工，再由范小凤介绍杭惠兰进厂。她们将日商在沪西最大规模的纱厂变成了抗日战争和反抗国民党反动统治时期的革命"红色堡垒"。

据沪西工运领袖杭惠兰回忆，从日本帝国主义统治时期到国民党当局统治时期，党领导的工人运动斗争形式由隐蔽的斗争发展到公开合法的斗争，主要有两个特点：（1）利用合法的工会组织形式，领导公开合法的斗争；（2）由经济斗争转向政治斗争。在斗争中，党的力量得到迅速发展。

全国政协第一届会议上，中华全国民主青年联合会代表范小凤发言

为适应工厂斗争的特点，地下党组织分成两条战线。一条战线是打进工团组织，进行合法的、公开的斗争。地下党支部书记范小凤通过考试进入工厂，教育广大工人团结起来，采取隐蔽的怠工、慢工的斗争方式，进行抗日宣传。抗战胜利后，范小凤以公开的民主竞选办法，成功担任工团组织理事长。另一条战线是秘密进行细致扎实的群众工作，扩大党组织，发动群众起来斗争。两条线互相联系互相配合。到 1948 年底，工厂已有中共党员 77 名，其中包括解放后闻名全国的劳动模范杨富珍。

随着上海工人运动的蓬勃开展，国民党当局深知工会在群众中的重要地位，他们拼命想争夺工会领导实权，培植自己的亲信。当时，国民党社会局规定各厂工会

杨富珍是中纺一厂地下党员，解放后成为全国著名的劳动模范

理事、监事的候选人，一律要通过社会局审查方可认定。地下党支部让有中纺一厂人事课一等办事员身份的地下党员杨宽海获得中纺一厂工会理、监事的审查权。杨宽海根据党的指示，对范小凤送上来的名单都一一照办圈定。这样，中纺一厂工会的理事和监事，特别是首届工会的理事长、常务理事都由共产党员和积极分子担任，从而挫败了国民党争夺工会大权的阴谋。

中纺公司是国民党政府最大的官僚资本企业，也是地下党反迁移、反破坏的必争之地。中纺公司一厂党组织领导工人与国民党反动派进行了大大小小的罢工斗争达几十次，保护了工厂。但是，地下党领导的斗争引起了国民党当局的怀疑和追查，并且派遣御用的工福会特务搜查线索，开出黑名单，准备一网打尽。有一天，国民党特务头子单刀直逼杭惠兰："你厂到底有没有共产党？" 杭惠兰回答："什么样的人是共产党？他们额头上又没有字，我怎么知道有没有共产党。" 特务头子无可奈何地走了。

1947 年春，中共上海地下党组织决定从解放区派周国桢（周小鼎）到沪西，以中纺公司一厂做工为掩护，领导民营纱厂革命斗争。一厂地下党组织为周国桢办了上海居民证，并安排在工会担任文书职务。不久，周国桢担任中共沪西区委副书记，开始领导整个沪西地下党的工作。

1949 年 5 月 25 日，普陀解放，中纺公司一厂迎来人民的新生。不久，中纺公司一厂改制为国营上海第一棉纺织厂。

【火红记忆】

我在工人运动中成长 [①]

杭惠兰

我是 1943 年进厂的，在这个厂里经历了三个时代，三个时代工厂更换了三个不同名称。日本帝国主义的时代叫内外棉株式会社一、二厂。国民党时叫中国纺织建设公司上海第一纺织厂。解放后又称上海国营第一棉纺织厂。

我未进厂以前，原是上海申新九厂整理车间的验布工。当时，内外棉株式会社一、二厂为了扩大军用生产需要，正准备招收一批养成工（就是学徒工）。党为了加强在内外棉厂的力量，厂内地下党员范小凤同志通过"拿摩温"的关系，介绍我到厂里当

① 上海市普陀区委党史研究室编：《拂晓——沪西解放战争时期地下斗争回忆》，内部发行，2009 年。

养成工。进厂以前，组织上交待我的任务，就是要好好学习，好好做工，取得敌人信任，保住饭碗，在这个厂里扎下根。按照党的指示，通过约半年的学习，我从养成工转为正式工，总算把饭碗保住了，在厂里站住了脚跟。

在日本帝国主义统治时期，白色恐怖笼罩着上海，日本的暗探、警察到处搜索共产党的踪迹。为了保存和发展党的力量，我们对日本人不采取公开的罢工斗争，而是开展隐蔽的怠工、慢工斗争，在斗争中物色积极分子，发展党的力量。例如，我们根据日本领班进车间的时间规律进行怠工，当日本领班进车间的时候，都把车子开得很好，日本领班一出车间，车子都关下来，然后三五成群在一起聊天。开始一般谈谈家常、生活等，慢慢谈到日本帝国主义罪恶，又谈到新四军、八路军……当时，群众对共产党还印象不深，但对新四军、八路军印象却很深。这个厂的苏北人比较多，新四军、八路军在苏北一带军纪严明，爱护群众，不拿群众一针一线，很多工人都知道。党员积极分子利用这个机会引导大家，谈论国家大事，谈阶级斗争，激发大家的阶级仇恨，引导大家热爱新四军、八路军、共产党。当时，我所在的北织车间第五组，经常聚集了许多人，车间里的"拿摩温"对第五组的评价是像个"茶馆店"。

少数"拿摩温"是日本领班的心腹，日本领班不在，就由他来管理工人，故而做好"拿摩温"工作，对延长慢工的时间是有利的。我们向"拿摩温"中一些进步的、有正义感的人做工作，对他们进行阶级教育，告诉他们日本帝国主义是我们的敌人，为他们效劳是不会有好处的。争取大部分"拿摩温"站在我们工人一边，个别的也就孤立了。时间一长，"拿摩温"的管理也松懈了。

工人是轮换吃饭的。第一班吃饭时还开着车，到第二班吃饭，日本领班也去吃饭了，工人们就趁机把车子全部关下来。用当时工人的话说，就像摇班（罢工）一样，虽然每天工作 12 小时，实际上不到 8 小时。利用怠工、慢工时间，党员对群众做了大量宣传和组织工作，从而把群众团结在自己周围，发展了党的力量。1945 年，我发展了5 名共产党员，以后又陆续发展了好几个党员。

党组织除了向群众进行口头宣传以外，还用张贴标语口号的方法向群众宣传，常常在厕所间，在洗手池旁，在过道里，人不知鬼不晓地出现了共产党的标语。当我们看到很多工人姐妹在边看边议论的时候，就感到特别高兴，这是我们的工作起了效果。

从日本帝国主义统治时期到国民党当局统治时期，党领导的工人运动斗争形式由隐蔽的斗争发展到公开合法的斗争，主要有两个特点：（1）我们利用合法的工会组织的形式，领导公开合法的斗争；（2）由经济斗争转向政治斗争。在斗争中，党的力量迅速发展。从我个人来说，也是在党领导的工人运动中逐步成长起来的。

为了适应厂里斗争的特点，地下党的组织分成两条线。一条线是工团组织打进合法组织，公开领导斗争，也就是打进工会夺取领导权。当时，范小凤、邵裕本两位同志通过公开民主选举，担任了正副理事长。另一条线是厂党支部做细致扎实的群众工作，扩大党的组织，发动群众起来斗争。两条线是互相联系的。领导工团的是范小凤同志，负责党支部的是我。后来，到1948年底，我厂已有77名党员，在上级党组织指导下成立了党总支，我担任了总支书记。在国民党当局统治时期，我厂罢工斗争是很频繁的，大大小小的罢工斗争有几十起，斗争前都是由党组织亲自布置和领导的。在上级党组织的正确领导下，斗争艺术不断成熟。掌握了主动权，党和群众的关系像鱼水关系，为了一个共同的目标而奋斗。中纺一厂的斗争在沪西区是举足轻重的，占着重要地位，所以有"红色堡垒"之称。

上海解放前夕，国民党面临覆灭境地，对共产党、进步人士进行了疯狂的镇压。每天晚上，警车呜呜地叫，大批共产党员、进步人士遭到逮捕，军警在中纺二厂也逮捕了一批同志。当时，组织上为了保护同志的安全，保存党的力量，通知我厂几名比较"红"的同志暂时离开工厂，所以走了一批党员。另有一部分党员和积极分子仍然冒着生命危险，天天进厂，开展护厂斗争，不让敌人破坏，一直坚持到解放。

回忆过去岁月，一场场惊心动魄的斗争场面犹在眼前，和厂里的工人兄弟姐妹们，在共同的目标下，战斗在一起，生活在一起，亲密无间的情形，仍历历在目。我要永远珍藏这种友情，永不忘怀。

火红地标

上海第六棉纺厂革命斗争纪念地

【火红地标】

长寿路 888 号

上海第六棉纺厂革命斗争纪念地外景近况

【火红历史】

上海第六棉纺厂的前身是日资棉纺厂。1918 年，日资富士纺织、日本棉花、伊藤忠商事等 3 家企业投资创办了日华纺织株式会社第三、四厂（简称日华三、四厂），1939 年扩建为一个完整的棉纺织厂。抗战胜利后，该厂更名为经济部日华第三、第四纺织厂，1946 年又改名为中国纺织建设公司上海第六纺织厂。1949 年新中国成立后，人民政府将它改制为国营上海第六棉纺织厂。

1925 年 2 月，日华三、四厂建立了工会，由沪西工友俱乐部负责人刘华兼委员长的内外棉纱厂工会领导，直接参与了由邓中夏、李立

原日华三四厂、中纺六厂，建国后为上海第六棉纺厂

三等领导的沪西、沪东反日二月大罢工。期间，日华三、四厂加入工会的工人激增。据邓中夏在《中国职工运动简史》中记述："数日之内，加入工会的工人，沪西小沙渡一带由 1000 人增加到 6000 人。"

1925 年 5 月 15 日，日商内外棉七厂工人、共产党党员顾正红被日本帝国主义枪杀，日华三、四厂工人在刘华的领导下声援日商内外棉七厂的反帝斗争，参加在潭子湾举行的公祭顾正红大会，投入到了伟大的"五卅"反帝爱国运动之中。6 月 1 日，上海总工会成立。6 月中旬，在潭子湾的沪西工友俱乐部改名为上海总工会第四办事处，日华三、四厂纱厂工会也成为上海总工会第四办事处领导的一支重要战斗力量。其间，在中共小沙渡部委领导下，建立了中共日华三四厂支部，书记徐晋珊、组织委员宣倚琴、宣传委员王家祥，下设 2 个小组，组长分别是葛元康、袁守堂。

是年 9 月 18 日，上海总工会被军阀政府查封。22 日，各产业及各区工人代表集会，宣布成立上海工人临时代表会议，呼吁恢复上海总工会，但仍遭镇压，上海纱厂总工会、印刷总工会和曹家渡第五办事处均被军阀破坏，上海总工会第四办事处被迫停止公开活动。但是，上海工人运动并没有停止。12 月 1 日，中共上海区委决定取消上海总工会的 6 个办事处机构，改设组织员，把工作重点放在各个产业的产业工会，并派出组织员驻区办公。小沙渡与曹家渡合并为上海纱厂总工会驻小沙渡与曹家渡组织员，其中驻日华三、四厂的组织员为赵永生。1926 年 6 月，上海总工会为加强对工人运动的领导，决定将原来 6 个工人区域改为 3 个区，其中包括驻小沙渡曹家渡代表办事处，主任先后由张佐臣、赵子敬担任。是年 8 月 20 日至 9 月 17 日，小沙渡曹家渡代表办事处在小沙渡日商纱厂发动了一次有 11 个厂 1.7 万人参加的同盟罢工。罢工斗争最后失败。

1926 年 9 月至 1927 年 3 月，日华三、四厂工人在中共小沙渡部委和中共沪西部委领导下，参加了上海三次工人武装起义。其间，日华三、四厂的万乐山作为中共小沙渡部委代表团成员，与中共小沙渡部委书记佘立亚一起出席了 2 月 11 日召开的中共江浙区（上海）第一次代表大会，参与讨论上海举行第三次工人武装起义事宜，并直接参加了上海工人第三次武装起义。

1927 年 4 月 12 日，蒋介石发动"四一二"反革命政变。中国共产党和中国工人运动遭到严重破坏，许多革命志士惨遭屠杀，日华三、四厂党组织和工人运动也相继遭到严重的破坏。上海工人运动进入了最为艰难困苦的时期。

1932 年，日寇进攻上海，日华三、四厂工人积极参加由中共中央职工部长刘少奇领导的以沪西日商工人为主体的工人代表大会，参与建立总罢工委员会，加入民众抗日义勇军，支援十九路军抗日。1936 年 11 月，又参加了上海日商纱厂工人总同盟反日大罢工。

抗战胜利后，日华三、四厂划归中国纺织建设公司，继续在沪西地下党的领导下发展工厂地下党组织，领导工人开展求生存、反内战、反敌人破坏工厂斗争，直至上海解放。

【火红记忆】

上棉六厂地下党的往事

麟　芝

上海第六棉纺厂于 1918 年由日商富士纺织、日本棉花、伊藤忠商事三家投资创办，地点在劳勃生路（今长寿路），定名为日华纺织株式会社第三、四厂（简称日华三、四厂），1939 年扩建为一个完整的棉纺织厂，抗战胜利后更名为经济部日华第三、第四纺织厂，1946 年改名为中国纺织建设公司上海第六纺织厂（简称中纺六厂）。建国后，人民政府将它改制为国营上海第六棉纺织厂。

中国共产党成立后，从中央到地方各级组织都把主要精力放在工人运动上。在上海，中国劳动组合书记部诞生后，很快在日商的日华三、四厂建立工会。沪西工友俱乐部创办后，由刘华兼委员长的内外棉纱厂工会加强了对日华三、四厂工会的领导，日华三、四厂工会组织工人投入由邓中夏、李立三等中国工运领袖领导和发动的沪西、沪东联袂反日二月大罢工，加入工会成员亦在壮大。据邓中夏在《中国职工运动简史》中记述，二月罢工期间，"数日之内，加入工会的工人，沪西小沙渡一带由 1000 人增加到 6000 人"。1925 年 5 月 15 日，日商内外棉七厂工人、共产党员顾正红被日本帝国主义枪杀，日华三、四厂工人投入声援日商内外棉七厂工人反帝斗争，参加在潭子湾举行的顾正红追悼大会，继而投入伟大的"五卅"反帝爱国运动。5 月 31 日，上海总工会在"五卅"反帝暴风中建立。6 月中旬，潭子湾沪西工友俱乐部改名为上海总工会第四办事处，日华三、四厂纱厂工会成为上海总工会第四办事处领导的一支重要战斗力量。

1925 年 10 月中共小沙渡部委建立后，日华三、四厂建有党支部，书记徐晋册、组织委员宣倚琴、宣传委员王家祥，下面还设有 2 个小组，组长分别是葛元康、袁守堂。12 月 1 日，上海纱厂总工会驻小沙渡与曹家渡组织员，其中驻日华三、四厂的组织员为赵永生。

1926 年 9 月至 1927 年 3 月，日华三、四厂工人先后在中共小沙渡部委和中共沪西部委领导下，参加了上海三次工人武装起义。1927 年 2 月 11 日，日华四厂的万乐山作为中共小沙渡部委代表团成员，出席中共江浙区（上海）第一次代表大会，与中共小沙渡部委书记佘立亚一起参与讨论上海举行第三次工人武装起义事宜。

1927 年 4 月 12 日，蒋介石发动"四一二"反革命政变，日华三、四厂党组织和工人运动也相继遭到严重的破坏和摧残，工人运动进入最为艰难困苦的时期。

1932 年，日寇进攻上海，日华三、四厂工人积极参加由中共中央职工部长刘少奇领导的、以沪西日商纱厂工人为主体的工人代表大会，参与建立总罢工委员会，支援十九路军抗日。后来，由于国民党的白色恐怖统治和党内"左"倾冒险主义路线影响，沪西地区党团组织遭到严重摧残。至 1934 年 11 月，区一级组织不复存在，日华三、四厂的党组织也不存在。

1937 年 7 月，中央派刘晓恢复上海地下党组织，并在中共沪西纱厂委员会领导下，1940 年开始恢复建立日华三、四厂党的支部，书记为徐杏妹。1941 年秋，杨美玲接任为书记，执行党的"勤学勤业交朋友"指示，在工人中组织姐妹团，解决群众困难。工厂党支部成为日华三、四厂工人斗争的坚强战斗堡垒。

抗战胜利前夜，党中央决定在上海举行武装起义，以配合新四军解放上海。8 月 9 日，华中局宣布成立中共上海市委。8 月 23 日上午，沪西地下党组织根据中共上海市委的指示，决定纱厂、机器厂系统准备举行上海工人武装起义，迎接新四军进军上海。在党支部杨美玲领导下，日华三、四厂很多女工与内外棉一、二厂工人一起从长寿路涌向莫干山路信义机器厂，他们在莫干山路高喊"我们要吃饭""我们要做工"口号，等待起义。下午 4 时，中共上海市委的工委书记张祺向组织起义的核心领导汤桂芬等同志宣布，刚接中共中央指令，"由于形势发生新的变化，新四军不进上海，停止起义行动"。起义核心领导旋即组织工人撤离，杨美玲迅速组织日华三、四厂工人撤退，避免了一场敌人的血腥镇压。

抗战胜利后，日商纷纷宣布停工和关厂，工人们面临严重的失业危机。中共上海地下党决定组织工人进行复工斗争，但在策略上要"合法与非法，公开与秘密相结合"斗争。日华三、四厂工运领袖杨美玲参与了同国民党特务争夺沪西三区棉纺业整理委员会领导权的斗争。

抗战胜利前已有沪西三区棉纺业工会，抗战胜利后要重建新三区棉纺业工会。国民党当局指派他们的特务拉选票，要直接控制三区棉纺业工会。此刻，杨美玲已是由日华三、四厂改制的中纺六厂的工人代表。她在沪西地下党的领导下，与国民党当局指派的特务进行了沪西三区棉纺业工会领导权的争夺战。

原中纺六厂养成工结业合影

汤桂芬是中共上海地下党指派的这场争夺战的核心领导。首先，地下党挑选了17名参选人员，其中10名是中共秘密党员，他们是中纺二厂朱汇寅、中纺二厂倪金宝、中纺六厂杨美玲、中纺一印杨善、新裕二厂张金娣、新裕二厂孙进、统益纱厂钱瑞华、统益纱厂施秀华、上毛一厂孔如宾、上绢一厂徐惠清等。但是，这份名单报送上海社会局迟迟不批，引起三区工人的强烈不满。此刻，中共地下党以"合法与非法，公开与秘密相结合"的斗争策略，利用国民党御用的上海市总工会领导与社会局的矛盾，促使社会局同意下达批复，中共沪西地下党领导范小凤迅即布置在上毛一厂（公大四厂）的夜校会场召开会议，宣布成立三区棉纺工会，同时通知三区所属的毛纺、印染、丝绸等厂各派2名代表参加，伪上海市总工会头子参加"监督"选举，最终选出朱汇寅、张金娣和杨美玲等3人任常务理事，倪金宝为组织委员，曹德懿为宣传委员，会址在长寿路大旭里5号。这次选出的三区棉纺工会3名常务理事全部为中共秘密党员，这也是伪上海市总工会头子做梦都想不到的秘密。自此，沪西三区棉纺工会在党的领导下与国民党反动派进行了许多有理有节的斗争。中纺六厂的工人在党的领导下为工人阶级谋福利、谋解放的求生存、反内战、反敌人破坏工厂斗争，持续到上海和上纺六厂工人的胜利解放。

火红地标

孙民臣、戴器吉烈士殉难处

【火红地标】

常德路 1211 号（赫德路樱华里）

孙民臣、戴器吉烈士殉难处外景近况

【火红历史】

孙民臣（1899—1927），江苏淮阴人。1921 年从家乡来到上海，在内外棉十四厂做工，1923 年夏在沪西工人补习学校学习，接受革命启蒙教育，此后又在沪西工友俱乐部接受马克思主义教育，成为工会活动积极分子。孙民臣在日商内外棉厂向工人广泛宣传和传播革命思想，团结工友，得群众的信赖和爱戴。1925 年，孙民臣带领工友积极投入二月罢工和五卅运动。是年秋，他参加共产主义青年团，很快又转入中国共产党，10 月被推选为共青团小沙渡支联干事会干事和共青团上海地委候补委员，11 月共青团小沙渡支联干事会改为共青团小沙渡部委时任部委委员兼宣传干事。1926 年 12 月被任命为中共小沙渡部委委员兼组织部主任。

戴器吉（1901—1927），又名戴起甲、戴起家、戴三，江苏阜宁。1924 年进内外棉五厂粗纱车间做工，是年冬加入沪西工友俱乐部，1925年投入二月罢工，2月17日在游行示威与反动警察搏斗时与邓中夏、孙良惠等一起被捕，后经营救出狱，参加内外棉纱厂工会工作，不久参加中国共产党，8月被推选为中共上海区委候补委员，9月被派往广州参加全国总工会工作。1926年秋，上海工人武装起义前夕调回上海，任中共小沙渡部委交通。

　　1926年春，国民革命军决定北伐，中共上海区委决定以武装起义响应。与此同时，国民党右翼国家主义派在沪西小沙渡设立机关，散发反共传单，破坏工人运动。同年11月，上海工人第一次武装起义失败后，中共上海区委和中共小沙渡部委决定加强对工厂党组织整顿。各派反动势力也在集结，试图对共产党进行疯狂的围堵和剿灭。共产党领导下的沪西工人阶级与国家主义派之间的殊死搏斗愈加激烈。

　　1927年1月，为配合北伐军进军杭州，在中共小沙渡部委工作的戴器吉、孙民臣于当月19日在小沙渡劳勃生路（今长寿路）南英华里彻夜召开沪西各工厂工人代表会议，部署迎接北伐军的相关工作。国家主义派获悉了共产党人的活动，他们雇佣工贼流氓，手持杀人凶器，冲进会场，见人就砍。双方展开了生死搏斗，孙民臣、戴器吉不幸在战斗中英勇牺牲。

孙民臣、戴器吉两烈士牺牲的南英华里

【火红记忆】

孙民臣、戴器吉在与国家主义派血战中牺牲

华校生

　　在《中国共产党上海市普陀区组织史资料》里记载着1927年1月19日，在原沪西小沙渡劳勃生路（今长寿路）与常德路相交的南英华里（今常德路1211号），共产党领导的革命力量与各派反动势力展开了一场殊死的搏斗，导致工人党员戴器吉和孙民臣遭到国家主义派流氓的枪杀。

中国共产党对国家主义派的反动本性进行彻底批判

国家主义派是个什么货色的组织？毛泽东早在 1925 年 12 月 1 日发表的《中国社会各阶级的分析》一文，已经剥开了这个组织的反动画皮。毛泽东在文中开门见山写道："谁是我们的敌人？谁是我们的朋友？这个问题是革命的首要问题。中国社会各阶级的情况是怎样的呢？在经济落后的半殖民地的中国，地主阶级和买办阶级完全是国际资产阶级的附庸，其生存和发展，是附属于帝国主义的。这些阶级代表中国最落后的和最反动的生产关系，阻碍中国生产力的发展。他们和中国革命的目的完全不相容。特别是大地主阶级和大买办阶级，他们始终站在帝国主义一边，是极端的反革命派。其政治代表是国家主义派和国民党右派。"

国家主义派是 1922 年 12 月在法国巴黎建立的，名称叫中国青年党，对外活动以"中国国家主义青年团"的名目出现，因标榜所谓国家主义，故人们称它为国家主义派，又称醒狮派。1924 年秋起，成员陆续回国，其活动中心从国外转移到国内。这个组织实际是由一些反动政客组成，他们拿国家观念来压倒阶级观念，宣扬"国家至上"，反对阶级斗争，鼓吹投靠帝国主义和当权的反动派，把反对中国共产党和苏联当作职业。

中国共产党围绕国家主义派以下两个方面观点进行批判。

在阶级斗争问题上，国家主义派否认我国社会存在着阶级和阶级斗争。他们说，"中国旧式的封建阶级已因政治的平民化而早已消灭，新式的资产阶级又因产业落后而无从发达，因此，中国根本无发生阶级分化及对抗的可能"。污蔑中国共产党主张阶级斗争是"削足适履"，使"本来谐和之各界人士，必因之而大起斗争，驯至社会秩序骚然"，"减杀对外之战斗力"。主张在国家主义旗帜下，"一致趋赴，协力图强"，进行"全民革命"，反对马克思主义关于阶级和阶级斗争的理论。

在国家问题上，国家主义派宣扬超阶级的资产阶级国家观，反对无产阶级专政。他们说，"国家不是任何人、党派或阶级的工具，而是全民所共同托命的一个总体"，其作用在于"用实力以拥护道德""谋群众生活，防止阶级斗争"，提出"国家至上""民族至上"，鼓吹"全民政制""全民福利"，从根本上否定国家的阶级性质和社会各界及在国家中的不同地位，极力维护打着共和招牌的北洋军阀的反动政权，"以奠定国基"。

毛泽东指出，国家主义派和国民党右派一样，这批反动政客是站在帝国主义一边的大地主阶级和大买办阶级的反革命派。中国共产党早期革命活动家肖楚女、蔡和森、瞿秋白、毛泽东、恽代英等都对国家主义派的理论和行动进行过批判和斗争。

例如，恽代英在 1924 年 11 月发表《国家主义的误解》一文，对国家主义派的立论基础作了彻底否定和批判，明确指出：一般自命主张国家主义的人所说的理由，如一国的文明、一国的历史、与物质生活无关的爱国精神、被压迫者自卫的需要，都是不成其为理由的。因为：（1）爱文明与爱国，是两件绝对不相干的事。抽象地提倡中国固有的文明，只会转移人民爱国的精神，使他们为了文明而忘却国家。（2）历史不是抽象的历史，如果仔细考察历史的内容，用祖先开疆拓土的史迹、忠臣孝子节妇义仆的故事，也是难以激发真正的爱国感情的。（3）所谓"与物质生活无关的爱国精神"只是统治阶级历史欺骗的结果。人类由爱部落进而爱家庭、爱都市、爱国家，以至爱世界，都是由于人类经济的需要，并没有什么先天神秘的关系。（4）国家主义的"自卫"，只是扰乱和平之工具而已。压迫弱小民族的，只不过少数英美日本的资本家同他们的走狗，"要反对他们，不是讲国家主义，拿一国去敌对一国，因为他们国中的工人平民，与我们并没有什么仇怨"。因此，所谓国家主义，既不合理，也不合用。

恽代英关注青年一代，他告诫青年，"被压迫的青年们应当看清自己的利益，为一种代表自己利益——解放自己的主义而奋斗"，不要被那些空空洞洞的好听的名字所欺骗，"不要因自己的缺点，又被魔鬼引诱去了"。

戴器吉和孙民臣是反对国家主义派的先锋战士

国家主义派和国民党右派对马克思主义和中国共产党攻击，已经不是什么书生文字游戏，而已付诸真枪实刀。国民党右派的西山会议派和以戴季陶主义理论武装的蒋介石为首的新右派，以各种场合公开的和隐蔽的方式对共产党进行压制和剿灭，国家主义派陆续在国内各省市发展了 30 多个小组织，从 1925 年开始，进行嚣张一时的活动，攻击马克思主义的阶级斗争学说和孙中山的联俄、联共政策，高喊"外抗强权，内除国贼"，却不反对帝国主义及其走狗封建军阀，而专门反对共产党和苏联，反对最受压迫的工农的解放，充分表露了他们实际上是帝国主义者和军阀的工具。

戴器吉和孙民臣是中国共产党的无畏革命战士，他们以自己的实际行动，战斗在中国工人运动的反帝反军阀斗争的第一线。

孙民臣和戴器吉两同志在沪西投入工人运动期间，与国家主义派和国民党右派展开了短兵相接的斗争，直接参与和领导沪西工人投入伟大反日二月大罢工和伟大五卅反帝爱国运动，迎来了伟大的中国大革命运动的高潮。1926 年 10 月，随着"打倒列强，除军阀"的雄壮口号，国共合作的上海工人开始进入三次武装起义，而国家主义派鼓吹空洞的政治说教和散发反共传单，破坏工人运动。但是，他们在中国共产党强力的反击下，国家主义派的势力日薄西下，尤其在中国共产党的正义之师的行动和宣传教育下，不少曾受国家主义思想影响的青年纷纷醒悟过来，站稳了革命立场，脱离了国家主义派。至此，国家主义派赖以生存的地盘和影响力日益缩小。反动头子对这种颓势暴跳如雷，便于 1927 年 1 月 19 日唆使雇佣工贼流氓，持杀人凶器，冲进正在进行部署革命活动的会场，见人就砍。双方在生死搏斗中，孙民臣、戴器吉不幸英勇牺牲。

孙民臣和戴器吉是继顾正红、刘华、陶静轩牺牲之后又牺牲的沪西无产阶级革命战士，他们英勇战斗的革命初心和使命永远铭记在人民的心中。

火红地标

大夏大学陈骏、陈亮烈士殉难处

【火红地标】

万航渡后路 19 号（曹家渡五角场）

大夏大学陈骏、陈亮烈士殉难处外景近况
（拍摄于 2015 年 3 月）

【火红历史】

　　在位于普陀区的沪西工人文化宫内，有一座巍峨、雄伟的上海工人三次武装起义纪念雕塑，纪念 1926 年至 1927 年由中共中央和上海区委发动、组织的上海工人三次武装起义，其中就包括了大夏大学陈骏、陈亮两烈士的雕塑。

　　上海工人第一次武装起义失败后，中共中央积极准备第二次武装起义。1927 年 2 月初，北伐军东路军向杭州进军。中共中央在 2 月 15 日召开紧急会议，决定在北伐军到达松江时，由上海总工会宣布总罢工，并举行第二次武装起义。2 月 16 日，上海区委召开会议，传达中央决定，准备以上海工人为主体，发动武装暴动，迎接北伐军。18 日，北伐军东路军前锋抵达嘉兴。当夜，上海总工会作出"于本月 19 日起，举行全沪工人总罢工，援助北伐军"的总同盟罢工令，口号是"罢工响应北伐军！罢工打倒孙传芳！"。20日清晨6时，小沙渡、曹家渡、杨树浦、引翔港、浦东等地区的纱厂工人关车停机。轮船海员、邮电交通、店员、学生等都参加罢工、罢市、罢课。第一天全市罢工人数达15万人，第二天增加至27.5万人，第三天、第四天的人数分别攀升到35万人和36万人。为声援工人的罢工，在学联的发动和组织下，很多学生三五人一组，分队赴沪西、南市、闸北、公共租界、法租界讲演。

上海数十万工人的总同盟罢工引起了帝国主义和军阀的惊恐。英、法租界当局立即调遣中西探捕在华人和租界处巡逻阻截，军阀当局则实行白色恐怖镇压，张贴布告，"遇有煽惑罢工者……格杀勿论"，并派出大刀队，沿街"专事搜查传单，查获者立予斩首示众"。

2月20日下午1时，大夏大学学生为响应工人罢工，组织了一批宣传队，在曹家渡一带边演讲，边发传单。到了下午3时许，大夏大学学生陈亮、陈骏等同学在回校途中突遇军阀李宝章大刀队，被强行逮捕，押回警察署。陈亮、陈骏不畏敌人的淫威，在警察署大堂上慷慨陈词："你们专横无道，残害百姓，我们热血青年为了唤起民众，宣传演讲，何罪有之？"正义之声，犹如春雷，震得军阀走狗颤抖不已。敌人恼羞成怒，以铁甲车开道，大刀队簇拥在后，将陈亮、陈骏押解到曹家渡五角场。时近黄昏，刽子手们发疯似的将二人推出道旁。陈亮、陈骏面对寒光闪闪的大刀，怒气冲天，痛斥"军阀无道，灭亡不远"。残暴的刽子手抢起大刀，砍下了陈亮、陈骏两人的头颅，又在烈士身上乱砍了数刀，并将两烈士的头颅悬挂在电线杆上"示众"。

旧时曹家渡的商业闹市

大夏大学陈骏、陈亮两烈士

英雄倒下了，但革命的烈火燃烧得愈加猛烈。两烈士遇难一个月后，3月21日，上海工人第三次武装起义取得了胜利。25日，上海市学生联合会在南市九亩地新舞台举行了隆重的陈亮、陈骏两烈士追悼大会。主席台上方悬挂着追悼烈士的横幅，中间挂着陈亮、陈骏两烈士的遗像，全场高呼"烈士精神不死！""打倒一切反动派！"。会后，与会民众举行了游行示威，出版纪念专刊。大夏大学也于 4 月 3 日举行追悼大会，并将陈亮、陈骏两烈士遗像挂在校图书馆内，以示纪念。烈士精神永存人间。

【火红记忆】

两个英勇不屈的大学生 [①]

徐克铭

1926 年 7 月，在中国共产党的推动下，广东国民政府发表《北伐宣言》，并于 9 月率师北伐。由于得到了人民群众的支持，北伐军节节胜利，于第二年 2 月 17 日一举占领杭州。消息传来，上海军阀惊恐万状。为了加强对上海的控制，孙传芳任命他的走狗李宝章为戒严司令，并公然宣称"格杀毋论"。于是，大刀队日夜到处巡逻，杀害无辜百姓，妄图垂死挣扎。军阀的倒行逆施激起了上海各界人民的强烈反抗。

为配合北伐军攻占上海，在中共上海区委的领导下，上海 15 万工人于 2 月 19 日举行总同盟罢工。20 日，罢工工人增加到 27 万。大夏大学学生与全市学生一起积极行动，支持工人罢工。他们组织宣传队，于当天下午 1 时，手拿旗帜、传单，纷纷走上街头，揭露军阀残害人民的罪行，宣传北伐军所向披靡，势如破竹，已攻占杭州，正向上海挺进的喜讯；还要求市民建立救护队，以实际行动迎接北伐军的到来。大夏学生在曹家渡一带边演讲边发传单，整整宣传了两个多小时，然后陆续回校。下午 3 时多，大夏学生陈亮、陈骏和胡宏模等人在归途中忽遇军阀李宝章的大刀队，被强行逮捕，押往警察署。同学孙最麟（字景衡）知道后，马上赶赴警署打听消息，以便设法营救被捕者，不料也被逮捕。四位学生受到非法审讯。他们被捆绑在警察大堂上，陈亮、陈骏毫不畏惧，在公堂上大义凛然地痛斥孙传芳为逆贼，认为国家腐败如此，皆军阀负责。他们慷慨陈词："你们专横无道，残害百姓，我们热血青年为了唤起民众，宣传演讲，何罪之有？"正义之声，犹如一声惊雷，震得反动派颤抖不已。他们恼羞成怒，不顾陈亮、陈骏的严正抗议，竟用铁甲车开道，大刀队簇拥在后，将四人押解到曹家渡五角场附近。时近黄昏，刽子手们发疯似的将四人推出道旁。陈亮、陈骏面对寒光闪闪的大刀，面不改色，巍然屹立，并同时高呼："军阀无道，灭亡不远矣！"残暴的刽子手抡起罪恶的大刀，砍下了陈亮、陈骏的头颅，又在烈士身上乱砍数刀，然后将两位烈士的头颅悬挂在电线杆上"示众"。真是头可断，志不可屈。两位烈士

① 华校生、陈宏申主编：《不灭的星》，上海：上海人民出版社，1991 年。

犹似生前那样依然怒眼圆睁，横眉冷对，蔑视敌人的凶残。他们那种英勇无畏、宁死不屈的神情，那种激昂、浩然的气概，给了人们无穷的精神力量，激励着人们为正义而继续战斗！当时，被捆绑在刑场上"陪斩"的胡宏模、孙最麟亲眼目睹这一惨状，他们的衣襟溅满了两位烈士的鲜血。胡宏模、孙最麟二人旋即被推上铁甲车押往龙华监禁，10日后方允校方保释。

陈亮烈士，原名陈继岩，字希明，1903年12月20日生于浙江永嘉县碧莲镇澄田村。1919年北京爆发了"五四"爱国运动，陈亮当时正在浙江省立第十中学学习，他与其他进步师生一起积极响应。陈亮在五四运动的伟大斗争中更加激发了爱国热忱，他把自己的原名陈继岩改为陈亮，表示他对光明未来的追求。强烈的爱国思想成为少年陈亮奋发学习的巨大动力。1923年，他由温州第十中学毕业考入杭州工业专科学校，后转入上海南洋商业专门学校，继而进入大夏大学学习。他爱好读书，尤其喜欢读历代民族英雄的斗争故事和近代革命家的言论和著作，同时刻苦攻读专业，认为一个青年没有专门的学说，就"不足以实行革命也"，只有学好了，才能为民众做好事，才能对人民、对国家有利。他平时总是团结同学，助人为乐，自称平生的志愿是有益于民生和好友，所以深得老师的器重和同学的爱戴。就义时年仅24岁。

陈骏烈士，字逸尘，1905年7月20日生于浙江平阳县宜山。在省立十中毕业后，陈骏于1925年9月15日来到上海，进入大夏大学预科乙部学习，后在数理系读书。他读书用功，关心国家大事，每与友人谈论国家大事和世界形势，发言精辟，道理深刻；平时待人诚恳、谦逊，从不夸耀自己，深得老师和同学的好评。牺牲时年仅22岁。

陈亮、陈骏两位烈士遇难后约一个月，北伐军终于到达上海。3月21日，上海工人在周恩来、罗亦农、赵世炎等同志的领导下，又举行了第三次武装起义，并取得胜利。25日下午2时，上海市学生联合会为了纪念和表彰二陈烈士在迎接北伐军斗争中慷慨就义的英雄事迹，在南市九亩地新舞台举行了隆重的追悼大会。大会主席团由杨兴勋（大夏大学学生）、罗潜渊（暨南大学学生）、谢强生（法政学院学生）、胡越（光华大学学生）等四人组成。参加这次大会的学生和来宾有5000余人。大夏大学全体师生参加。陈亮、陈骏两烈士的家长也到会哀悼。主席台上悬挂着上海市学生联合会追悼陈亮、陈骏烈士大会的横幅，中间挂着烈士遗像。会场气氛激昂、庄严、肃穆。

会上，家属代表陈筠仙报告了两位烈士生平；大夏大学学生代表报告烈士死难经过；全体师生员工代表陈柱尊、杨宙康两位教授分别读了祭文，作了演讲。上海市临时政府代表侯绍裘、上海特别市党部代表余泽鸿等专程前来参加追悼会，并作了重要讲话，高度赞扬两位烈士的献身精神，号召大家向两位烈士学习。追悼会在悲痛的气氛中郑重地作出两项决议：甲、"陈亮、陈骏两位烈士与'五卅'死难烈士合葬"；乙、"由学生联合会呈请市政府抚恤烈士家属"。会上，群情激愤，高呼口号"烈士精神不死！""打倒帝国主义！""废除一切不平等条约！""收回租界！""打倒一切反动派！"等等。会后还举行了游行示威，并出了纪念专刊。大夏大学也于4月3日在本校举行了追悼会，并将陈亮、陈骏两烈士的遗像挂在校图书馆内，以示怀念。

火红地标

沪西安迪生电泡厂工人抗暴斗争纪念地

【火红地标】

武宁路 35 号（劳勃生路 1012 号）

沪西安迪生电泡厂工人抗暴斗争纪念地外景近况

【火红历史】

1927 年 4 月 12 日，国民党发动反革命政变，工人纠察队被缴械，指挥部被捣毁，孙良惠、党维蓉等沪西地区 30 名共产党员和工人领袖被捕，鲍孝良、佘立亚、彭天保等 21 人被害，上海工人运动遭到严重破坏。根据形势发展，党调整了工人运动方针。1928 年召开的党的六大提出，革命工会要领导工人日常生活的经济斗争去争取群众，提高广大工人群众的阶级觉悟。在新的工运思想的指导下，上海工人运动又复兴起来。安迪生电泡厂工人抗暴斗争就是一次具有重要影响的事件。

安迪生电泡厂原是美国奇异安迪生电器总公司于 1917 年在中国开设的分公司，是上海第一家生产民用灯泡的企业，原厂址在今南京东路四川中路口，1918 年迁到劳勃生路北，1952年改名为国营上海灯泡厂。

20世纪30年代的沪西安迪生电泡厂

　　安迪生电泡厂生产奇异、安迪生、飞利浦等牌号的灯泡、电器、电料等产品，产品利润高，但美商要追求利益最大化，仍高强度压榨中国工人，激起中国工人的强烈

奇异、安迪生厂的生产车间

不满和反抗。1929年底，工人多次要求改善生活待遇，而资方勾结国民党当局，妄图通过国民党政府的高压，扑灭中国工人的反抗。工人们为维护自身权利，决定建立工人俱乐部（工会）。1930年1月11日，工人俱乐部成立。国民党警察署闻讯前往镇压，逮捕了3名工人代表。13日，全厂工人总罢工，要求释放被捕工人。国民党市党部代表来到工厂，威胁工人，群众以高呼"打倒国民党代表！"作回报，抗议声一浪高过一浪。恼羞成怒的市党部代表竟然下令军警开枪镇压，3名女工、1名男工应声倒下，血流满地，女工王阿四当场身亡，此外又有重伤10余人。工人们奋起反击，扣留了国民党六区区长。租界巡捕房闻讯，出动巡捕支援，美国海军陆战队也派兵介入镇压，武力夺回六区区长，又逮捕了15名工人代表。当晚，该厂全体工人发表《泣告全上海工友书》，揭露帝国主义、国民党当局血腥镇压工人的真相。

　　14日，中共中央和中共江苏省委分别发出通告，号召全国声援沪西安迪生电泡厂工人的抗暴斗争。15日发布宣传大纲，号召成立后援会，举行罢工支援，进行募捐援助遇难工友。沪西工人联合会发出《为替死难工友报仇告安迪生电泡厂全体工友书》，号召工人坚持罢工，提出赔偿死者1万元、伤者5000元，立即释放代表，严办凶手等要求。中共江苏省委决定建立沪西区行动委员会，组成5人主席团，中共中央领导人罗登贤亲临沪西指导安迪生电泡厂斗争。在工人阶级的顽强斗争下，美国资方不得不向工人妥协，国民党当局也不得不无罪释放被捕工人。

沪西安迪生电泡厂工人的抗暴斗争打破了国民党"四一二"反革命政变以来的沉闷局面，重新点燃了上海工人运动反抗反动势力的星星之火。但由于上海仍处于白色恐怖之中，中国工人运动只能在敌强我弱的环境中，艰难曲折前进。

【火红记忆】

中央通告第六十七号 ①
——为反抗上海帝国主义国民党资本家屠杀工人发动广大斗争事
（一九三〇年一月十五日）

一、目前中国工人阶级处在军阀混战，帝国主义又加重压迫，资本家加紧进攻的时候，生活是异常恶劣，一切自由已剥夺净尽。工人阶级为救死求生起见，只有出于斗争。但斗争一起，无论是经济的、政治的、总是受到异常严重的压迫，而且必然遇到帝国主义国民党资本家勾结一起的摧残，乃至屠杀。过去大的斗争如上海邮务法电估衣码头、北平人力车、青岛武汉纱厂、香港海员等等工人的罢工是如此，小的斗争如各地各厂的部分关车斗争则已，一斗争即是很小很小的厂内问题也必不可免的要发展到政治的甚至武装的斗争。谁否认了这一局势，谁主张目前工人斗争只有小小的范围内取得胜利，谁便是中了取消主义的毒，会任听反动统治去尽情宰割工人。因为反动统治及资本家对付工人的策略正是如此，他们正要在小小的问题上施行一点欺骗，欺骗不下便采取各个击破的压迫政策，分散工人群众，使工人阶级形成不起伟大的团结的斗争，便是他们的胜利。

二、资本家及反动统治的这一诡计，现在从各方面施行。我党依据目前工人斗争的形势，针对敌人这一诡计的策略，是组织同盟罢工、政治罢工以冲破敌人的压迫，以促进革命高潮的到来。果然，这一策略在上海的实施，国民党帝国主义首先便以绝对禁止罢工与集会结社来回答工人阶级革命群众；首先便遇到纱厂工人代表会在帝国主义国民党联合进攻之下的破获，拘捕工人代表领袖二十数人。继之而起的便是上海安迪生电泡厂工人之被屠杀枪伤。这一事变的经过是安迪生电泡厂工人在美国资本剥削压迫之下屡次发生斗争，最近因筹备工人俱乐部，被资本家勾结国民党军警拘捕工人领袖三人。工人愤激，于一月十三日集全厂男女工人宣布罢工，要求释放代表、成立俱乐部，并以群众的威力与国民党走狗冲突。资本家更进一步得国民党军警之助枪

---

① 中华全国总工会编：《中共中央关于工人运动文件选编（中）》，北京：档案出版社，1985 年 9 月。

杀工人王阿四，枪伤工人无数，重伤三人，以美国水兵驻扎工厂，驱逐工人出厂，并挨家挨户逮捕工人领袖十二人。

这一屠杀惨剧，完全是帝国主义国民党资本家勾结起来故意造成，而且与拘捕纱厂工代会的事变是如出一辙的压迫工人集会、结社、罢工，剥夺工人一切活动的自由。同时，我们可以看出只有在工人群众英勇的剧烈的斗争情绪之下，才可能撕破帝国主义国民党资本家一切改良欺骗的假面具，才可对抗敌人的任何压迫与屠杀。上海的纱厂工人代表领袖，尤其是安迪生电泡厂男女工人群众已站上与敌人肉搏的最前线了！党的策略，便是号召全党动员全中国无产阶级以及广大的劳苦群众，要认识王阿四烈士这一牺牲、纱厂工人领袖这一被捕、电泡厂工人这一斗争，是全中国工农劳苦群众反抗帝国主义国民党资本家压迫屠杀的一座灯塔，是全中国被压迫群众争取自由，尤其是工人争取组织工会自由的一个前驱。一九二五年顾正红之死，开辟了"五卅"以后的大革命高潮，至今上海工人尚说，有了顾正红，才有了上海工人的反帝运动与工会自由。现在全中国工人的痛苦，苦过"五卅"以前，帝国主义国民党资本家联合的压迫与屠杀，也厉害过张宗昌的时代，故全党同志必须了解在目前反动统治日趋崩溃的形势中，只有坚决的领导群众、组织群众、动员群众，推动这全国日常开展的革命浪潮，以加速反动统治的没落，以促进武装暴动的直接革命形势的到来。只有这样，才能使工人的政治斗争与日常的经济斗争联系起来，形成一产业一职业的同盟罢工，才能使农村斗争、士兵斗争、反帝斗争与工人斗争汇合起来，以冲破敌人的一切进攻与屠杀。而援助上海电泡厂工人罢工及纱厂工人领袖被捕，反抗帝国主义国民党资本家压迫屠杀工人，力争工人组织工会的绝对自由，便是我们动员群众的主要旗帜！

三、为发动这一斗争，关于具体的策略，中央有以下的指示：

（一）在上海的工作，党应认清最主要的策略是：坚持电泡厂工人的罢工，扩大这一斗争，到各厂各业工人群众中去，鼓动群众宣布政治的同情罢工与群众示威，尤其是沪西区的中心工厂，全上海的纱厂、全上海的美国企业工厂以及电气事业的工厂，反对国民党工贼走狗的一切欺骗和缓政策，反抗反动统治的一切威吓压迫。要更加紧反对美帝国主义，驱逐美国水兵出厂，立即释放纱厂、电泡厂一切被捕工人领袖，抚恤死难烈士及受伤工友，惩办一切帝国主义国民党资本家的凶手，完全履行工人的一切要求，取得工人组织工会、罢工、出版的绝对自由。在这一策略路线上，党要动员全体同志、所有支部去执行这一任务，要使这一发动，在最近三天内收着成效，使全上海工人群众斗争的空气紧张起来，尤其是在沪西的发动区域。党及工会及一切革命群众团体，如反帝同盟、互济会、青年学生组织等，更要特别注意于组织力量的建立；工人后援会以及各界后援会要在各工厂作坊中，在各区以上海市中普遍的组织起来，纱厂总工会、电泡厂工人俱乐部、上海总工联等赤色工会的组织，要更宽广的在群众中宣传，号召工人加入和拥护，要他们在各厂组织产业工会的分会，组织黄色工会下的赤色工会支部，组织工人纠察队。党更要推动所有支部同志从事这一工作，并要注意密接着工人领袖与群众，吸引斗争的积极分子到党里来，以加强党的生力军。

（二）各省以及江苏外县的工作。首先要将这一惨案广大的在群众中宣传鼓动起来，要使工农劳苦群众尤其是工人群众了解这一压迫与屠杀，不仅是上海电泡厂、纱厂工人所身受，而且是全国工人所遭遇的缩影和模型。他们不仅同情这一斗争，如开会报告、派代表、打电报、发宣言、组织后援会、募捐演讲以动员群众，并且要直接行动起来，发动同情的罢工，以反抗反动统治整个的压迫。"全中国无产阶级团结起来！""全中国被压迫群众联合起来！"要成为目前最迫切的行动口号！不仅在工人中，在城市贫民与学生中，在各种革命群众团体中，要发动反帝反国民党争自由的总斗争，要参加各地无产阶级领导的后援会的组织，罢市罢课，以扩大这一宣传以发动更广大的群众。在军营中，要鼓动士兵起来为反抗这一屠杀而斗争，尤其是要联系到反抗反动军阀对于任何工人斗争、革命运动的压迫。在外国驻华军队中，尤其是美国水兵中，更要加紧宣传鼓动工作。在农村中，尤其是游击区域与红军中，要号召广大农民群众开会示威，加深其反抗帝国主义国民党的斗争。在一切示威运动中，党特别要注意群众组织的树立，除了产业工会与农会雇农以外，反帝同盟及城市贫民组织，也要在各地建立起来。党不经过强大的群众的革命组织去领导斗争，无产阶级的中坚力量是不会树立起来的。

（三）发动这次斗争的一切策略。当然以电泡厂的惨案为中心，但各地各厂各业工人斗争的发动，必须联系到各自本身的迫切要求，必须使这一同情罢工能够获有强固的本身的经济条件做基础，使罢工的发动与支持，不仅是一般的同情，而且有整个阶级的团结。便在政治条件上，也必须联系到各地反帝反国民党反资本进攻，争组织工会、罢工、出版自由的斗争。在城市贫民、军队士兵、农村农民、学校学生中，也同样要运用这切于其本身要求的策略以联系起来。总的方向，在上海更要与一月十九日的援助印、韩革命运动的示威联系，在全国要与年关斗争、二七纪念争自由运动周的斗争联系，要注意到援助唐山路工的斗争与各地的罢工运动。在各地举行群众示威时，要加紧反对美帝国主义，最好要到美帝国主义领事馆门前示威。

四、这一斗争的发动与发展，与党的目前迫切任务——反军阀战争，武装保护苏联与准备武装暴动有密切的关系。各级党部必须了解在目前形势中帝国主义国民党资本家地主联合的屠杀，将层出不穷。只有工人阶级革命群众不断的反抗与斗争，才能阻止这一屠杀的蔓延。只有广大的革命暴动起来，才能根本消灭这一反动统治的屠杀。同志们！准备起来，动员起来，实现目前这一迫切的实际任务！

女青年会裕庆里女工夜校遗址

【火红地标】

长寿路 189 弄（劳勃生路 171 弄 13 号）

女青年会裕庆里女工夜校遗址外景近况

【火红历史】

上海基督教女青年会创办的女工夜校是在中国共产党民族统一战线和先进教育思想下引领的学校，也是我国劳工教育史上绽开的一支花朵。在中国共产党的影响下，20 世纪 30 年代初在沪西三和里、裕庆里、康福里等地开办的女工夜校里涌现了一大批献身中国革命的新女性战士。

成立于 1908 年的上海基督教女青年会关注女工和童工的生存发展问题。1926 年底起，女青年会以平民教育的合法方式，先后在浦东、杨树浦、虹口等地区开办女工夜校。1930 年，女青年会在沪西小沙渡路三和里租借了两幢房子（今西康路 910 弄 21—23 号），开办沪西女工社，楼下作为女工夜校的课堂和课外活动场所，楼上作为教师宿舍。鉴于要求上学的女工人数越来越多，女青年会先后于1931年、1933年和1934年分别在劳勃生路裕庆里13号和曹家渡康福里和菜市路增办了3所女工夜校。

　　起初，女工夜校学制2年，分初级和高级两班，初级班教授《千字课》等，高级班开设历史、算术课程。1934年，女工夜校增设中级班，学制也改为3年，增加了一些经济知识和时事等教学内容。除了课堂书本教学外，夜校还采用唱歌、游戏、介绍国内外形势、请名人演讲、学生上台讲述自身经历等多种形式。安娜·路易斯·斯特朗、史沫特莱、斯诺以及陶行知、章乃器等中外人士先后来夜校演讲。

　　共产党地下组织非常关注女工夜校的发展和成长。1938年，中共江苏省委成立了夜校工作委员会，加强对包括女青年会女工夜校在内的劳工夜校的领导，建立了由5位党员组成的女工夜校党支部。女工中涌现出的积极分子，党员教师及时将她们的情况上报党组织，并经夜校地下党组织转到各厂党组织中，然后发展入党。汤桂芬就是沪西夜校中的一名学生党员。1948年8月，以汤桂芬为团长，由17名上海工人代表（其中3名女代表曾为女工夜校学员）组成的上海代表团出席了在哈尔滨召开的中国共产党第六次全国劳动代表大会，汤桂芬当选为中华全国总工会执委，解放后又当选为上海纺织工会主席。

　　女青年会女工夜校也得到了"左联"的支持。剧联的田汉、陈波儿等帮助女工编排戏剧，音联的孟波、麦新、冼星海、吕骥等帮助开展歌咏活动。麦新、孟波辅导女工集体创作的《工人自叹》成为当时女工非常喜爱传唱的歌曲。每逢三八、五一、九一八等纪念日，女工夜校都举行纪念活动，提出"做工不忘救国"口号，演出《放下你的鞭子》《街头夜景》等节目。1935年12月，何香凝、史良等发起成立了上海妇女界救国会，女工夜校学生成为主力军。她们高举"打倒日本帝国主义"的旗帜，高唱《义勇军进行曲》，参加声援绥远抗战、鲁迅葬礼、抗议迫害"七君子"等游行示威斗争。

　　裕庆里女工夜校也是革命的摇篮。1934年二三月间，在声援美亚织绸厂工人大罢工的斗争中，夜校师生走上街头，为美亚织绸厂工人募捐、组织义演，支持美亚工人罢工。1935年2月，在沪西福新烟厂工人抗日大罢工中，夜校师生将募捐来的大饼、馒头、面包等食品，搭人梯翻墙送到罢工工人手中。1936年9月，在裕庆里女工夜校特级班老师林琼的带领下，师生游行至漕河泾举行九一八纪念碑的奠基典礼活动，遭到国民党军警镇压，林琼血洒老西门。1937年9月，夜校学生参加上海劳动妇女战地服务团，支援第十八路军抗战，后随部队撤离上海，辗转各地。后来，服务团的大多数团员参加了新四军或奔赴延安。上海租界沦为孤岛时期,小沙渡三和里、曹家渡、菜市路等女工夜校继续开展活动,编写了包括《什么叫资本主义》《什么是社会主义》《什么是抗日民族统一战线》《中国史话》等夜校通俗课本。

女青年会女工夜校部分青年参加上海劳动妇女战地服务团

中华基督教女青年会女工夜校的学生深入难民收容所进行抗日救亡宣传

　　1941 年 12 月 8 日,太平洋战争爆发,日军进占租界,裕庆里、曹家渡等女工夜校相继被迫停办,只有三和里夜校仍艰难地维持。但女工夜校的革命火种已经被点燃,一些师生奔赴前线参加抗战斗争,有的走上了革命道路。建国后,许多师生成为新中国建设的栋梁。

【火红记忆】

血洒老西门 [①]

林琼

　　1936 年 3 月,当时我是国难教育社沪西支部的宣传委员,由国难教育社介绍到女青年会女工夜校(余庆里)担任特级班老师。

　　1936 年 9 月,上海各界爱国群众团体在上海各界救国联合会的领导下,为纪念日本侵入我国东北的九一八事变五周年,敦促国民党当局停止内战,一致抗日,准备于 9 月 18 日举行声势浩大的示威游行,以纪念这个蒙受耻辱的日子。但国民党当局不允许。经再三交涉,始获准在离市中心 30 里外的漕河泾举行九一八纪念碑的奠基典礼。出人意料的是,尽管事前已经上海当局批准,但在参加纪念活动队伍开始集合时,当局如临大敌,就在当天下午参加纪念活动的队伍 3000 余人游行至南市老西门时,国民党当局出动大批军警,手持刀枪警棍,对手无寸铁的爱国群众大打出手,并将群众从小东门驱赶到民国路大戏院附近。民国路北面是法租界,法国巡捕也大批出动,并

---

① 王知津、华校生、陈祥珍主编:《巾帼摇篮》,上海:上海人民出版社,2000 年。

且把交界处的铁门拉上。为了防止被围困的900多名群众遇上意外，救国会理事王造时、史良挺身而出，赶到前面整顿队伍，带领队伍游行示威。大家高呼口号，唱救亡歌曲，并用粉笔在马路上、商店门板上写"反对内战，枪口对外！""打倒汉奸卖国贼"。当队伍走到老西门时，当局在老西门布置好的大批军警和便衣侦探突然冲出，肆无忌惮地用水龙头喷射群众，接着开枪镇压，挥舞刺刀、警棍、枪托殴打徒手的爱国群众。在前面的两名军警瞪着眼睛，凶神恶煞地说："不准走，不准走！"领队的史良理直气壮地反问："为什么不能走？人民不能在自己的街道上走路吗？警察是保卫人民的，不能那么无理！"说话间，五六个武装士兵拳头交加地动起武来，有的同志已被他们打伤倒地，凶手们依然往受伤人身上猛踢。史良也被他们用皮鞭、木棍劈劈啪啪地打。一位新闻记者也被打了几个耳光，脸孔红肿。有位女同胞的后脑被反动军警打破，流血不止，昏倒在地。史良立即雇黄包车送她去医院。这次惨案被打伤的群众共100多人（其中重伤50余人）。当时被捕20多人，失踪20多人。我们女工夜校师生集体参加了救国会，也参加了这次游行示威活动。

敌人的镇压更激起了人们的愤怒，大家不畏强暴，继续游行。我们的队伍所到之处，许多群众都被我们吸引进来，跟着我们喊口号，唱救亡歌曲，与我们一起汇成一支庞大的游行队伍。"打倒日本帝国主义！"的吼声像火山爆发一样震撼人心。大家的肩膀自动联结起来。临街的居民和店员站在窗口、柜台边挥舞着手帕，有的摇晃着帽子向游行队伍致意。人民群众的支持使我感到自己身上有了无穷的力量。

受国民党指派执行镇压任务的军警人员，有的也被我们感动。如有一排穿黄色制服的保卫团，肩上背着长枪、刺刀。当他们听我们在唱"起来，不愿做奴隶的人们……"时，有一人跑过来说："请你们守秩序！"我们回答："我们守的是救国、卫国秩序，并不想守汉奸卖国贼的秩序！"并反问他："你们是中国保卫团，应该保卫中国国土，把民族敌人赶出中国国境，为什么对我们民众的抗日救国严加迫害？"他说："诸位别误会，我们是你们的同志啊！不过，当局的命令要我们这样做……"说着，他们之中好几个人的眼圈都红了，有的还掉下了眼泪。

惨案发生时，我正在妇女队伍后面。当我听说"前面的队伍已被打乱，史良大姐也被打伤"时，愤怒难忍，立即从队伍中站出来大声高呼："反对压迫救国运动！""中国人不打中国人！""打倒汉奸卖国贼！"

当时，好几个军警闻声围过来，恶狠狠地用木棍敲我的脑袋，用皮鞭抽打我的后背，我的旗袍被扯破，背上好几处伤口血流不止。我的头被打得晕眩，仍坚持与他们对抗，责问他们：“我们爱国犯什么罪？你们有刀有枪为什么不去打日本强盗，反而来镇压我们这些手无寸铁的老百姓？”

他们无言以对，更加恼羞成怒，用枪托对准我的背脊骨猛捅了几下（这几下给我留下了持续十几年的伤痛）。我实在支持不住了。与我一起参加游行的女工夜校教师陈舜玉就在我身旁，虽然也挨了打，但伤势比我轻些。靠她扶着，我想从沪东步行回沪西。走了不远，我突然感到胸部疼得连讲话都很困难，后经医院检查，才知道自己的肋骨已受伤，肋膜发炎，胸腔积水了。

陈舜玉同志流着眼泪替我擦洗背上的伤口。也正是这次惨案，使她压抑不住内心的激愤，这次事件后，她就加入了中国共产党。事实说明，反动派用刀枪棍棒，不仅扑灭不了广大人民的反帝怒火，反而迫使更多的爱国青年投入共产党的队伍。

这次上海为纪念“九一八”五周年而发生的惨案，震动了国内外。这一惨案发生，完全是国民党当局造成的。因日本侵略者在“九一八”纪念日前夕，特派驻华大使川越向南京政府提出禁止中国人民一切反日活动的无理要求，南京政府在敌人一纸公文的威胁下惊慌失措，才出现了禁止群众举行纪念“九一八”活动，上海当局也出尔反尔。专制独裁的国民党当局，毕竟无法一手遮天下人耳目。《救亡情报》专为“九一八”专案编了《号外》。进步的外国记者，如史沫特莱女士等，当时正在上海，他们很快向国外发出了消息。案发后，宋庆龄和何香凝联名通电，尖锐地质问南京政府：“民众甚至不能和平纪念九一八，国事尚堪问乎？政府准备抗敌人之诺言，尚能为人民所信任乎？政府果欲人民忘九一八之耻，以便于敌人之亡我灭我乎？”电文最后要求：“严办负责官吏，抚慰受伤人民，释放被捕诸人，以安人心。”宋庆龄高度评价这次斗争的意义。她用下述题词来勉励和慰问我们：“用行动来纪念‘九一八’，用血来纪念‘九一八’，是最伟大的纪念‘九一八’方式。我英勇战士们的努力，是永远灿烂在历史上的。”

火红地标

"一·二八"淞沪抗战十九路军军部遗址

【火红地标】

桃浦路 127 号车站新村（真如范庄）

淞沪抗战十九路军军部遗址外景近况

【火红历史】

1932 年 1 月 28 日夜，驻沪日本海军陆战队突然向驻守在闸北天通庵路的中国军队第十九路军发动进攻，"一·二八"淞沪抗战由此爆发。当晚，正在龙华总部开会的十九路军总指挥蒋光鼐、军长蔡廷锴接报，星夜赶往真如火车站，于次日拂晓时分赶到真如范庄，设立临时军部，指挥抗战。29 日，蒋光鼐、蔡廷锴和淞沪警备司令戴戟联名发出《第十九路军为日军犯境通电》，电文义正辞严："尺地寸草，不能放弃。为救国保种而抵抗，虽牺牲至一人一弹，决不退缩！"

正当十九路军在闸北浴血奋战之际，日军派出飞机猛烈轰炸真如火车站和真如国际无线电电台，因为真如火车站不仅是十九路军的军部指挥所，而

十九路军总指挥蒋光鼐（左一）
副总指挥、军长蔡廷锴（右一）

99

且也是南下增援上海的中国军队的集结地。面对日军的挑衅，中国空军腾空出击，在地面高射炮、步机枪的强力火力配合下，与日军展开空战。

1月31日，日军增派巡洋舰、驱逐舰、航空母舰及海军陆战队7000余人组成后援部队，再次对上海发动进攻。2月5日，日军以陆海空全军力量连续进攻，战火从闸北烧到江湾。7日，新上任的日军总指挥野村下令总攻击。9日，十九路军与前来增援的第五军形成合力，经过一番血战，再次击退日军进攻，全线告捷。正当十九路军和第五军欢庆胜利之际，2月11日，国民政府军政部何应钦致电蒋光鼐"放弃闸北，以杨行、大场、真如、虹桥为前线"，催促十九路军撤退。蒋光鼐和蔡廷锴商议后，回电拒绝，表示："仍拟以一部坚守吴淞、闸北……敌来与之一决。"3月18日，第三任日本司令官植田发出最后通牒，要求十九路军撤兵。蒋光鼐回答说："用大炮回答植田。"经过两天两夜的大血战，植田中央突破计划彻底破产，全线总败溃。

第十九路军军长蔡廷锴亲临前线督战指挥

十九路军奋勇抗战，引起海内外强烈反响。战争爆发后的1月30日和2月6日，宋庆龄和何香凝两次带领装满慰问品的卡车，奔赴十九路军作战前线，慰问抗日将士，并发表演说，激励抗日斗志。宋庆龄还在范庄临时军部门前的台阶上与蔡廷锴将军合影留念。这帧历史照片也成为中国人民抗战时期所见到的宋庆龄最具影响力的一件影像文物。

与此同时，时任中共临时中央职工部部长、中华全国总工会党团书记的刘少奇，作为上海工运的主要负责人，顶住了以王明为代表的"左"倾错误干扰，指导党的工运工作。"一·二八"淞沪抗战爆发后，沪西17家纱厂4万多工人举行大罢工。刘少奇把工人罢工由经济斗争转变为反对日本帝国主义侵略的

宋庆龄慰问十九路军抗日将士，与蔡廷锴真如范庄军部留影

100

政治罢工。2月18日，以沪西罢工工人为基础，刘少奇主持成立了上海民众反日救国会，亲自起草该会章程，确定了反对日本帝国主义，争取中国民族之完全独立与解放，增进工人本身利益的宗旨。在刘少奇的正确领导下，中共沪西区委发动罢工工人积极参加上海民众反日救国会组织的"民众义勇军"，组成慰劳队、救护队、运输队，支援抗战。据《真如镇志》记载，当时有名称的义勇军就有29支，分别参加救护、运输、修路、修筑工事、宣传等，有的还到闸北前线直接参加抗击日寇的战斗。社会各界也将大量粮食、衣物等慰劳品送到真如。这些物资被临时存放在暨南大学。为了确保十九路军抗日的军运需要，上海赈灾会组织劳动群众，以真如地区为中心，在一个月内辟筑了3条军用公路，即北起真如杨家桥、南抵北新泾镇的真北路，南起杨家桥、北至南翔的真南路以及杨家桥至大场的真大路，为后方支前确保了道路交通。一时间，整个沪西弥漫着浓厚的反日抗战氛围，成为"一·二八"淞沪抗战期间全市工人反日斗争的中心，被称为"赤色沪西"。

由于日军在太仓浏河登陆，我军腹背受敌，3月1日晚，十九路军和第五军被迫撤出真如。3月2日，日军占领真如，真如范庄遭到日军的蹂躏性破坏。

在十九路军的浴血抵抗下，历时一个多月的"一·二八"淞沪抗战以付出伤亡3万余人的代价，粉碎了日军"速战速决"占领上海的梦想，谱写了中国抗战新篇章。同时，坚持了3个月之久的沪西工人反日罢工，不仅直接支持了十九路军和第五军的正面抗战，给日本侵略者以沉重打击，而且也使日商工厂、银行、商店等遭受了高达9100万两的经济损失，这在当时是一个巨大的数字。在"一·二八"淞沪抗战史册上记下了浓重的一笔。

为纪念和弘扬十九路军将士英勇抗战的爱国主义精神，1989年9月，普陀区人民政府在原真如车站（今上海西站）对面的车站路淞沪抗战十九路军军部遗址上树碑纪念，并将其列入普陀区第一批革命纪念地。

【火红记忆】

记"一·二八"抗战前后的宋庆龄[①]
翁三新

1931年9月，震惊中外的"九一八"事变在东北爆发，不久，"一·二八"淞沪

① 中共上海市委党史资料征集委员会、上海宋庆龄故居管理处编：《宋庆龄在上海》，上海：学林出版社，1999年。标题有修改，文字有删减。

抗战又揭开战幕。在此国家危亡之际，宋庆龄挺身而出，积极投入轰轰烈烈的抗日救亡运动，并作出了杰出的贡献。

声讨国民党不"攘外"只"安内"

"九一八"事变后，宋庆龄密切关注国内政治、军事形势的急剧变化，对国民党为坚持反共、内战，不惜对日本帝国主义的侵略采取屈膝退让的卖国政策，深感忿懑和忧虑。珍珠桥惨案的发生更使宋庆龄悲愤填膺，怒不可遏，她连夜奋笔疾书，写下了著名的《宋庆龄之宣言》，痛斥国民党"背叛孙中山先生的遗教，以反共为名来掩饰它对革命的背叛，并继续进行反动活动"。她痛心疾首地呼吁："我不忍见孙中山40年的工作被一小撮自私自利的国民党军阀政客所毁灭，我更不忍见四万万七千五百万人的中国，因国民党背叛自己的主义而亡于帝国主义。"宋庆龄还在宣言中表达了她对全国革命人民的无限期望，她坚信，"只有以群众为基础并为群众服务的革命，才能粉碎军阀政客的权力，才能摆脱帝国主义的枷锁，才能真正实行社会主义"，号召"中国千百万真正的革命者不放弃自己的责任，在国家当前形势危急的时刻，加紧工作，朝着革命所树立的目标胜利前进"。这是宋庆龄归国后公开发表的第一篇政治宣言，再次重申了她在1927年为抗议蒋介石、汪精卫之流背叛革命而发表的声明，决不与违反孙中山遗愿的国民党冒牌领袖同流合污，坚决地捍卫孙中山的革命原则和政策。

赴真如十九路军军部慰问将士

"一·二八"淞沪战争爆发后，上海军民同仇敌忾，协力抗战33天，先后在闸北、吴淞、江湾、大场击退了武器精良、兵力10倍于我的日本海陆空军的疯狂进攻，打死打伤敌人3万余人，迫使日军四易主帅，谱写了抗战史上扬眉吐气的篇章。

在这硝烟弥漫而又激动人心的日日夜夜里，宋庆龄始终与上海军民同呼吸、共命运，忘我地支持十九路军抗战，奉献了全部心力。

"一·二八"战役打响后，十九路军将领蒋光鼐、蔡廷锴率领全体将士浴血奋战22个小时，击退了敌人一次又一次的进攻，直至29日夜8时，日方狼狈请求停战，闸北防区寸土未失，粉碎了日军扬言4小时即可占领闸北的狂妄计划。十九路军的正义爱国行动维护了中华民族的尊严，使全国人民欣欣鼓舞，但却违背了国民党对日不抵抗的反动国策。29日晚，军政部长何应钦急电警告"日军既要求停战，我方即应沉着应付，不能误用正当防卫转成诱起战争之口实，失去国际之同情"，再次对十九路军施加压力。宋庆龄十分清楚十九路军违抗国民党不抵抗命令自卫抗战所面临的艰难处境，为支持十九路军的正义行动，她不顾个人安危，与何香凝在30日顶风冒雪，同赴真如十九路军指挥部，慰问英勇抗战的将士们。她与十九路军副总指挥蔡廷锴亲切交谈，热情褒奖十九路军违命抗战洗刷了"九一八"不战而降的耻辱，勉励他们为中华民族抗战到底。宋庆龄鲜明的政治态度是对十九路军正义行动的最大支持。全体官兵闻讯，个个摩拳擦掌，发誓要"为救国保种而抵抗，虽牺牲至一人一弹绝不退缩"。宋庆龄和何香凝看到，由于国民党政府拒增军饷物资，十九路军的官兵们只穿单夹军衣战斗在隆冬刺骨的风雪中，着到许多为国负伤的战上急待救护治疗，医疗设备却严重短缺，真是感慨万千，忧心如焚，决心要为抗日勇士们分难解忧。她两回到市区后立即组织发动募捐活动，并致电海内外，呼吁各界爱国民众和海外侨胞有钱出钱，有力出力，援助为祖国舍身奋战的十九路军。何香凝寓所的大门上张贴着"此处接受热心援助"的大幅字条，市民们闻讯争相响应，不计其数的慰问袋、慰劳品送到何府，各种日用品、食物、纱布、药品堆积如山，再由自愿服务的汽车队运送到十九路军指挥部或伤兵医院。上海市妇女成立了"妇女界捐助军用服装会"，通宵达旦地赶制御寒棉衣，5天内就将数万件绣有红色"胜"字的丝棉背心和3万套棉衣送到了抗日健儿们的手中。宋庆龄又偕同宋子文夫人等携带大批慰劳品到真如犒军。在巡视战地时，她欣然邀请副总指挥蔡廷锴合影，还手捧战士们缴获的战利品——一枚日军炮弹，站在断垣残壁前留影，表达她对十九路军抗战的坚决支持和对抗战必胜的坚定信念。

2月7日，日军调集海陆空主力猛攻吴淞口。驻守吴淞蕴藻浜防区的十九路军翁照垣旅迎头痛击，昼夜肉搏血战，打退了日军的数十次进攻，坚守住吴淞要塞。2月12日，宋庆龄又冒着战火赶到吴淞前线勉慰将士。她不顾敌机在空中盘旋狂吼，执意要翁旅长陪她到前沿阵地，以便亲自向抗日健儿们慰问致意。

为了支援十九路军抗战和反对国民党反动派发动内战，宋庆龄与陶行知、史量才、黄炎培、杨杏佛一致认为《申报》应有更鲜明的支持抗战，反对内战的主张。陶行知执笔撰写了《敬告国民》《国家的军队》两篇时评，"号召全国军民团结一致"，"踏着十九路军的血迹，收复已失国土"，击中国民党反动派要害。国民党反动派迫害陶行知，要陶行知声明脱离《申报》时，宋庆龄与史量才商量对策，以陶行知没有公开任职为理由，不作公开声明。

为争取国际舆论对上海抗战的声援，宋庆龄还以国际反帝大同盟的名义致电世界各国著名进步人士和文化界人士，呼吁他们主持正义，支持中国人民抗日，反对和制止日本帝国主义的对华侵略。苏联伟大的革命文学家高尔基对日本军国主义者武装侵略中国的暴行无比愤慨，在苏联《消息报》上发表了《响应孙中山夫人宋庆龄的呼吁》一文，壮严声称：援助中国——世界无产阶级团结的表现——这是一件伟大的事业。

支援沪西反日大罢工

"一·二八"上海抗战爆发后的第二天，中国共产党发出了"实现总同盟罢工，反对日本帝国主义占领上海"的号召。中共上海地下党组织即在30日召开了上海各厂工人代表大会，决定建立上海各厂工人抗日总同盟罢工委员会，发动全市工人罢工。沪西17家日商纱厂4万多工人首先响应，掀起了声势浩大的反日大罢工。沪东和闸北大批要求抗日的失业工人也纷纷汇集到沪西参加罢工斗争。在中共上海地下党沪西区委的领导下，沪西罢工委员会发动罢工工人组成慰劳队、救护队、运输队和民众反日义勇军，奔赴前线协同十九路军运输枪枝弹药，修筑工事，抢救伤员，成为"一·二八"抗战的强大后援力量。罢工工人还组织了近百个抗日宣传队、讲演队、募捐队，走上街头，开展反日罢工宣传募捐活动，争取社会各界的广泛同情和支持。沪西成为全市工人反日斗争的中心，一时有"赤色沪西"之称。

宋庆龄十分关注罢工工人的抗日爱国斗争。当她得悉数万工人因集中沪西坚持罢工斗争，吃饭、居住都存在严重困难，就千方百计为罢工工人筹集了2万元经费，并不顾国民党特务的监视，派秘书与中共上海地下党领导的公开群众团体"上海民众反日救国联合会"取得联系，请该会秘密党团书记吴驰湘到她的寓所，详细询问沪西罢工工人的斗争和生活情况，热情赞扬共产党领导的沪西工人反日罢工所起的重要作用，并亲手将一张2万元的支票交给他，请党组织转交沪西罢工委员会，转达她对工人的支持和敬意。

为解决沪西数万罢工工人生活、住房所面临的困难，使反日罢工长期坚持下去，中共上海地下党又在2月15日召开工人代表大会，成立上海各业工人反日救国联合会，并公开在各报刊登工人反日罢工募捐启事，呼吁社会各界支援。宋庆龄看到启事后，又想方设法捐助了大洋1506.40元。在宋庆龄、十九路军军部和各界民众的募款支持下，沪西罢委会在石灰窑附近建起一批简易草棚，为许多流离失所的工人及其家属暂时解决栖身之地。上海沪西人反日大罢工坚持了4个月，在政治上、经济上均给日本帝国主义和国民党反动政府以沉重打击，这与宋庆龄的坚决支持和无私援助是分不开的。

轰轰烈烈的"一·二八"淞沪抗战终因国民党政府拒不增援，十九路军寡不敌众，腹背受敌，被迫全线撤退而夭折，但波澜壮阔的抗日救亡运动已席卷全国，势不可挡。宋庆龄始终坚定不移地站在抗日救亡运动的最前列，为中华民族的生存、独立和解放不懈奋斗。

沪西共舞台事件遗址

【火红地标】

胶州路长寿路西南角（劳勃生路 627 号共和大戏院）

沪西共舞台事件遗址外景近况

【火红历史】

　　1932 年 7 月 17 日，中共江苏省委通过上海反帝大同盟、上海民众反日救国联合会（简称"民联"）在位于胶州路劳勃生路（今长寿路）路口的上海共和大戏院（时称"沪西共舞台"）召开"江苏民众援助东北义勇军反对上海自由市代表大会"，呼吁全民抗日，反对国民党当局与日本签定丧权辱国的《上海停战协定》。会议遭到国民党当局的血腥镇压，先后有 95 人被捕，其中肖万才等 13 人押解南京雨花台，壮烈牺牲，史称"沪西共舞台案"，又称"共舞台事件"。共舞台事件是第二次国内革命战争时期党在上海被捕人数最多的几大血案之一。

　　共舞台事件的起因是：继 1931 年 9 月 18 日本制造"柳条湖事件"并侵占中国

105

东北地区后，日本军国主义又于1932年1月故伎重演，在上海制造"一·二八事变"，将战火燃向国民政府统治的中心地带——上海。在民族危亡的严重关头，国民党阵营出现了分化：前有东北军将领马占山、李杜等在东北抗日，后有蔡廷锴、蒋光鼐等指挥的十九路军在上海奋勇抗敌，但国民党蒋介石集团奉行"攘外必先安内"的方针，将主要精力用于"围剿"红军，而对日军的侵略却"忍辱求全"。5月5日，南京政府代表郭泰祺与日本全权公使重光葵签订《淞沪停战协定》，协定不仅满足日本政府提出的国民政府不驻兵上海的规定，甚至答应"取缔一切抗日活动"。

面对日寇的步步紧逼和国民政府的屈辱退让，一场声势浩大的抗日救亡运动很快在全国席卷开来。当月，中共江苏省委通过上海民众反日救国联合会和上海反帝大同盟、上海大中学联等数十个抗日团体发起成立上海民众反对停战协定援助东北义勇军联合会（简称"上海民联"），开展斗争。中共中央决定于8月1日成立全国反帝大同盟，将抗日救亡运动推向纵深。根据中共中央的指示精神，中共江苏省委于6月间决定由上海民联负责筹备成立全省反帝大同盟。7月2日，上海民联筹备处在《申报》《时事新报》等报纸上公开发布"第一号通告"，通告将于"七月十五日召集江苏全省代表大会，八月一日召集全国代表大会"。由于会场租借等原因，大会日期被推迟到7月17日，以举行义演募捐援助东北义勇军为由，租借劳勃生路（今长寿路）共和大戏院作为会场。

当天，参加大会的有上海纱厂工人、黄包车夫及各大学校的学生等，也有来自外地的代表。会议刚开始不久，便遭到国民党当局预谋的血腥大逮捕，除少数人逃脱外，曹顺标等88人被捕，事后又有肖万才等7人被追捕。被捕人员中，很多是中国公学的学生。时任中国公学董事长的蔡元培看到7月18日《申报》刊登《胶州路共和戏院内大批青年被捕》的消息后试图营救，但遭到拒绝。

当年新闻报道影印件

经过多次审讯与严刑逼供，由于叛徒出卖，肖万才等13人被判处死刑，另有3人被判无期，3人重判18年，近60人被判2年以上至15年不等的徒刑。7月29日，被捕人士被押送南京宪兵司令部看守所。10月1日凌晨，13名烈士在南京雨花台英勇就义。他们分别是肖万才、曹顺标、柳日均、崔阿二、徐阿三、陈士生、邱文治、陈山（三）、钟明友、王得盛、杨小二子、许清如、许金标。

在刑场上，13名烈士个个英勇无畏，在生命的最后一息喊出"共产党万岁"的口号，唱出最后一声《国际歌》。

共舞台事件13烈士中的肖万才（左）、曹顺标（右）

沪西共舞台13烈士的生命消失了，但他们的精神惊天地、泣鬼神。不久，上海反帝大同盟田汉和聂耳等"左联"战士以义勇军为题材，创作出了慷慨激扬的《义勇军进行曲》，歌曲随着电影《风云儿女》传遍了华夏大地。就在13烈士就义后的第17年，1949年10月1日，五星红旗伴随着《义勇军进行曲》在天安门广场冉冉升起，迎来了崭新的新中国。

【火红记忆】

访问"沪西共舞台事件"幸存者温济泽老人

华校生

"沪西共舞台事件"60周年前夕的1991年，我作为党史工作者，专访了"沪西共舞台事件"幸存者温济泽老人。当年"沪西共舞台事件"发生时，他还只是个18岁的青年，是民联的青年部长。这个职务被敌人列为重点抓捕对象，一旦被捕，就是被枪决的"要犯"。但在烈士的掩护下，他没有暴露身份，逃脱了敌人的屠刀，只判了12年徒刑，后因抗战新形势到来，于1936年作为政治犯而被提前释放，回到延安，从事党的理论宣传工作，新中国成立后历任中央广播事业局副局长、中国社会科学院研究生院院长、中国新闻教育学会会长等职务，离休后继续为党的革命传统教育而奔走祖国的大江南北。

我专访温济泽时，看到的是一位和蔼可亲的耄耋老人，他拄着拐杖，热情地接待我，亲切地询问了当年"沪西共舞台事件"所在地的建设情况。我回答现今这里已是高楼林立、美轮美奂、人民生活欣欣向荣的新城区时，他高兴地连连称道我们革命先辈的鲜血没有白流，换来了美好的今天。当我将话题切入到1932年的"沪西共舞台事件"往事时，他顿时神情严肃起来，给我讲述了60多年前沪西共舞台13烈士的故事。他说："我原是上海反帝大同盟民众反日救国会联合会的青年部长，因为还在复旦大学求学，要上课,无法去民联机关主持青年部工作,就聘请优秀青年、共青团员曹顺标(曹仁标)到机关主持日常工作。但就是这样的一个聘请,演绎了一段惊天地、泣鬼神的故事。"接着,温济泽老人噙着泪水给我讲述了13烈士的事迹,我是含着泪水记下了他讲述的故事。以下是采访事后回忆的记录。

笔者问:温老,您好!我是您青年时代曾战斗过、遭难过地方的沪西普陀党组织代表,向您老人家表示亲切慰问。现要采访您在1932年发生的"沪西共舞台事件"的往事。

温老答:当年我还只是18岁的青年,"共舞台事件"已经过去60年了,但当年的事件终生难忘,我的英勇难友、革命烈士的往事仍历历在目。那是1932年7月17日的上午,中共江苏省委决定在沪西共舞台召开江苏省民众援助东北义勇军和反对上海自由市代表大会,国民党当局出动了大批军警将我们与会者逮捕。

笔者问:敌人为什么要抓捕你们?

温老答:说来话长。这要从1932年"一·二八"淞沪抗战说起。"一·二八"淞沪抗战爆发,十九路军和上海各界人士纷纷组建义勇军坚持抗战,但国民党蒋介石集团却对步步紧逼的日本侵略者一味退让,并在"不抵抗主义"和"攘外必先安内"的政策驱动下,是年5月5日,国民党当局与日本签订丧权辱国的《淞沪停战协定》。国民党政府同意日本提出的上海为自由市、允许日本驻兵,答应取缔上海的抗日组织和一切抗日活动。国民党当局的意图是,《停战协定》签订后,就可集中兵力和财力去江西消灭共产党和推翻在瑞金的中华苏维埃中央政府。

但不愿做奴隶的人们,在国家危亡之际发出了抗议的吼声,上海掀起了反对丧权辱国的停战协定的新高潮。上海各抗日团体纷纷发宣言、发通电,报刊、杂志发评论,抨击国民党当局不抵抗的反动嘴脸。对此,恼怒的国民党当局决心要对抗日志士大开杀戒,以向日方表达信守协定的诚意。7月17日国民党军警在沪西的大逮捕就是他们决心镇压人民抗战的实际行动。

笔者问:敌人是怎样抓捕你们的?

温老答:国民党当局事先已获悉这个会议的内容,就在这天的早晨,派出大批军警、特务包围会场,一下子逮捕了88人。抓到捕房后,每人都被剃光头、胸前挂上"赤匪"纸牌,上了重镣,并押到上海市公安局,并在上海报刊发布捕获共党特大新闻。后来又将全案所谓的"人犯"押到南京军政部军法司,最后关进南京警备司令部管辖的监狱。随着敌人疯狂的追逼,全案又增加到95人。

笔者问：你们被捕后是如何与敌人进行智斗的？

温老答：我们被捕后，开始敌人并不知道每个被捕人的身份底细。大家被押到南京前就统一口径，说我们在戏院义演募捐援助东北义勇军，有的说是捐款看戏的，别的什么都不知道。国民党中央党部亲自插手，从上海调来3个叛徒助阵，后来，同案也有4个人叛变，他们出卖了熟识的或不太熟悉的人，供出了在上海的秘密机关，扩大线索，使国民党又从上海抓捕了7个人，其中，肖万才一家四口都从上海被抓到南京。肖万才是中共南洋肥皂厂党支部书记、闸北区委民众反口救国会分会发行部长、中共闸北区委秘密交通员，是敌人抓捕的"重犯"，被判死刑的第一人。其女儿判18年，其儿子判12年，其老伴是双目失明，实际政治身份没有暴露，被交保释放，出狱后就下落不明，这个家庭就被拆散和毁灭了。

笔者问：我从资料中看到，您是和烈士曹顺标被关在同一个号子里，你们两人在这个人间地狱是如何渡过的？

温老答：曹顺标是一位有革命思想、有作为的青年，是会议的具体工作的执行者。这次大逮捕中，敌人在他身上搜出了大会宣言、大会致中华苏维埃共和国临时中央政府和中国工农红军电稿等文件，已经是被敌人锁定的一条"大鱼"。在公堂对质时，叛徒指认曹顺标是共青团员、民联青年部长，敌人更是如获至宝。实际上，曹顺标并不是民联青年部长，真正的部长是我温济泽。但叛徒不知内情，以为曹顺标就是部长，只说我是共青团的积极分子。叛徒供出曹顺标的所谓身份，那是杀头的"重罪"。当晚，我对曹顺标说："我去承认我是青年部长吧。"曹顺标立刻怒目说："你糊涂啊，敌人是杀人魔鬼，你的身份没有暴露，决不能向敌人承认什么。你愚蠢地去承认自己身份，也挽救不了我。"曹顺标在千方百计保护自己战友的我。在狱中，我和曹顺标合盖一条薄被。曹顺标对我说，他有两件内疚事：一件事，自己太年轻，为革命做的事太少；另一件事，曹顺标说，我爱着一个女同志，现在只能是没有说出口的初恋了。这时，曹顺标轻轻地背诵了匈牙利诗人裴多菲的一首诗句："生命诚可贵，爱情价更高。若为自由故，二者皆可抛。"接着说："现在我只有二者皆抛了。"

笔者问：曹顺标太伟大了，他是我们中华之魂！其他的难友是怎样的？

温老答：13个烈士个个都是英勇好汉！他们在法庭上立场坚定，勇敢斗争，有的被吊打，有的坐老虎凳，但始终坚贞不屈。就拿他们走上刑场英勇就义来说吧。这年10月1日的清晨，看守所一片杀气腾腾，看守班长打开号子门上的大铁锁，大声叫着一个又一个被判死刑同志的名字。

肖万才第一个被喊到名字，他被晒得黝黑和布满皱纹的脸上流出威武不屈的神态，以从容镇定的步子走向刑场。第二个是曹顺标，敌人叫到他的名字，他是从被窝里坐起来，穿上鞋子，只穿汗衫和短裤，就从容地走向刑场。就这样，一个个叫到名字的人走出监狱大门，走向雨花台刑场。我们没有被枪毙的"犯人"，大家都紧握铁栏杆，凝望远方。时光在紧张地滴答滴答地流逝。好不容易过了一个时辰，原来押送的狱吏回来了，他们边走边对仍围在铁栏杆里的"犯人"说话，他们真有种，有的吃了枪弹，还在喊口号，有的还在唱什么"打得落花流水"。

笔者问：什么"打得落花流水"？

温老答：这是烈士们在用生命的最后一瞬间唱出《国际歌》，要"将旧世界打个落花流水"的歌词。13个烈士是用生命战斗到最后一分钟！

温老讲到这时，我哽咽了。《国际歌》是多么熟悉的歌曲："起来，饥寒交迫的奴隶！起来，全世界受苦的人！满腔的热血已经沸腾，要为真理而斗争！旧世界打个落花流水，奴隶们起来，起来！不要说我们一无所有，我们要做天下的主人！"

沪西共舞台的13个烈士个个是英雄。他们是为救国救民，为声援东北义勇军而献身！他们要将旧世界打个落花流水，为复兴中华民族而英勇捐躯！

温老还讲了很多，但最后我问了一个问题。

笔者问："沪西共舞台事件"发生在沪西劳勃生路胶州路中的一个戏院，据我考证，原地界早期是大夏大学校舍，1930年改建为沪西大舞台，但是，1932年事件发生时，报刊发布称是曹家渡共和戏院。那么为什么现今称之为"共舞台案"，或又称"沪西共舞台事件"？

温老答：1932年6月，中共中央决定在8月1日召开全国反帝代表大会。江苏省委为推进这次大会召开，决定先召开江苏省反帝代表大会。但是，当年我们党内存在严重的关门主义错误，只把清一色的党团员和革命群众组织起来，赤膊上阵。特别是党的"左倾"领导完全不顾国民党白色恐怖统治的严峻形势，竟然把大会的筹备处云南路会乐里279号也在报纸公布，让国民党当局实施镇压有充分的时间准备。原来大会筹备处准备借租爱亚多路（今延安东路）的共舞台戏院召开，后租借遇到困难，便到沪西劳勃生路胶州路口的戏院召开。敌人将88名"案犯"押送南京审理时，将此案列名为"共舞台案"卷宗。建国后，党史学界在整理和撰写该事件时统称"共舞台事件"或"沪西共舞台事件"。

我访问温济泽老人不久，就在"沪西共舞台事件"13烈士牺牲60周年之际，在区委主持下，在"沪西共舞台事件"原址对面的燎原电影院隆重举行了"沪西共舞台事件"60周年纪念大会，以温老执笔的电文和《共舞台案始末》文稿在大会摘要宣读和发布，我们编写的沪西共舞台事件60周年纪念《碧血丹心》小册子在全区发放。

解放后，沪西共舞台事件幸存者留念照

火红地标

中共沪西特区委纪念地

【火红地标】

安远路 62 弄（槟榔路 38 弄乾庆坊 32 号）

中共沪西特区委纪念地外景近况

【火红历史】

1932 年"一·二八"淞沪抗战后，国民党政府在 5 月 5 日与日本政府签订《淞沪停战协定》，协定规定，上海至苏州昆山一带地区中国军队不能驻扎，只能由警察接管，日本反而可以在中国地区驻扎军队。这个屈辱的停战协定传出后，遭到上海乃至全国人民的强烈抗议，而蒋介石集团则进一步加强对国内的控制和对人民的镇压。

在此背景下，中外反动派加紧了对沪西日本纱厂工人运动的破坏和镇压。对此，中共江苏省委就沪西地区如何应对复杂和困难的局面，推进工人运动的开展进行了专门讨论，决定将沪西区委的党组织划分为沪西区委和沪西特区委两个并列机构，并在沪西区委下面再设中共周家桥分区委，这样可以通过单通道的沪西特区委加强对沪西

113

日商纱厂地区党组织和工人运动的领导。沪西特区委机关设置在靠近日商纱厂的槟榔路（今安远路）乾庆坊 32 号。特区委可以借助居民住宅区的特殊环境来开展秘密活动。

安远路乾庆坊 32 号（拍摄于 20 世纪 90 年代初）

但是，沪西地区是租界和敌特机关特务密布如麻的危险区域，敌人正加紧对共产党活动的侦破。1932 年 9 月 22 日，中共沪西区委在乾庆坊 32 号灶坡间召开特区委成立会议，部署在日商纱厂开展革命活动的方案。会议进行到中途，公共租界巡警突然包围乾庆坊 32 号，将包括特区委书记嵇维才在内的 8 名区委成员以及与会的中央、江苏省委干部逮捕。国民党特务机关闻讯，千方百计地将"人犯"全部引渡到国民党南市公安局，嗣后又押往南京宪兵司令部看守所。

中共沪西特区委被敌人破坏，说明当年中国共产党的革命斗争环境极其险恶。这个时期，沪西党团组织经常遭到敌人的破坏，一批人被捕，一批新的同志就顶上来，一个组织被敌人破坏了，新的组织很快又重新建立。他们前仆后继、百折不挠地坚持斗争。这期间，许多共产党员、共青团员被捕，有人变节叛变，更多的是英勇不屈，为革命流尽最后一滴血。这时期涌现的帅孟奇、郭纲琳、黄励等革命先驱永远是我们后人学习的光辉榜样。

【火红记忆】

腥风血雨中的中共沪西特区委

华校生

中共沪西特区委的建立和被敌人破坏，均发生在一瞬间，见证了 20 世纪 30 年代中共沪西地下党活动环境的险恶。

1932 年"一·二八"淞沪抗战结束后，国民党政府在 5 月 5 日与日本政府签订《淞沪停战协定》，日方规定上海至苏州昆山一带地区中国军队不能驻扎，而由日军驻守，在上海允许中方可以动用军警镇压中国人的抗日活动。蒋介石集团意图通过这个屈辱的停战协定，既可加强对内部的控制，又可抽出兵力去围剿苏区中央红军。在这种背景下，上海和沪西的抗日救国运动的形势更加恶化。为此，中共江苏省委决定将沪西区委划分为中共沪西区委和中共沪西特区委两个机构，并在沪西区委下面再设中共周家桥分区委，以单通道的领导方式，通过沪西特区委来加强领导沪西日商纱厂的党组织和工人运动，机关就设置在靠近日商纱厂的槟榔路（今安远路）乾庆坊 32 号。将沪西特区委机关设置在隐蔽的居民住宅区中的目的就是便于开展秘密活动。

是年 9 月 22 日，中共沪西区委书记在乾庆坊 32 号的灶坡间召开特区委成立会议，部署在日商纱厂开展革命活动的方案。会议进行到中途，公共租界巡警突然包围乾庆坊 32 号，将与会人员全部逮捕。国民党特务机关闻讯，千方百计地将"人犯"全部引渡到国民党南市公安局，嗣后又押往南京宪兵司令部看守所，决心以釜底抽薪的方式彻底消灭沪西的共产党组织。

沪西地下党革命活动的形势越来越险恶，特区委机关刚被敌人破坏，10 月 27 日，省委巡视员赵正国（刘顺元）和张文卿在巡视沪西区委时又因叛徒出卖，被敌人围捕，当场被捕的还有区委书记周福根，常委陈伯明、胡云山和团区委书记林一丰等人。不久，张文卿被枪杀，周福根病死于南京雨花台狱中。1933 年 4 月 10 日，区委为研究永豫纱厂罢工，约定在曹家渡顺园茶楼商议工作，区委书记金城等 5 人被捕。10 月，省委委派张恺帆任区委书记，半个多月后又被捕。

共青团组织同样遭到严重破坏。1932 年 11 月 1 日，区委书记孔昭辛在参加团区委会议时被捕。团区委被破坏后，团省委立即派出孙际明来区，暂任团区委书记，不久，又派李伟、郭纲琳来沪西恢复团的工作，并按党组织的分工形式，共青团也相继分别建立团沪西区委、团沪西特区委和专管周家桥地区的团周家桥区委。1933 年 2 月 28 日，团省委组织部长胡兰生召集沪西 3 个团区委书记联席会议，再次遭到敌人破坏，李伟、刘雪苇、袁执中、团省委组织部长秘书小王（王锡均，印尼华侨）和团省委组织部长胡兰生被捕。当年 6 月，胡兰生在南京雨花台就义。

帅孟奇

这一时期，党内叛徒、内奸活动猖獗，区委领导机关即使改为以家庭形式作掩护，仍屡遭破坏，再加上中共江苏省委亦屡遭破坏，沪西区委失去了上级领导关系，不久就停止了活动。自此，沪西区一级党组织不复存在。

沪西党团组织屡遭破坏，被捕人员中有的叛变，甚至变节为敌方特务，但更多的是视死如归，在狱中与敌人展开殊死斗争。

中共沪西区委常委、妇女部长帅孟奇在闸北联系工作时被捕。在敌人的刑讯室，她坚守共产党人的信念和宗旨，决不向敌人透露党的任何机密，遭到敌人夹棍、烙铁、灌辣椒水、竹钉刺手指头等惨烈酷刑。帅孟奇的左眼被打瞎，直到大口吐血，奄奄一息，敌人还是没有从她身上榨出任何党的机密。无奈的敌人只能将她判为无期徒刑。1937年第二次国共合作期间，经党中央的营救，帅孟奇出狱，继续为党工作。新中国建立后，她成为中共中央组织部副部长。老一辈革命家邓小平尊称她是我党的"帅大姐"。

郭纲琳

共青团沪西区委书记郭纲琳，由于叛徒出卖而被逮捕。国民党法官指控她犯了"危害民国罪"，她义正辞严地答辩："谁丢失了东北三千万同胞，谁丧失了东北四省土地，谁便是危害民国！是我？还是你们国民党？谁侵略邻国的土地，谁抢劫邻国的财产，是我？还是日本帝国主义？"法官哑口无言。敌人对她施以最为残酷的酷刑，但仍一无所获。她在牢房壁上写下血书："坚持立场，为革命而牺牲！拥护真理，为正义而流血！"1937年7月，敌人把郭纲琳押往雨花台。她唱着《国际歌》走向刑场，面对敌人的枪口，高呼"打倒日本帝国主义！""打倒国民党反动派！""中国共产党万岁！"的口号，英勇就义。

刚从莫斯科中山大学回国担任中国革命互济会全国总会主任兼党团书记的黄励，在"一·二八"淞沪抗战期间全力投入沪西工运活动，积极参与组织沪西日商纱厂女工罢工和支持十九路军的抗日活动，在大夏大学、日本纱厂开办沪西互济分会训练班，对被捕的共产党人和爱国民主人士进行救援和慰问活动。她不久也被叛徒出卖被捕，受尽酷刑。在狱中，她犹如一颗火种，横眉冷对敌人，对难友关心备至，在狱中讲革命故事，教唱《国际歌》。在她的帮助和影响下，难友们坚定了自己的立场，动摇了敌人军心。最后，黄励也遭到敌人的杀戮。

沪西革命史陈列馆有一幅书法作品苍劲有力，特别醒目："龙华千古仰高风，壮士身亡志未穷；墙外桃花墙里血，一般鲜艳一般红。"这首诗原以为是无名烈士诗抄，后来发现该诗的作者是原中共沪西区委书记张恺帆。他在沪西任职不久就被敌人逮捕。在龙华监狱，他见证了许多革命志士顽强不屈、英勇牺牲的壮举，有感而发，写了这首诗，被广为传颂。

这个时期，在沪西被敌人枪杀的志士何止这些？他们是高山仰止、忠贞不渝的无畏战士，他们留下的是能书写并见证、启发我们后人应该如何去塑造自己的理想和信念、不屈的精神和坚毅的品格。他们永远是我们怀念和学习的楷模。

美亚第四织绸厂革命斗争纪念地

【火红地标】

安远路 498 号（槟榔路 868 号）

美亚第四织绸厂革命斗争纪念地外景近况

【火红历史】

美亚织绸厂始建于 1920 年，以后逐渐建有总厂和 10 个分厂，其中的美亚第四织绸厂建于 1928 年。1933 年 1 月，美亚第三厂并入第四厂，成为美亚效益最好的工厂之一。这年，公司改组为美亚织绸厂股份有限公司，亦是上海最大的绸厂。

1932 年 1 月，日本侵略者发动了进攻上海的"一·二八"事变，上海掀起了一场声势浩大的群众性抗日救亡运动，绸厂工人亦参与斗争。抗日救亡运动冲击着日寇和国民党的反动统治。

美亚织绸第三分厂的外景

117

1933 年 7 月，社会动荡，民不聊生。美亚公司资方不顾工人的死活，转嫁危机，宣布工人工资自当月起一律打 9 折，激起工人的强烈抗议。美亚十厂工人、共青团员邢子陶带领工人抗议罢工。但是，罢工斗争坚持四五天后就失败了，邢子陶黯然地被开除出厂。

1934 年 3 月 6 日，美亚公司资方更加有恃无恐地盘剥工人，在原工资打 9 折的基础上再按工种降低 20% ~ 30%，激起整个公司 10 个分厂工人的一致抗议。美亚六厂工人、共青团员张祺首先发动工人罢工，提出三项要求：（1）反对减工资，恢复民国 22 年 (1933 年)7 月前的工资；（2）反对罚工资；（3）学徒按期转为正式工人。资方拒绝接受。第二天，美亚包括总部和 10 个分厂在内的 4500 名工人实行总同盟大罢工。8 日，在共青团法南区委的帮助下，美亚各厂选出代表，成立总同盟大罢工委员会。总罢委发宣言，提出恢复原有工资、取消罚扣工资、女工与男工平等、不得任意开除工人、罢工期间工资照发等总同盟罢工要求。

美亚公司大老板对总罢委提出的要求仍然不予理会。11 日，总罢委推出工人代表，偕同纠察队、交通队共 200 余人，前往总厂交涉。总经理躲避不与代表见面，并在代表进入总厂机关大楼时下令关闭大门，旋即通知法租界派出大批巡捕包围代表，准备抓捕。就在双方对峙过程中，散布在全市各分厂的美亚工人奋勇赶往总公司，他们高呼"誓死保卫代表"的口号，冲前相救。租界巡捕举棒殴打工人，甚至开枪镇压。冲突长达 2 小时，造成百余工人被打伤、重伤 10 多人。资方看事态闹大，已到不可收拾的地步，才不得不释放代表。这就是美亚 "三一一"惨案。

惨案发生后，工人的罢工斗争得到了社会各界的声援支持。中共中央、共青团中央、中华全国总工会先后发表宣言，号召各业工人支援美亚工人斗争。

但是，蒋介石听闻美亚惨案后，却向江苏省政府和上海市政府发出通令，命令坚决镇压。

4 月 10 日下午，美亚各厂工人 4000 人在总罢委的发动下，浩浩荡荡地赶到江湾国民党市政府，再次向社会局请愿，并将社会局、教育局、卫生局所在的大楼团团围住，彻夜坚持战斗。斗争进入到第二天 11 日上午 8 时，国民党政府预谋下令，

美亚绸厂的数千工人到江湾上海市政府再次冒雨请愿

出动大批警察和保安队员，用竹棍、刺刀和高压水龙向坚持斗争的工人冲击，再次酿成美亚"四一一"惨案。美亚织绸厂工人坚持罢工斗争，最后在国民党当局的重重压迫下，于4月22日忍痛复工。复工后，167名工人积极分子被开除，坚持了50多天的罢工斗争最终以失败告终。

邢子陶　　　　　张祺

美亚织绸厂工人大罢工斗争在中国工运史上留下了悲壮的篇章，积累了许多经验和教训。虽然罢工失败了，但他们点燃的星星之火已经在华夏大地燎原。领导美亚工人斗争的邢子陶后来成为共青团沪西区委书记，张祺成为中共上海地下党工委书记，领导上海和沪西的共产党人和工人阶级迎来了上海的解放和新中国的诞生。

【火红记忆】

中华苏维埃共和国中央政府
为援助上海美亚绸厂工人罢工斗争宣言 [①]

（1934年4月16日）

亲爱的全国工友们！劳苦群众们！

四月十日，上海发生了帝国主义国民党法西斯蒂屠杀数千工人的空前残酷的惨剧！

工人阶级的英勇的战士，上海美亚绸厂的罢工工友们，在国民党刽子手的屠刀下面，流了他们的鲜血。一百个工人被枪毙了，九百个受伤了。在风雨交迫的寒夜中，几千个美亚工人，饿着肚皮与国民党的警察保安队，搏斗了廿三小时。他们在国民党法西斯蒂血手的野蛮的袭击下面挣扎着抵抗着。

全国工友们！　国民党法西斯蒂就是这样企图用最残酷的血的屠杀来镇压工人阶级的斗争！

但是，不管刽子手蒋介石和他的党徒勾结了帝国主义者，采取何等残酷的手段来对付工人阶级，工人阶级的英勇斗争，从唐山五矿总同盟罢工一直到美亚工友的血战法西斯蒂，不但没有被镇压下去，反而发展到了与国民党军警直接肉搏的更高的阶段了。这次美亚工人的斗争更显示了我们工人阶级战士的可敬的英勇性与顽强性。正因

① 中共上海市委党史研究室、上海总工会编：《上海纺织工人运动史》，北京：中共党史出版社，1991年。

为我们有这样英勇的斗争，所以引起了国民党法西斯蒂的极端仇恨，遭到了他们的极端野蛮的暴行。

苏维埃政府与工农红军始终是最坚决的反对国民党法西斯蒂的屠杀政策的，始终是和全国工友们站在一起战斗着。正因为如此帝国主义国民党调动了全部军队向苏区与红军进行着最残酷的五次"围剿"。而我们也正在集中一切力量，以胜利的进攻与全国工人斗争呼应着，我们要在这一粉碎五次"围剿"的决战中消灭帝国主义国民党，同时我们必须指出只有推翻帝国主义国民党统治，才能消灭法西斯蒂白色恐怖，只有建立苏维埃政权，工人阶级才能获得彻底的解放。

我们苏区的广大群众与工农红军自从听得美亚工友被惨杀的消息后，已经在各种会议上表示他们对于国民党法西斯蒂这种暴行的愤恨，誓死为打倒帝国主义国民党而斗争，同时正在各方面募集捐款援助美亚罢工工友与被难的家属。我们并且号召全国工友及一切劳苦群众一致起来援助美亚工人，鼓励他们坚持到底，直至获得最后的胜利。

全国工友们！我们相信你们的每一个经济斗争，每一个罢工，都是给予苏维埃与红军的最有力的帮助。为着争取苏维埃的伟大胜利，求得工人阶级的彻底解放，让全国工人的罢工斗争与苏维埃红军粉碎五次"围剿"的血战最亲爱的汇合起来吧！反对资本家的残酷剥削！反对国民党的法西斯蒂的血腥屠杀！打倒帝国主义！打倒国民党！推翻帝国主义国民党的法西斯统治！

主席　毛泽东

美亚织绸厂工人总同盟罢工 [①]

美亚织绸厂有限公司是上海最大的一家绸厂，有总、分厂 10 家和艺徒学艺所等辅助工厂，共有男女工人 4000 余人。由于丝绸销路不振，开工不足，资方企图将困难转嫁于工人，于民国 22 年（1933 年）7 月宣布工人工资自当月起一律打 9 折，各厂工人闻讯哗然。美亚十厂工人在共青团员邢子陶的带领下罢工。罢工在坚持四五天后失败，邢子陶被开除出厂。

民国 23 年（1934 年）3 月 2 日上午，厂方贴出布告，从 3 月 1 日起工人工资在

① 上海工运志编纂委员会编：《上海工运志》，上海：上海社会科学院出版社，1997 年。标题为编者所加，文字有删减。

已打 9 折的基础上，按工种分别再减低 20% ~ 30%。3 月 3 日，美亚六厂工人在共青团员张祺等人的发动下首先起来罢工，并提出三项要求。7 日，美亚 11 个单位 4500 余名工人实现了全厂同盟大罢工。8 日，在共青团法南区委的帮助下，美亚各厂选出代表，成立总同盟罢工委员会。总罢委发表罢工宣言，提出要求。11 日下午，工人代表偕同纠察队、交通队共 200 余人前往总厂，与资本家进行谈判。总经理蔡声白避不出见，还在代表进入总厂后下令关闭厂门，让法租界当局派来大批巡捕准备逮捕代表。纠察队员和闻讯起来声援的各厂工人高呼"誓死保卫代表"等口号，冲前相救。巡捕举棒殴打工人并开枪射击，工人奋力抗争，冲突达 2 小时之久。厂方害怕事态扩大，被迫放出代表。这次事件中有百余名工人被打伤，其中重伤 10 多人，酿成"三一一"惨案。

惨案发生后，3 月 13 日，总罢委组织工人向国民党市政府请愿、游行，要求恢复原工资、惩凶赔偿等，各业工人和社会各界纷纷表示声援，并捐款支持。中共中央、共青团中央、中华全国总工会先后发表宣言，号召各业工人支援美亚工人斗争。

3 月 17 日，国民党特务将总罢委总务处负责人柳金生绑架拘押，18 日，总罢委召开群众大会。会后，4000 多名工人到二区警察局门口请愿要求放人。沪南、沪东绸厂及震旦、大同等大学学生纷纷前来慰问、声援。这次请愿历时 28 个小时，到第二天中午警察局不得不释放柳金生。3 月 20 日，资方宣布关厂停业，停止膳宿供给。4 月 6 日，蒋介石向江苏省政府和上海市政府发出通令，声称"国难期间工人不得以总工罢工为要挟致使发生工潮"。国民党社会局召集劳资双方调解，由于资方坚持宣布停业，调解无结果。

4 月 10 日，社会局再次召开调解会议，资方拒不到会。当天下午，4000 名工人先后赶到江湾国民党市政府，向社会局请愿，要求维持工人食宿。罢工工人将社会局和同在一幢楼的教育局、卫生局团团围住，不准出入。11 日上午 8 时，国民党政府调动大批警察和 800 名保安队员，用竹棍、刺刀和高压水龙向工人冲击，当场打伤百余人，其中重伤 10 多人，30 多人被捕，继"三一一"惨案后又一次造成了"四一一"惨案。接着，国民党当局查封美亚总罢委，逮捕总罢委 10 多名工人代表，限令工人无条件复工，并派武装军警进驻美亚各厂。

局势发展对继续罢工极为不利，工人们要求总罢委先复工后谈判。此时，中共中央、共青团中央、中华苏维埃共和国中央政府却相继发表声明，号召美亚工人坚持斗争，扩大罢工，企图从美亚扩大到全市的总同盟罢工。上海 40 多家绸厂 5000 多名工人一度举行同盟罢工，但都被镇压下去，全市总同盟罢工更不可能实现。4月21日，重新成立的总罢委再次组织1000多名工人去国民党市党部请愿。市党部提出先复工后调解，被捕工人复工后释放，食宿由厂方即日供应。总罢委至此声明于22日复工。复工后，资方要复工工人重新登记，按刚进厂的新工人计算工资，同时开除了143名罢工积极分子。这样，坚持了50天的美亚工人大罢工以失败告终。

上海第一所劳工幼儿园遗址

【火红地标】

长寿路 235 号（劳勃生路鸿寿坊明德里）

上海第一所劳工幼儿园遗址外景近况（改造前的鸿寿坊，拍摄于 2005 年 9 月）

【火红历史】

　　1934 年夏，在人民教育家、思想家，伟大的民主主义战士陶行知的领导下，其学生孙铭勋、戴自俺在劳勃生路（今长寿路）鸿寿坊明德里开办了上海第一所劳工幼儿园，专门招收沪西地区劳工的幼儿子女。

　　陶行知毕业于美国哥伦比亚大学。回国后，他提出"生活即教育""社会即学校""教学做合一"等教育理论。他特别重视农村教育，认为在 3 亿多农民中普及教育至关重要。1932 年，陶行知创办了生活教育社以及山海工学团、晨更工学团、

陶行知

劳工幼儿团，成立中国普及教育助成会，首创"小先生制"，开展"即知即传"的普及教育运动。1933年，陶行知在上海发起成立中国教育学会。是年，他又在周家桥创办了晨更工学团，由他的学生、沪西教育工作者联盟徐明清担任负责人。晨更工学团创办后，工作有极大起色，社会影响越来越大，上海左翼的"教联""社联""剧联""左联"等组织纷纷派人参加晨更工学团的工作。

徐明清遵行陶行知"捧着一颗心来，不带半根草去"的赤子之心，积极探寻中国教育新路。她在上海基督教女青年会的主持下，先后在沪西小沙渡路（今西康路）三和里和劳勃生路裕庆里女工夜校进行女工平民教育。

徐明清

1932年"一·二八"事变后，大批难民涌向沪西租界地区，沪西劳勃生路和小沙渡路周边地区的人口更是激增，其中不乏有许多失业者、小商小贩和难民。他们生活十分贫困，附近的药水弄里，棚屋、"滚地龙"密密麻麻地挤在一起，夏天腥臭难闻，冬天缺衣少食，因饥寒而死亡的婴儿，尸体用芦席一裹，随意丢弃在沟边，惨不忍睹。

徐明清在沪西小沙渡女工的教学活动让陶行知也更深刻地认识到在城市贫民中推进劳工幼儿教育同样十分重要。为了解决沪西女工的困难，使劳工幼儿有受教育的机会，陶行知在沪西教育工作者联盟工作的地方，让其学生左翼"教联"成员孙铭勋、戴自俺在鸿寿坊明德里租借了一幢房子，创办了上海第一所劳工幼儿园，免费招收工人子女入学。

鸿寿坊明德里劳工幼儿园实现幼儿园和托儿所于一体，招收的对象是工人居住区范围内的从断乳到8岁的幼儿，来者不拒。每月收取伙食费，其余都免费。中国工运领袖、中国工农红军高级将领项英的女儿项素芸也秘密放到劳工幼儿园教养。

一些贫苦劳动人民的幼儿能有机会入托劳工幼儿园，这对劳动人民来说是件破天荒的大事。前后入园幼儿有30多名。随着要求入托的幼儿越来越多，"粥少僧多"、设备简陋、师资缺乏等矛盾日趋严重，这些问题困扰着陶行知、徐明清和孙铭勋。他们为此多方筹措资金。教师少，就由徐明清到女青年会中聘请志愿者做兼职教师。课桌和幼儿活动玩具少，就自行制作。

劳工幼儿园的办学目标十分明确：幼儿教学要符合劳动工人的实际生活，注重健康教育和创造力教育。因此，劳工幼儿园以健康教育为主，注意营养和培养各种良好的卫生习惯。同时，因陋就简地开展游戏活动、美术鉴赏和音律节奏训练。每日两次带孩子上街去观察自然，了解社会。入园时间早晚不限，来去自由。

劳工幼儿园的红色教育方式很快让反动当局产生了怀疑，于 1935 年被迫停办。

劳工幼儿园的贫民教育实践为陶行知的"农村的教育"走向城市幼儿贫民教育提供了更多的实践机会，其践行的红色劳工教育而非培养城市贵族的教育方针值得总结、继承。

【火红记忆】

创办劳工幼儿园的前尘影事 [①]

徐明清

1932 年 10 月，我在陶行知先生及黄警顽的支持下筹办晨更工学团，开始在北新泾陈更村，不久搬到罗别根路（今哈密路），后又搬到小金更村。晨更工学团是用工学团这个公开合法的牌子，按照党的指示、教联的要求进行工作的。筹办初期，陶先生派晓庄同学王洞若来协助我，不久，教联又派来了林迪生。没有多久，林又被派往宜昌工作。1932 年冬，黄警顽介绍了东北学生抗日宣讲团代表孙达生到晨更工学团工作。我们利用国民党"普及教育"的口号，在附近农村、工厂、商店招收学生。白天办幼儿园、小学，晚上办工人、店员、农民学习班，还办了外语（英语、日语）学习班、注音符号学习班。同时还派人到附近农村办夜校。在进行文化教学的同时，开展抗日救国、拥护红军、拥护苏维埃政府方面的宣传。我们拥有晨更工学团这个合法的阵地后，左翼作家联盟派陈企霞、左翼戏剧家联盟派田源（田汉的三弟）等人来到晨更工学团参加工作。黄警顽陆续介绍了革命青年柴川若、袁超俊等到"晨更"；林迪生又从宜昌介绍进步学生吴莆生（即吴新稼）、黄乃一、陈鸿儒到上海，其中吴、陈由丁华介绍到"晨更"；王洞若送来了王东放（已牺牲）、赵章。赵静被捕后，又从监狱介绍了一个被释放的"王大个子"（是党员，名字记不清了）到"晨更"。进步青年陈鹤亭、安徽工人工师傅（名字记不清了）等都来到"晨更"。我们还吸收了几个当地的孩子，他们的亲人都是在上海工人三次武装起义中牺牲的。

工学团的经费是依靠黄警顽募捐来的。他组织了一个董事会，自任董事长，找了几个开明的资本家当董事，每月给工学团捐钱。困难的时候，陶行知先生也送一点钱来。黄警顽还捐赠给晨更工学团一大批新、旧书籍，我们就此开办了一个晨光图书馆，

---

① 徐明清：《明清岁月》，2000 年，内部资料。标题为编者所加，文字有删改。

把进步书刊夹在里边，借给群众看。

晨更工学团的工作人员由筹建时的二三人，逐步发展到 20 多人。幼儿园的儿童和小学生有数十人，工人、农民、店员班及农村夜校，有的十多人，有的数十人，联系的群众有数百人。工学团内发展了进步力量，建立了教联小组、青年团支部。沪西区党委、周家桥青年团区委有时在这里接头和开会，中国青年反帝大同盟也有人来这里活动。工学团的人员愈来愈多，活动也日益增多，孙达生建议开办一个小农场，既可以扩大活动地盘，也可以搞些生产，补贴开支。孙达生的弟弟宋任远也转来筹办农场。他带了几百元钱，我们又将编写《工人读本》的稿费二百元一起作为投资，凑了一笔筹建农场的资金。于是，我们在大场租了 15 亩地，盖了三间草房，由孙达生等负责办了一个小小的农场，称北杨胡农场，在那里种西红柿、包心菜等。我们安排了几个从监狱释放的革命同志，如胡文光等在这里继续进行革命活动，还在附近办了两所农村夜校和识字班、一处俱乐部，进行群众工作，1932 年底，孙达生脱产搞教联工作，宋任远调上海中央局出版部工作，又因蔬菜市场商人压价，入不敷出，只得退还土地，把农场停办了。

晨更工学团的条件极差，教学设备、用具、桌、椅、板凳大部分是借的，不够用，就用砖头放上木板当课桌，砖头当凳子。工作人员除了供给吃饭，没有其他收入。但是大家都很愉快，工作得很起劲，革命热情很高。

由于设备简陋，有钱人看不起我们，不愿送子女来上学，所以晨更工学团在幼儿园、小学招收的学生基本上是附近的工、农子弟。我们教学用的课本是当时国民党的小学教科书，但我们结合家庭访问，收集材料，对孩子们进行阶级教育，使他们懂得他们的父母为什么穷，老板、财主为什么会发财，还自编有革命内容的故事、歌谣、舞蹈，如镰刀歌、锄头舞等教他们，启发他们爱劳动、爱人民、爱祖国，仇恨剥削压迫他们的人。在那里，我们摸索着教育面向工农，为工农服务，与革命斗争结合的途径。通过办幼儿园、小学教育，及家访、派"小先生"上门教学，与广大工农群众建立了广泛的联系。工学团的所在地也成了工农群众愿意来叙谈的地方。我们走到哪里，都受到他们的亲切接待。在各种学习班的教学中，我们根据不同的教育对象、不同的文化水平，自己编写了一些教材。针对工厂工人受资本家、农民受地主、店员受老板的剥削压迫等，启发他们的阶级觉悟，帮助他们认清受苦、受罪的根源，引导他们走革命的道路。虽然学习条件简陋，但他们的学习兴趣愈来愈浓厚，经常风雨无阻来听课。在这些学生中有不少人参加了革命活动，许多人成了我们的干部。

教联是属于中国左翼文化界总同盟（简称文总）领导的。文总领导左翼作家联盟（左联）、社会科学家联盟（社联）、左翼戏剧家联盟（剧联）等八大联，各联之间，党内是不发生横关系的，但有群众的地方，大家都去，互相创造条件。所以，剧联、左联也到"晨更"来活动。剧联在"晨更"演出过田汉编的《江村小景》等进步话剧，还在附近村镇巡回演出，很受群众欢迎。左联在晨更举办壁报等文艺园地，以革命的诗、画、散文教育群众。社联在"晨更"也有组织。

小农场的同志还在大场组织过欢迎肖伯纳、国际反战大同盟马莱乌克列（人道报总编辑）的欢迎大会。史量才被刺后，组织过史量才的追悼大会等。

1933年夏季，孙铭勋来"晨更"，他在晓庄是学学龄前儿童教育的。我介绍他参加教联，与他研究儿童早期教育如何向工农开门、为工农服务问题。我们拟了一个方案，想办一个专为工人群众服务的幼儿园。这个设想得到了陶行知先生的支持。在沪西劳勃生路（今长寿路）明德里，我们租了一幢房子，开办了一个劳工幼儿园，免费招收工人子女。项英的女儿项素芸也由林迪生转送到这里抚养。幼儿园吸收了失业女工和进步青年邹惠珍、杨文霞等八九人当保教人员，孙铭勋担任园长。这批保教人员以后都陆续参加了教联。他们除了搞好幼儿的保教工作外，还参加各种政治活动。在"潘洪生"事件中，杨文霞等五个青年被捕。释放后，他们的政治热情更高涨了。后来，他们都在不同时期参加了党、团组织。

晓庄同学汪达之在江苏淮安办新安小学，1934年几次来上海。我们抓紧做他的工作，与他探讨小学教育如何为抗日救亡服务、如何面向工农大众的问题，他的看法与我们逐渐统一，与教联建立了密切的联系。他后来组织了新安旅行团，到处宣传抗日。

1934年，教联领导成员有了增加，常委是丁华、王洞若、孙铭勋、孙达生和我五人。丁华是总务（书记），分管几处中学。王洞若分管西区工作，联系山海工学团、小沙渡路女工夜校。孙铭勋分管劳工幼儿园。孙达生分管党组织发展工作，领导复旦、光华、大夏、交大等几所大学的教联工作，与黄炎培办的农学团单位的个别教师有联系。我分管东区工作。1935年4月，我被叛徒出卖被捕，1936年6月经陶先生和党组织的大力营救出狱，1936年8月由党组织安排到西安东北军工委工作，任中共西安市委委员，兼妇委书记，1937年9月到延安中央党校学习，开始新的战斗工作。

火红地标

1936 年上海日商纱厂沪西工人反日大罢工纪念地

【火红地标】

昌化路莫干山路口（日商内外棉六厂）

1936 年上海日商纱厂沪西工人反日大罢工纪念地外景近况

【火红历史】

1936 年，上海抗日救亡运动高涨，日商纱厂的中国工人反日情绪更高。11 月，上海沪东、沪西日商纱厂工人先后罢工，形成了五卅运动以来日商纱厂规模最大的一次工人反日大罢工。

1936 年 2 月，沪东大康纱厂工人梅世钧因随身携带抗日传单，被日本人搜身发现，遭毒打重伤致死。在全国总工会白区执行局成立的日本纱厂工作委员会（简称纱委）的领导下，沪东纱厂工人纷纷罢工，声讨中国工人被日本资本家杀害的罪行。罢工斗争持续了一个星期，遭到镇压，先后有 400 多名罢工工人被开除。

沪东日商纱厂工人罢工期间，纱委积极贯彻刘少奇"把政治斗争与经济斗争结合起来"的《关于白区职工运动的提纲》精神，起草了《罢工宣言》，提出增加工资、不准开除和拷打工人等五项要求。11 月 8 日起，沪东日商纱厂二厂、三厂、五厂、九厂、同兴二厂、东华等 7 个工厂 1.5 万工人掀起大罢工高潮。

首先发动沪东工人罢工斗争的是日商公大纱厂女工胡瑞英，她原是沪西共青团区委书记，1936 年到沪东任共青团烟厂区委书记，到日商纱厂四厂做女工，发动和领导工人罢工。

沪东日商纱厂工人罢工后，日本资本家拒绝工人的罢工要求，同时调动军警分驻各厂，雇佣流氓、包工头到厂门口、工人家中分化工人，以破坏罢工。

正当沪东工人罢工斗争快被日本人瓦解之际，在纱委的领导下，沪西日商纱厂工人又掀起了罢工斗争高潮。沪西最先罢工的是内外棉六厂，工人们因遭日本监工无故殴打，愤而发动大罢工；随即，内外棉八厂以怠工声援内外棉六厂工人的斗争；紧接着丰田一厂、二厂 5000 多名工人举行罢工；然后内外棉一、二、五、七厂先后加入罢工。19 日起，又有内外棉十三、十四厂，喜和一、二、三厂等相继罢工。沪西总罢工局面的形成又促成沪东工人再次掀起罢工浪潮。至此，沪西和沪东参加罢工的工人人数达到 4 万多人，形成了全市日商纱厂的总同盟大罢工新局面。

日商纱厂工人反日大罢工沉重打击了在华日商纱业。日本资本家紧急调动日本海军陆战队包围率先罢工的工厂，用机枪封锁厂门。而工人以占领厂内写字间，包围厂内日本人开展斗争，迫使资方撤出日本海军陆战队。日本朝野为之震惊。无奈之下，日本当局派出专员抵沪，求助上海地方协会会长杜月笙和国民党上海市总工会主席朱学范出面调解。

工人罢工委员会审时度势，认为此次斗争基本达到了罢工目的。11 月 25 日，日方同意了沪东、沪西 40 多名工人代表以 5 项条件为基础的 7 项复工协议：（1）工资增加百分之五；（2）每月赏工制改为奖励制，成绩优良者，酌量升级加工资；（3）不得无故开除工人；（4）不得打骂工人；（5）每天工作 12 小时，星期日做工 14 小时，增加 2 小时工作另加工资；（6）吃饭停工 30 分钟；（7）各厂工人即日复工。11 月 26 日起，各厂罢工工人在"适可而止，下次再来"的口号下复工。持续 20 天的全市日商纱厂反日大罢工于 28 日胜利结束。

上海日商纱厂工人反日总同盟大罢工得到了社会各界的支持。上海各界救国联合会等组织日商纱厂罢工后援会，在全市开展募捐活动，用捐款购买米票支援罢工。上海学生界救国会发表《为日纱厂华工联合罢工宣言》，大夏大学等高等院校到罢工工

各业工人反日救国联合会募捐委员会的鸣谢启事

厂慰问，赠送食品。华商申新、永安等各纱厂招聘反日罢工工人进厂。救国会沈钧儒、章乃器、王造时等上海社会名流发表演说，控诉日本资本家的残暴，声援日商纱厂工人，在全国产生了巨大影响。

但是，国民党当局不能容忍救国会的行动。是年 11 月 23 日，他们以煽动工人罢工、"危害民国"为由，秘密逮捕救国会常务委员和执行委员沈钧儒、王造时、李公朴、沙千里、章乃器、邹韬奋、史良等七人，史称"七君子"事件。宋庆龄、爱因斯坦等国内外知名人士相继声援"七君子"，中国共产党和社会各界人士在全国开展了广泛的营救运动。是年 12 月 12 日，西安事变爆发，张学良和杨虎城通电全国，提出包括"立即释放上海被捕之爱国领袖"在内的八项主张。1937 年 6 月 25 日，宋庆龄、何香凝等 16 人发起"救国入狱运动"，要求入狱与"七君子"一起受监禁。7 月 7 日，"卢沟桥事变"爆发，蒋介石被迫于 7 月 31 日宣布释放"七君子"。

"七君子"出狱后在马相伯家合影（右起：李公朴、王造时、马相伯、沈钧儒、邹韬奋、史良、章乃器、沙千里）

【火红记忆】

日商纱厂大罢工 ①

胡瑞英

1935 年，我在上海沪西担任共青团区委书记。是年秋的某一天，我发现有特务盯梢，随即向领导我工作的共青团江苏省委组织部长陈国栋同志汇报。他当机立断，叫我立刻离开沪西，布置我转到杨树浦，打进日本纱厂做工，并以日商纱厂为基地开展新的工作。

12 月 21 日，我化名李文英，设法进了杨树浦平凉路的上海第四日商纱厂，在细

---

① 王知津、华校生、陈祥珍主编：《巾帼摇篮》，上海：上海人民出版社，2000 年。文字有删减。

纱车间当挡车工。进厂不久，我又到杨树浦女工夜校读书，并结交了许多在日商纱厂做工的女工同学。刘仁娣（刘贞）就是我相识的小姐妹之一，我在杨树浦就是住在她家。陈国栋经常到刘仁娣家来商量布置工作。当时，我的任务是在日商纱厂宣传、教育和团结工人群众，开展反日工人运动。

1936 年 11 月 7 日，日商上海四厂的日本人殴打中国工人，激起了工人们的无比愤怒，全厂就像一堆燥裂的干柴，一点就燃。这时，保全工史滨初、女工汪玲珍两位共青团员勇敢地站了出来，到各车间串联，一声号召，工人就都关车停工，全厂的罢工斗争开始了。陈国栋同志根据工人的要求拟定了罢工的口号："反对日本工头打骂工人""不做礼拜工""增加工资 10%""吃饭关车 1 小时"。

罢工开始后，我立刻到女工夜校去介绍四厂罢工情况，并通过女工同学回到各自的工厂支援四厂罢工。夜校师生都行动起来，进行广泛宣传，声援四厂罢工。结果，沪东的日商纱厂纷纷起来罢工，形成了一次轰轰烈烈的沪东日商纱厂总罢工，震动了整个上海，使日商惊慌失措。中国纱厂的工人也积极行动起来，支持沪东的日商纱厂大罢工。很快，沪西的日商纱厂也起来大罢工，形成全市范围的日商纱厂总罢工，参加罢工人数达 4 万多人。

工人罢工，没有工资，影响生活。我们就积极通过在沪西、浦东、虹口等处的女工夜校的女工同学，到中学生救国联合会去演讲宣传、求声援。夜校教师、共青团员

日商纱厂女工联合罢工走出厂区

丁宁还直接到上海各界救国联合会去求助。女青年会干事张淑义直接在女青年会的同事中间募捐。我们把各界人士捐助的钱买成米票，发给工人。有一次，丁宁老师装扮成阔小姐，到救国会的章乃器先生家里，从章太太胡子婴那里拿了募捐得来的一箱子米票，再分发到各厂罢工工人手中。由于得到各界爱国人士和职业团体等在政治上、舆论上和经济上的支持，这场声势浩大的反日大罢工得以坚持下来。

在罢工中，我们吸取了过去斗争派代表暴露力量的教训，决定不派代表去直接谈判，而用围在厂门口散发和张贴传单的办法，向日方提出 5 个条件，使日方失去直接镇压工人代表的目标。罢工斗争愈演愈烈，

使日商经济损失惨重，仅同时罢工的丰田纱厂，17 日、18 日两天就损失 40 万元以上。日商哀叹"纱业前途几将动摇"。恼恨在心的日商与国民党反动派勾结起来，采用各种阴谋手段对付罢工工人。日本海军陆战队、租界的巡捕、反动警察、地痞流氓倾巢出动，镇压罢工运动。工头、包工头等走狗禀承主子的意思，到工人家里去诱骗或硬拉死拖逼工人上班。我们就组织团员、女工同学等冒着被敌人抓走的危险，聚集在厂门口阻拦劝说被逼上班的工人，坚持罢工。日本海军陆战队开进四厂强令工人开车时，我们又组织工人和他们展开车间里的巷战。我们躲在细纱间的弄堂里，当日本兵走进车间时，我们就一面叫喊"打倒日本帝国主义"的口号，一面把筒管、铁棍等一类杂物像雨点一样掷向敌人。日本兵追到车间的一条弄堂，女工们立刻机智地转移到另一条弄堂。由于细纱机车身高大，挡住了视线，日本兵追了几次都无法接近工人，开枪又顾忌会打烂机器，只得放几声空枪，恐吓工人后撤走。

罢工坚持到后来，日本资方的损失越来越惨重，气急败坏的资方强令日本领班一定要开工。一个日本领班不顾一切地又硬拉女工复工。这个领班胆战心惊地走进车间，突然被躲在门后的男工用一只装细纱的帆布大口袋一下子套在头上，再往下一拉，整个身子被装进袋子，然后将他推倒在地，把袋口用纱布扎紧。他困在袋里急得如猪般喊叫乱滚。工人们则又踢又推地将他滚推出车间。日方发现后，工人早已无踪影。日方追查也得不到任何线索，迫于无奈，此事只得不了了之。

这次大罢工是沪东、沪西等区日商纱厂工人联袂的大罢工，一直坚持了两个多星期，后经上海地方协会会长杜月笙和国民党上海市总工会主席朱学范出面调解，于 11 月 25 日与日商达成 7 条协议，除增加工资改为 5% 外，日方基本同意了工人所提的条件。至此，日商纱厂反日大罢工胜利结束。

1936 年的反日大罢工 [①]

刘 贞

首先发动反日大罢工的是杨树浦齐齐哈尔路日商上海第四厂。11 月 8 日晨，该厂 4000 余名工人宣布罢工，要求增加工资。这次罢工便是由夜校学生、共青团江苏临时工作委员会委员胡瑞英在厂里发动的。

我是日商上海二厂的工人，立即去发动日商上海二厂、三厂的工人罢工，因两家

---

① 王知津、华校生、陈祥珍主编：《巾帼摇篮》，上海：上海人民出版社，2000 年。文字有删减。

厂是连在一起的，三厂供纱，二厂织布。我们抓住要害部位，发动筒子间、纡子间工人罢工，使细纱间没有筒管，织布间没有纡子，无法生产。同时也发动其他车间群众。很快，全厂都罢工了。全总执行局日商纱厂工作委员会系统的张家麟、席守荣、钟英及"教联"系统的任辉增、周秀芳、周惠芳等一起发动了日商同兴二厂的罢工。他们带领工人集体关车后，冲出厂门。这样，我们三个厂于11月8日晚全体罢工了。

当时，日商第四厂罢工后，紧接着沪东、沪西、浦东的日本纱厂相继罢工，联合发表宣言，提出5项要求。这5项要求是全总执行局日本纱厂工作委员会研究确定的。我们在日商上海二厂、三厂所提要求基本上和它一致，只是在增加多少工资的问题上各厂提法不一，有的提出要求增加20%，有的要求增加10%。张家麟说，要求不能提得过高，否则日本资本家拒不接受，反而会挫伤工人群众的积极性。他主张，对增加工资的要求还是提10%为好。张淑义和我都表示赞同。

罢工斗争需要争取各方的支持。女青年会老师张淑义通知夜校老师丁皑，由丁老师通知我到金城别墅向"各界救国联合会"呼吁。我赶到金城别墅时，沈钧儒、史良、沙千里、王造时、邹韬奋、李公朴、胡子婴（胡是代表章乃器来参加的）、张淑义老师都在场。沈钧儒要我介绍日本纱厂工人罢工情况、日本资本家对工人的欺压及这次工人罢工的要求。我汇报后，请求各界支持工人罢工。沈钧儒听后问我，罢工能坚持多久？能不能时间长一点？我说，工人不做工，拿不到工资，罢工时间一长，生活无法维持。沈当即表示，他们一定竭力支持。他要求在座的各位发动各界募捐，以支持工人罢工斗争。他还说，由他们去做民族资本家的工作，请中国纱厂增开班次，将工人转移到中国纱厂做工。还建议张淑义老师去发动男青年会一起来支持日本纱厂大罢工。

持续的罢工斗争震惊了日本侵略者。他们派武装军队来威胁工人，派密探监视工人，千方百计来寻找罢工领导人，阴谋进行镇压。他们毫无所获，斗争仍在坚持。在这种情况下，日本纺织业联合会长船津辰一郎宣布：这次罢工向厂方提出的条件只是宣传式的传单，不能作为正式条件。他的企图很明显，就是要我们派工人代表来正式提出，以找到罢工的带头人。我们当然不上当，仍然组织罢工工人有秩序地留在厂门口，等候厂方的答复。

日方因找不到罢工的组织领导，恼羞成怒，对稍有出头的工人下毒手。他们知道了同兴二厂细纱间工人小林曾吹哨子带领工人关车后冲出厂外，就用高价悬赏捉拿。此事被任秀棠从同弄住的一个警察那里得知。她立即赶到小林家，把小林拉出来，刚

134

带上了电车，警车就开到小林住的门口停下。警察上楼没有捉到小林，就把林的住房封了。任秀棠把小林带到自己家里，藏在三层阁楼上。第二天晚上又帮她化装，将她转送到沪西区，后来由组织帮助介绍她进沪西的灯泡厂工作。

火红地标

沪西革命战时服务团活动地旧址

【火红地标】

莫干山路 120 号（阜丰面粉厂、福新面粉厂）

沪西国民战时服务团旧址外景近况

【火红历史】

1937 年，日本帝国主义继发动"七七"卢沟桥事变侵占平津之后，又于 8 月 13 日对上海发动大规模进攻，中国军队和人民奋起抵抗，"八一三"淞沪抗战揭开了全面抗战的序幕。"八一三"淞沪抗战以来，原来只限于积极分子参加的救国会组织，开始转变为由全市各界人民组织的救亡协会、战时服务团、战地服务团、抗战团、教育团等 100 多个群众性救亡团体，沪西国民战时服务团是其中的一支重要力量。

1937 年八九月间，沪西国民战时服务团成立，团址设在星加坡路（今余姚路）219 号，后迁小沙渡路（今长寿路）鸿寿坊 40 号，最初在阜丰面粉厂和福新面粉厂开展抗日救亡活动。阜丰面粉厂是由孙多森、孙多鑫兄弟于 1900 年在吴淞江南岸（今莫干山路 102 号）创办并建成投产的，是我国第一家民族资本机制面粉厂，至 1932 年，阜丰面粉厂日产面粉 2500 包，为"远东第一"。福新面粉厂则是由荣宗敬、荣德生兄弟于 1913 年在紧临阜丰面粉厂的今莫干山路 120 号建成投产的。阜丰、福新面粉厂成为当时上海面粉业的两大巨头。

阜丰面粉厂

1937年5月，中共中央委派刘晓到上海负责重建中共江苏省委，9月又派刘长胜到上海加强上海党组织的领导力量。淞沪抗战爆发，刘长胜指派中共党员谭宝莲、何穆（何振声）等3人到阜丰、福新面粉厂组织工人组建沪西国民战时服务团，委任谭宝莲为战时服务团总干事，重点在沪西地区开展抗日救亡工人运动。谭宝莲和省委工人运动委员会委员马纯古一起，在阜丰面粉厂开办夜校，团结进步青年工人陈太忠等，先后发

福新第三面粉厂

展了4名共产党员。很快，美亚等几家绸厂以及申新纱厂等工人加入到沪西国民战时服务团，服务团人数最多时达到1000人，其中骨干分子80多人。服务团培养训练了一批积极分子，在一些工厂中发展抗日力量。淞沪抗战结束，沪西国民战时服务团解散，队员回到各厂。

中共江苏省委于当年11月上旬成立，刘晓任书记，刘长胜任副书记兼工人运动委员会书记。根据省委指示，谭宝莲和党员周家良、何振声继续负责小沙渡一带的群众工作，在阜丰、福新、美亚、申二、申九等沪西重点企业和其他一些敌伪工厂开展党的组织活动。

1938年6月，江苏省委决定在沪西地区按产业与职业建立中共上海杂厂委员会，又称沪西产业委员会。杂厂委员会书记由谭宝莲担任。除属江苏工委垂直领导的公交、邮电和属于沪西敌纱、中纱领导的工厂外，杂厂委员会负责领导包括面粉、丝绸、棉织、针织、内衣、毛纺、机器、灯泡、卷烟、啤酒和化工等行业在内的沪西各厂开展经济斗争，着力破坏日伪军需生产。杂厂委员会下设16个基层党支部和7个直属党组织，共有党员141名。

沪西党组织领导下的沪西国民战时服务团就像一把尖刀，插在日本帝国主义和汪

伪政权统治下的上海，组织群众，帮助失业工人进难民收容所，组织抗日救亡募捐队，举办游击战争学习班。1941年太平洋战争后，上海公共租界均被日军占领，沪西国民战时服务团无法继续以合法的身份开展活动，但是，沪西人民的抗日活动依然存在，党播下的革命火种仍在燃烧。一些工人运动中涌现的积极分子成长为坚定的共产主义者，他们荫蔽在沪西的各个工厂、各个行业，重建地下党组织，并向新四军输送一批又一批的革命志士，壮大了新四军的力量。据统计，有包括阜丰面粉厂在内的220名沪西各业工人先后秘密前往江南抗日义勇军部队、鲁迅艺术学校、皖南新四军部队，参加革命，并为新四军运送了一大批机器和物资。

【火红记忆】

抗日战争时期江苏省委领导的上海地下斗争[①]

王尧山

1937年5月，中央派刘晓到上海正式负责重建地下党工作。刘晓到上海不久，"七七""八一三"相继爆发。那时，中央又派了刘长胜、张爱萍到上海。以后，刘宁一、刘顺元出狱后也派到上海。1937年11月，中央决定成立江苏省委，刘晓任书记，刘长胜任工委书记，张爱萍负责军委，沙文汉任宣传部长，我任组织部长。

刘晓到上海，带来了毛主席和党中央关于城市地下斗争的基本路线和方针，也就是毛主席以后提出的"荫蔽精干、积蓄力量、长期埋伏、以待时机"的"十六字"方针。贯彻这一方针，实际工作中怎么解决既要积蓄和隐蔽党的力量，又要使党员在群众运动中起带头骨干作用的矛盾呢？我们始终认为，不能消极地对待"十六字"方针。我们从上海的具体斗争条件出发，坚持了这样几点：第一，党组织要积极领导当时热火朝天的抗日救亡的群众运动，不能小手小脚，不能搞关门主义。要坚持贯彻党的抗日民族统一战线的路线和政策，搞好各条战线、各个阶层的统战工作，团结最广泛的群众，使党的力量隐蔽在广泛的群众基础和社会基础之中。第二，为了适应抗日形势的变化，为了利于长期隐蔽，群众运动的方式逐渐从搞集中的大运动转向搞分散的活动，尤其是要把抗日的政治斗争和争取群众的切身利益的斗争结合起来。要把非法活动和利用"合法"结合起来。第三，要求党员和党的积极分子深入工厂、学校、商店，深入群众，在群众中起领导作用，在群众中得到掩护。党组织要善于保护党员和积极分子，经常总结吸取群众中好的斗争经验、工作方法方式，予以运用，不使暴露。

---

① 王尧山：《王尧山文稿选》，上海：上海科学普及出版社，2000年。文字有删改。

"八一三"以后，上海的抗日救亡运动全面开展，各界救亡协会的活动都是公开的，在各条战线开展了组织宣传队、救护队、募捐队、慰劳队以及出版报纸刊物等等活动，开展了支援前线抗敌将士和收容难民的大规模工作。那时，江苏省委刚刚成立，地下党员只有100多人，领导运动的力量深感不足。我们依靠党的抗日民族统一战线政策的威力，依靠广大积极分子的工作，使得群众运动在党的坚强领导下蓬蓬勃勃地开展起来。抗日救亡运动不仅使上海的工人运动有了大规模的发展，而且推动了上海文化界、知识界和民族资产阶级的转变。那时，有些知识分子、民族资本家以及不少资产阶级子弟通过参加抗日救亡运动，接受了党的影响。知识分子中一部分从靠拢党到背叛了自己出身的阶级，被吸收入党。原来，地下党领导的比较左倾的大学是暨南、复旦、大夏、同济、交大等校，在教会大学中没有什么工作基础，但是通过抗日救亡运动，像圣约翰、沪江、震旦等教会大学的青年学生的政治态度也有了转变，不少人毅然放弃舒适的家庭，走向抗日前线，参加党领导的抗日斗争的行列。民族危机也影响到民族资产阶级的命运。通过抗日救亡运动，上海的很多民族资本家响应了党的号召，用各种方式，直接地或间接地拥护党的建立抗日民族统一战线的主张。有的资本家不但愿意捐款支援新四军，而且要求和我们建立联系。我们能够开辟难民收容所的工作，也是通过上、中、下层的统战关系，是执行党的统一战线政策的胜利成果。

面对日本帝国主义日益加强占领的形势，我们应当采取怎样的斗争方式呢？搞罢工、武装斗争当然都不行，江苏省委决定采取此起彼伏、分散活动的形式，不搞同盟罢工，而采取怠工、磨洋工、窝工等等。在组织具体斗争时，地下党还掌握了"以经济斗争掩护政治斗争""适可而止"的原则，不是高喊"打倒日帝"的口号，而是以反对日本人打骂工人、反对克扣工资等形式出现，斗争达到一定要求就适可而止。采取了这样因地、因时制宜的灵活的斗争方式，当时上海的群众斗争，包括日商纱厂的斗争，此起彼伏，分散多样，比较普遍。

为了贯彻党的地下工作的基本方针，江苏省委还向党员提出了"勤学、勤业、交朋友"的口号，要求党员在基层岗位上，在群众中生根。我们认为，空头政治家在群众中从来是站不住脚的，不会有威信的。党员要在群众中起带头骨干作用，要能够得到群众的拥护，学习成绩好、业务水平高也是重要的条件。组织群众斗争，要着眼于教育群众，扩大团结群众的面，不能为斗争而斗争。当时的群众组织的确是多样化、合法化、群众化。地下党不但组织了很多夜校、读书会、联谊会，而且还利用了黄色工会、封建帮派、结拜兄弟姐妹、同乡会以及经济上互助等形式团结了广大群众。省委不但要求党员在群众中长期生根，要求各级干部都有社会职业掩护，取得合法的社会地位，而且要求党员、积极分子在生产中、在学习中、在各种业务中提高水平，起重要作用；而且要向要害部门深入。八年抗战中，上海地下党由于坚决执行了正确的地下党的路线方针，不断总结了斗争经验，依靠广大群众，不仅没有遭到大的破坏，而且在斗争中发展壮大了革命力量，为抗战胜利后反对美蒋，迎接解放的斗争打下了较大较强的党和群众的基础，有力地配合了解放上海的战争。

雨后春笋般的救亡团体[①]

上海市总工会

"八一三"抗战爆发，上海人民原来的生活秩序、生产秩序、工作秩序一下子都被打乱，和平时期转变为战争非常时期。前线炮声隆隆，战火纷飞，不论是从战区的工厂里跑出来的，还是在租界的工厂里继续生产的，广大职工群情激愤，热情高涨，纷纷参加救亡团体，投身救亡运动。这时，原来一般限于积极分子参加的救国会组织已经不能适应形势和广大人民的要求，遂转变为有广泛群众参加的救亡协会。各界人民组织的救亡协会、战时（战地）服务团、抗战团、教育团等群众性救亡团体像雨后春笋般地建立起来。这些救亡团体，就其活动宗旨和骨干力量来说，是战前救国会组织的继续，但是动员群众的广度和深度都大大发展，冲破了原来比较狭小的圈子，呈现空前的群众性。当时国共合作，租界当局宣布中立，不干涉中国人民的抗日活动，客观上也允许广泛地建立救亡团体，开展救亡活动。由各界人士组织的救亡团体迅速发展到 500 人，马路弄堂都组织起居民联合会、家庭妇女服务团，佛教弟子成立僧侣救护队，舞女也成立救亡协会，年老的建立老子军，年少的组织童子军。男女老少，不论职业、地位，纷纷组织救亡团体，投入救亡运动，呈现出前所未有的"工农商学兵，一起来救亡"的反帝大团结景象。其中由各行各业职工组织的战地服务队、战时服务队等团体便有 100 多个，它们是上海救亡团体中的重要组成部分，是开展救亡活动的中坚力量。

在职工救亡团体中，有的是按地区组织起来的，参加的有各行业的职工。因为大批工厂被毁，未毁的也停工歇业，原来的产业、行业都被打乱。先后成为战区的闸北、虹口、杨树浦的工人，涌向租界和暂时尚未成为战区的南市、沪西一带，投入救亡运动。这样就出现了地区性的职工救亡团体。南市丝绸工人吴日光（吴南青）、祥生出租汽

---

① 上海市总工会编：《抗日战争时期上海工人运动史》，上海：上海远东出版社，1992 年。

车公司职工叶梯青、小学校长陈雨笠（陈正环）以及从国民党监狱释放出来的颜柏（方志达）等人（以上都是共产党员），于 1937 年 8 月 20 日共同发起成立了沪南青年救亡团，在新桥路新桥小学挂出了救亡团的牌子。团员从 40 ～ 50 人发展到 300 人左右。团内设立总务、宣传、人事、战事等部门，经常在团部工作的 40 ～ 50 人，内有共产党员 20 多人。他们从四面八方汇集在一起，为了抗日救国，齐心协力，和衷共济，开展救亡工作。开始时活动经费没有着落，各人把自己身边仅有的一些钱凑集起来，后来甚至靠变卖身上衣物，煮一些薄粥、烂糊面来维持团员生活。不管生活怎样艰苦，大家工作热情十分高涨，无论是赴前线救护，还是在后方宣传，都是没日没夜地埋头苦干，就像大家说的那样，每个人胸中好比烧着一盆火。这是爱国主义的熊熊烈火！沪西国民战时服务团是由失业工人和沪西阜丰、福新面粉厂，美亚等几家绸厂以及申新纱厂等工人组成，队员最多时达千余人，其中积极分子 80 多人，有谭宝莲、何穆（何振声）等 3 个共产党员。这个团体主要在沪西一带开展救亡活动，培养训练了一批积极分子，在一些工厂中发展了抗日力量。

职工救亡团体中还有些是按产业或行业组织起来的。战争一爆发，沪东、沪西纱厂工人纷纷要求参加神圣的民族解放战争。

新会路华童公学旧址

新会路 25 号（马白路 25 号）

新会路华童公学旧址外景近况

【火红历史】

　　1937 年 8 月 13 日，日本军国主义在上海制造了"八一三"事变，对华发动全面入侵，誉为"远东大都市"的上海陷入了炮火连天的战火之中。位于虹口地区的华童公学校舍毁于战火。1938 年上半年，华童公学迁入沪西小沙渡地区的马白路（今新会路）25 号。

　　华童公学是一所具有光荣革命传统的学校。该校创办于 1904 年，是上海租界当局主办的第一所华人学校。1919 年，因学校发展需要，华童公学由克能海路（今康乐路）迁至赫司克而路（今中州路）63 号。1919 年五四运动期间，全校师生参加全市的"三罢"斗争，声援北京学生的反帝爱国斗争。1925 年五卅运动期间，学校师生到南京路抗议

华童公学

日本人枪杀顾正红，遭到租界当局的血腥镇压。1938 年，华童公学迁入沪西马白路。1941 年 4 月 24 日，淞沪抗战著名抗日将领谢晋元在胶州路集中营被杀害。25 日，上海各界群众 10 万人，以华童公学学生军乐队为前导，前往吊唁，白衣素车，途为之塞。1943 年 8 月，华童公学被汪伪政府接管，改名市立模范中学。1945 年抗战胜利，为纪念谢晋元将军和"八百壮士"，学校改名为晋元中学。

改名后的晋元中学在中共沪西地下党的领导下建立了学校党组织，发展进步学生加入共产党，并参加了历次革命斗争运动。

1946 年 1 月 13 日，晋元中学师生和上海各界代表、沪西地区纺织女工以及大夏大学等大中学校师生共 1 万余人，参加在玉佛寺举行的公祭昆明"一二·一"惨案死难烈士大会，声援昆明学生的反内战斗争。

1946 年 6 月 23 日，上海各界人民发起组织"上海人民和平请愿团"赴南京请愿。晋元中学学生到北火车站为代表团送行，并参加有 5 万多各界群众举行的反内战示威游行，呼吁和平、反对内战。

1946 年 12 月 24 日晚，北京发生了美军士兵强奸北大学生沈崇的事件。消息传到上海，沪西地区的晋元中学、大夏大学学生和全市其他 20 多所学校 4 万多名学生，于 1947 年 1 月 1 日举行大规模游行示威，抗议美军暴行，投入到"抗议美军暴行，要求撤退美军团"的斗争中。

1947 年 5 月 20 日，国民党反动派在南京、北平、天津等地残酷镇压学生，制造"五二〇"流血惨案。晋元中学地下党领导学生罢课，在校内演讲，并组织惨案后援会，抗议国民党当局对学生的迫害。

1947 年冬，随着蒋介石政府在军事战场和经济战线上的不断失败，上海人民民不聊生、饥寒交迫。寒冬腊月，上海街头饿殍满地。上海大中学校开展了有中共地下党组织领导的全市性救饥救寒运动。晋元中学学生积极参加，和全市 90 所学校 3 万多名学生一起走上街头，募集寒衣、捐款，救援缺衣少食的失业工人和难民。上海学生的救饥救寒运动冲破了国民党自 1947 年反饥饿反内战反迫害大游行以来颁布的所有禁令，在上海开辟了反对国民党反动统治的第二战场。

1948年1月17日，上海地下党组织组织发起了全市2.5万多大中学校学生参加的反帝示威游行，抗议1月5日发生在香港九龙的英国当局枪杀中国公民的暴行。晋元中学地下党组织学生冲破国民党当局的重重阻挠，赶到外滩参加反帝斗争，彰显了英勇果敢、敢于斗争的革命品格。

解放战争期间，晋元中学地下党组织和党员以校园为阵地，组织领导学生投入到反帝爱国和推翻国民党反动统治的斗争之中。他们中有的遭到反动派逮捕或追捕，有的被学校当局开除，有的毅然奔赴苏北、浙东等解放区或游击区，成为革命队伍的先锋战士，有的还为中国人民的解放事业献出了宝贵的生命。解放后，晋元中学有100多名学生参军参干，有的奔赴西南服务团剿匪，有的唱着《志愿军军歌》，跨过鸭绿江，投入抗美援朝的战斗行列。

1956年，晋元中学更名为陕北中学，1984年恢复原校名。1999年，高中部迁至新村路2169号。新会路25号校址现已作为长寿路街道社区文化服务中心。

【火红记忆】

青春热血　爱国篇章①
程卫军

华童公学创办于1904年。早在五四运动期间，全校师生就积极投入到反帝爱国运动中；到中国大革命时期，又参加了伟大的五卅反帝爱国运动，成为上海具有光荣革命传统的学校。华童公学在1937年"八一三"战火中被毁，由虹口迁至沪西小沙渡马白路（今新会路）。

1945年9月，抗战胜利，上海人民为纪念"八一三"淞沪抗战中驰名中外的抗日将领谢晋元，把具有光荣反帝爱国传统的华童公学改名为晋元中学，这是沪西地区当时唯一的一所市立中学。

1945年抗战胜利后，在中共地下党的领导下，晋元中学学生的反帝爱国斗争进入了新的阶段，建立了地下党支部，学生黄克欧、郭丰敬、倪执中、钱亦琳等都是该校早期的地下党员。

为了建立组织，壮大队伍，开展斗争，晋元中学地下党先从关心帮助同学做起，以自己的劳动收入来帮助濒于失学危机的清寒同学。不久，地下党在校内发起组织了

① 华校生、陈宏申主编：《不灭的星》，上海：上海人民出版社出版，1991年。文字有删改。

以地下党和进步学生为核心的学生组织"力行同学互助团",广泛地开展生活性活动,如搞乐队、教唱歌、演话剧、办讲座、踢球、远足、野餐等。地下党员在这些丰富多彩的活动中和广大同学联络了感情,交流了思想,很快吸引和团结了各年级的一大批同学,并且培养了不少积极分子。随着工作的深入,地下党还领导开展各种形式的宣传工作,如组织读书活动,引导学生阅读进步书刊;绘制壁报,宣传解放区进步情况,揭露国民党的黑暗统治,发表对社会问题的看法等,促进了许多同学的思想进步,为地下党组织的发展壮大和组织学生投入反饥饿、反内战、争和平、争民主的革命斗争创造了条件。从1945年下半年到1949年上海解放,地下党在晋元中学先后发展了将近40名党员,使晋元中学成为当时地下党力量较强、工作开展得较活跃的一所市立中学。

晋元中学学生在地下党领导下进行的第一次政治性斗争是1946年1月13日参加在玉佛寺进行的公祭昆明"一二·一"惨案死难烈士,声援昆明学生的反内战斗争。

1945年12月1日,昆明国民党当局出动大批军警特务,武装镇压反对内战的大中学校师生,于再、潘琰等四人被杀害,数十人受伤,这就是震惊全国的昆明"一二·一"惨案。

消息传来,激起晋元中学同学的强烈反响。"力行团"举行集会,勇敢地走出校门和上海各界一起声讨国民党反动政府的暴行。

1月13日凌晨,学生就冒着寒风,成群来到槟榔路(今安远路),涌进玉佛寺。晋元中学与玉佛寺毗邻,学生们来得特别早,有的学生还参加了会场布置。主祭团由宋庆龄、柳亚子、马叙伦等七人组成,参加公祭的有上万人,气氛肃穆悲壮。会后举行了浩大的示威游行。晋元中学学生结队前行,沿途高呼口号:"人民不死!""要求真正民主!""严办昆明惨案凶手!"游行示威持续到傍晚。从此,晋元中学学生积极投入"反饥饿、反内战、反迫害"的伟大斗争,在上海学生运动中写下了光荣的一页。

1946年四五月间,晋元中学学生参加上海市学生团体联合会,并投入全市性敬师运动,为支持教师的反饥饿斗争而筹募款项。

1946年6月23日,上海各界人民发起组织"上海人民和平请愿团",赴南京请愿。晋元中学同学到北火车站为代表团送行,并参加送行以后的呼吁和平、反对内战的游行示威。

1946年冬,在地下党学委领导下,晋元中学与育才、格致、市西、敬业、女师等

13 所市立中等学校组成"市校福利会"，晋元中学学生黄克家、倪执中先后与女师沈如恂、育才吴宗麟组成党组，领导市校福利会，团结广大师生开展维护学生读书权利，保障教师生活的斗争。

1947 年元旦，晋元中学学生参加抗议美军暴行大示威，并投入"抗议美军暴行，要求撤退美军周"的斗争。同学们秘密印刷、张贴传单，有时通宵达旦。

1947 年 5 月 20 日，国民党反动派在南京、北平、天津等地残酷镇压学生，制造"五二〇"流血惨案。晋元中学地下党发动和领导学生罢课，在校内演讲，并组织惨案后援会，抗议迫害学生。

1947 年 5 月底 6 月初，晋元中学学生会加入地下党领导的上海市学生联合会，即上海学联。

1947 年冬，晋元中学学生积极参加地下党领导的全市性救饥救寒运动。同学们走上街头，为受到内战、天灾祸害的失业工人、难民劝募寒衣。该校蔡尔轨同学向亲友募得几十件寒衣交给学生会救济灾民。

1948 年 1 月，晋元中学学生到外滩游行，向帝国主义示威，抗议英美在华暴行。

晋元中学学生在斗争中英勇而机智。1948 年 1 月 17 日，地下党决定组织学生参加上海学联发起的游行，向英国领事馆示威，抗议香港英国当局在九龙枪杀中国居民的暴行。那天上午，该校地下党员舒家骧通知积极分子，下午在外滩有反帝示威，迅速发动同学参加。国民党上海市警察局为了阻挠学生的爱国行动，下令各汽车出租公司："一律不准出租汽车给学生。"中午，舒家骧就打电话给祥生出租汽车公司，说马白路号要搬家，请马上来一辆卡车。一会儿，卡车来了，正在找哪一家要搬家，舒家骧一声招呼，早就等候着的同学冲上去，挤满一卡车。学生们要求司机支持反帝斗争，请他把车开到外滩，司机同意了。学生们顺利地到达外滩，冲破了反动派的阻挠，参加了大示威。

在整个解放战争期间，晋元中学的地下党员和积极分子英勇地站在反帝爱国和推翻国民党反动统治斗争的前列。他们中有的遭到反动派的逮捕或追捕（如黄家克、张福海等），有的被学校当局开除（如吴庆培、许铁如等），有的毅然奔赴苏北、浙东等解放区和游击区参加革命斗争（如倪执中、贾福根、徐思祖、钱亦琳、陈隆培等），还有的为革命献出了年轻的生命（如郑炯芝）。

新中国成立以后，为了保卫千百万先烈用鲜血换来的革命果实，为了中华民族不再遭受帝国主义的蹂躏，晋元中学师生满腔热血地投入到抗美援朝的伟大斗争中去。

学生纷纷报名要求参军，1950和1951年，晋元中学先后有100多位同学参军参干，有的赴西南服务团肃清残敌，有的到军事干校，还有不少同学参加中国人民志愿军。一批又一批的晋元中学学生同唱着"雄赳赳，气昂昂，跨过鸭绿江……""当祖国需要的时候……"，告别母校，奔赴炮火纷飞的前线，留校的师生们含着热泪欢送。该校的老师和老校友至今回忆起这一感人情景仍激动不已。晋元中学的反帝爱国传统在共和国的初创年代得到了进一步的发扬。

"三信"苏河工潮纪念地

【火红地标】

莫干山路 50 号（信和纱厂、信孚印染厂、信义机器厂）

"三信"苏河工潮纪念地外景近况

【火红历史】

1937 年"八一三"淞沪抗战后，上海租界地区成为"孤岛"。这一时期，中共上海地下党组织动员各界群众投入到抗日救亡运动的同时，针对"孤岛"物价飞涨，广大工人入不敷出，难以养家糊口的状况，要求基层党组织把开展抗日救亡的政治活动与保障工人基本生存权益的经济斗争结合起来开展工人运动。1941 年 1 月，在沪西吴淞江南岸爆发的由信和纱厂、信孚印染厂、信义机器厂工人为维护和捍卫自身权益而自发发动的大罢工，则是一次单纯的经济斗争，史称"三信"苏河工潮。

"八一三"淞沪抗战后，吴淞江北岸沦陷，南岸公共租界地区成为众多工厂转移迁建之地。1938 年 5 月，青岛徽商代表周志俊家族在沪西吴淞江南岸（今莫干山路一带）购置土地，创办了信和纱厂、信孚印染厂和信义机器厂，集纺织机器生产、棉纱布匹生产、布匹印染于一体，既独立经营，又相互协作，开启了上海现代企业联合生产的先河。到1939年底，"三信"三厂的工人规模达到3600余人。

信和纱厂办公大楼

"孤岛"期间，持续的战火造成进口商品减少，而涌入上海租界的流动资本增多，滞留在上海的难民扩大了消费需求。1938年至1939年间，上海纱业呈现了畸形繁荣：各厂日夜开工，企业利润比战前增长了几倍，但是市面物价飞涨。资方为了转嫁危机，扣压工人工资，延长劳动时间，甚至随意开除工人。1939年，上海接连发生了永安百货工人罢工、永安纺织三厂工人罢工，要求加薪，反对解雇。

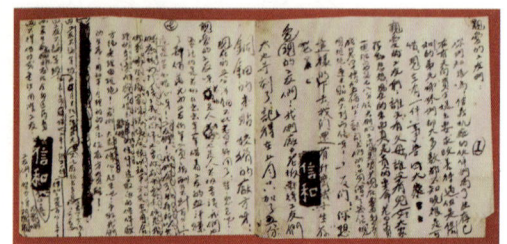
信和工友们的申诉布告

信和、信孚、信义三厂工人也遭受着严重的剥削和压迫。为了争取基本的生存权，1940年1月，"三信"工人公推刘同仁等四人为工人代表，与厂方交涉，提出四项要求：一，工友不论等级每月米贴在原基础上一律再加15元，不吃厂饭者另定；二，工友不论等级，组长、工头、扫地工、车工、杂工，一律加工资30%；三，工友生病住医院，厂方应给全部医药费；四，厂方不得无故或借故开除工友。

工人代表提出的要求被资方断然拒绝，特别是在年终酬劳分配上，资方寸步不让，无法达成共识，谈判破裂。于是，"三信"工人举行了一场声势浩大的工人罢工运动。

罢工首先从信和纱厂开始。当天清晨5点3刻，细纱间所有机器突然全部熄火，紧接着，合股、摇纱、粗纱、布厂各车间同时响应。厂方经理和工务长闻讯，命令细纱间组长立即开车，恢复生产。当时正值夜班下班、日班上班的早高峰交接班时间，一些刚到厂的日班男工配合默契，喝令谁也不准开车。双方僵持之下，上下两班的工人越围越多。资方通过租界普陀路巡捕房对工人实施武力镇压，而工人们不畏武力镇压，继续顽强战斗。罢工行动迅速蔓延至信孚、信义两厂。

"三信"工人大罢工轰动全市。上海《神州日报》《中美日报》等多家媒体都进行了追踪报道。最终，在公共租界工商局华董虞洽卿的调停下，劳资双方达成了和解协议。罢工持续了3天结束，罢工的领导者被开除出厂。

"三信"工人罢工显示了工人团结战斗的力量，启蒙了工人群众的思想觉悟，但单纯的经济斗争缺乏党的领导，罢工只能孤军奋战，罢工领导者被开除也无人救援。中共地下党吸取"三信"工潮失败的教训，很快在"三信"工厂重建地下党支部，将广大工人群众发动组织起来。1945年抗战胜利前夕，"三信"工人参加了由中共沪西地下党组织计划占领信义机器厂、迎接新四军、解放上海的工人武装起义。虽然此次起义因故中止，但"三信"工人已经汇入到了沪西工人运动的革命洪流之中。"三信"苏河工潮是莫干山路工人运动发展史中不可缺少的一页。

【火红记忆】

苏河工潮：1940年的上海"三信"工人罢工事件①

黄振炳

二十世纪初，中国民族资本家在沪西吴淞江两岸潭子湾、小沙渡、曹家渡地区纷纷开办实业，区境内逐渐形成上海轻、纺工业集中地。

1937年8月13日，日军进攻上海，爆发侵华战争。沪西吴淞江北岸众多民族企业相继沦陷，一些小厂在炮火中抢出生产设备往南岸租界地区转移。

在沪西吴淞江以南的公共租界，1941年12月之前，日寇尚未入侵，当时的公共租界被称为"孤岛"。说它是"孤岛"，但它与海内外的交通却畅通无阻，企业有原料来源和销路保障，使中外企业尚能继续正常营业。

不仅如此，甚至连一些外省市的民族企业也纷纷迁至上海公共租界，青岛来沪的"三信"企业就是例子。

信和纱厂的前身为青岛华新纱厂，创办于1917年。1937年"七七事变"后南迁上海沪西吴淞江南岸，现在的普陀区莫干山路50号。该厂抵沪后以英商名义在香港注册，厂名改为"英商信和纱厂"。企业为近代徽商代表人物之一周氏家族产业。业主周志俊为民国初年两任财政总长周学熙次子。他在苏州河畔同一地块创办了信和纱厂、信孚印染厂、信义机器厂（简称"三信"），集纺织机器生产、棉纱布匹生产、

① 黄振炳主编：《普陀收藏》内部版，2020年。文字有删改。

布匹印染于一体，既独立经营，又相互协作，开上海现代企业联合生产之先河。

"三信"在沪落户后，三厂工人合计有 3600 余人，男女各占半数，其中随厂从青岛来的占了不少。

1940 年 1 月，"三信"劳资双方因本年度年终酬劳分配上不能达成共识，引发了一场声势浩大的工人罢工运动，上海《神州日报》《中美日报》等多家媒体都进行了追踪报道，一时在沪上引起轰动，受到广泛关注。

罢工事件起因是这样的：信和纱厂自 1939 年春在沪开业后，已经一年有余。1940 年度沪上纱业兴旺，各厂出品均一涨再涨，年终获利十分丰厚。鉴于年内市面上物价飞涨，可"三信"（信和、信孚、信义）工人每日工资仅 4 角至 6 角不等，除去膳食，几无所存。为迫于生计，工友们经合议，推举刘同仁等四人为工人代表，与厂方交涉，维护工人权益，要求加薪，并向厂方提出四条要求：

一、工友不论等级每月米贴在原基础上一律再加 15 元，不吃厂饭者另定；

二、工友不论等级，组长、工头、扫地工、车工、杂工、一律加工资 30%；

三、工友生病住医院厂方应给全部医药费；

四、厂方不得无故或借故开除工友。

但厂方只同意年底花红每人 12 元；每月赏工增加一工，其余两条被拒之不理，由此引起下面工人大为不满，气愤至极，遂于 1940 年 1 月 26 日晨 5 点 3 刻起工人举行大罢工。

罢工首先从信和纱厂和班细纱间开始。是日晨 5 点 3 刻，细纱间所有机器突然间一下子全部熄火，紧接着，合股、摇纱、粗纱、布厂各车间同时响应。厂方经理和工务长闻讯，急忙奔至细纱间，命令组长立即开车，恢复正常生产。当时正值夜班下班日班上班的早高峰交接班时间段，一些日班刚到厂的男工们配合默契，喝令谁也不准开车。在双方僵持之下，上下两班的工人越围越多，都滞留于车间不走。眼看秩序就要大乱，一发不可收拾。见状后，经理、工务长及各间主任一轧苗头，感觉不对，开始溜之大吉了。此时此刻，场面开始闹忙起来了。

厂方担心罢工这样闹下去，厂里的业务受损严重，故是日下午 4 时许，商请戈登路（今江宁路）普陀路捕房出面干涉，随即六辆警车呼啸而至，以资警戒，冯探长和姜捕头以及工部局政治部马先生一行随即到厂，厂主周志俊会同中西探捕等多人入厂商量如何平息风波。而常董即召集各车间组长开会，劝令工人先生产，一切要求等开董事会后再答复大家。当常董、工务长他们进车间劝阻时，发现信义机器厂的 10 余名男工已经来到信和厂声援,他们从细纱间楼上直奔粗纱间,告诉工人们决不能随便开工。劳资双方互不相让,僵持的局面根本无法打开。

之后,工部局工业科顾炳元先生也被请至厂里与工人们进行调解,无果。

翌晨(1月27日), 捕房即派巡到厂内,强令女工离厂,楼上女工将筒管乱飞,以示抗议。当所有男女工被赶回工房后,大家都集合于宿舍阳台及男工房空地上,继续声讨抗议。

信和这里一波未平,信义机器厂那边又火热起来。厂方昨天已请工部局工业科顾炳元前往召集机工调解,查信义年终奖金已经公布,全厂匠工失望至极,也采用罢工形式向厂方抗议和交涉。昨晚工部局协调不成;当晚工人们举王松鹤、瞿保龙、葛绍全、倪乐仪、是浩生、杨益兴、陈金祺等七人为代表,向厂方提出五项要求。

信和外籍董事长高默朔(Gomersall)见形势恶化,以为工人们要暴动,立即报告巡捕房派捕速来厂镇压,以免事态无法控制。大批巡捕到厂后,先令男工一律离厂,工人们都不服,信义机工瞿保龙吹响警笛,率领工友们团结一致,不甘示弱。与此同时,厂方与捕房开始对工人们下狠手,将其为首者王松鹤、刘同仁、瞿保龙等一批骨干一起抓捕至捕房,并声称在王松鹤身上搜出工人总代表之名片及女工相片多张;指责瞿保龙携带警笛指挥工人暴动。当晚,厂方经理假惺惺去捕房将白天被一起抓捕的女工先行保出,以示虚伪关心之同情。

此次工潮中,探捕只顾将工人驱散,继而发生冲突,无法维持秩序,结果击伤青岛帮工人4名、上海帮女工4名,其中2名因头部受伤甚重,生命垂危。大家气愤之下,于当日上午10时左右,相率派男女代表100余人,前往虞洽卿路宁波同乡会请愿,受到虞洽卿亲自接待,虞氏随即答应劳工代表一起当场返回莫干山路与厂方调解分歧,尽快平息这场工潮风波。1月28日,工部局工业科再次到厂接洽,双方让步,达成协定,双方在协定上签了字。

一场轰轰烈烈的运动,不出三天就这样被软硬兼施地瓦解了!领导这场罢工的三位劳工代表王松鹤、瞿保龙、刘同仁丢掉了"饭碗",最终这三位工运领袖都被资本家驱逐出厂,自寻出路了。

"三信"工人罢工显示了工人团结战斗的力量,启蒙了工人群众的觉悟。但是"三信"罢工期间,单纯是经济斗争,尤其"三信"没有共产党组织,限于孤立战斗。"三信"工潮后,很快恢复工厂地下党组织,在党支部领导下参加了由中共沪西地下党组织准备占领信义机器厂,迎接新四军,解放上海的工人武装起义。虽然后来形势急剧变化而由中共中央下令中止起义，但"三信"工人汇入了沪西工人运动的革命洪流，终于迎来了 1949 年 5 月上海解放，迎来了"三信"工人的彻底解放。

同兴纱厂革命斗争纪念地

宜昌路 299 号（戈登路 1433 号）

同兴纱厂革命斗争纪念地外景近况

【火红历史】

　　日商同兴纱厂创建于 1920 年，1941 年改为侵华日军的同兴小川工业公司军服厂。抗战胜利后，该厂由国民党政府接收，改名军政部上海被服总厂。1949 年 5 月上海解放后，该厂由军管会接管，更名为中国人民解放军总后勤部生产部一〇一厂。1958 年改称上海服装厂，专营服装生产。1969 年底改为生产广播电视整机的工厂，仍名一〇一厂。原址现为宜昌路 299 号，已建成居民住宅区。

　　同兴纱厂是日商近代纺织产业，有许多近代产业工人。1920 年中国共产党发起组

155

日本同兴纱厂为日籍高级职员建造的花园住宅
（拍摄者：高参88 摄于2004年）

在上海建立后，在小沙渡锦绣里创办沪西工人半日学校，同兴纱厂的一些工人到学校求学，其中的孙良惠经过半日学校的马克思主义启蒙思想教育，很快就成为杰出的沪西工运领袖。1925年2月，同兴纱厂建有工会，直属内外棉纱厂工会委员长刘华领导；是年12月，建有中国共产党同兴纱厂支部，书记李义山、组织郭杰山、宣传韩岳铭，下有2个小组，组长分别是王玉之、鲁宴臣。同兴纱厂工人在党组织的领导下，先后参加二月罢工、五卅运动和上海工人三次武装起义。1927年2月11日，同兴纱厂殷文喜随同中共小沙渡部委书记佘立亚一起出席中共中共江浙区（上海区）第一次代表大会，讨论准备上海工人武装起义。

1931年"九一八"事变后，在中国共产党的领导下，同兴、日华和内外棉等22家日商纱厂工人代表于9月26日成立上海工人抗日救国会。1932年"一·二八"淞沪抗战爆发，同兴纱厂工人又投入到由刘少奇领导的工人总罢工委员会和民众反日抗日义勇军，支援第十九路军抗日。

日军占领上海后，同兴纱厂于1941年改为同兴小川工业公司军服厂。日军加强了对工厂工人的控制，荷枪实弹的日军把守工厂大门，宪兵带着狼狗在车间不断监视、巡逻。工人每天做工12个小时，进出工厂都要抄身。厂方不供应工人饭菜，大家只能自带盒饭上班，而且只准许工人舀一碗开水泡饭。工厂成了日本法西斯严密控制工人、严酷压迫工人的人间地狱。

沪西地下党组织决心要撬开这个人间地狱，于1944年指示中共党员汤桂芬通过考试进入同兴军服厂开展党的工作。汤桂芬进厂后，积极动员女青年会女工夜校的20余名女工也到同兴厂做工，并建立同兴纱厂地下党支部。地下党支部成了同兴厂工人与日军斗

汤桂芬参加第六次全国劳动代表大会（后右1）

争的战斗堡垒。

汤桂芬为防范敌人的血腥镇压，精心研究、策划了一场反日的"无头斗争"。同兴厂党支部在斗争中不推派代表，不抛头露面，而是由各班党员分头发动群众，寻找机会，一哄而上，让敌人抓不到领头人。日本军方天天催促厂方加紧生产，以供前方作战部队使用，而地下党组织则以拖延、破坏战术开展斗争，挫败日军计划。

1945年初，日军在中国战场上连连失败。党中央就城市工作指示要在上海开展"天亮运动"，准备武装起义，里应外合，配合新四军解放上海。汤桂芬根据中央精神，向群众宣传，暗中将切掉头的红萝卜挂在板墙上，并写上"天亮了，大家快来磨刀切萝卜头"。很快，上海就要解放的消息传遍了全厂，传到了厂外，好多工厂也用类似的方式盼望"天亮"、迎接解放。

抗战胜利后，汤桂芬离开了同兴厂。之后，同兴厂由国民政府接收，改为军政部上海被服总厂。但革命火种依旧燃烧，被服厂的工人继续在战斗。解放战争期间，工人们继续投入到沪西反饥饿、反内战的斗争中。革命志士徐海峰也曾到被服厂工作，进行党的秘密活动，后来离开工厂到杨树浦，在开展策反工作中被捕，英勇牺牲。

上海解放后，被服总厂由军管会接管，回到了人民的手中，先后改制为中国人民解放军总后勤部生产部一○一工厂、上海服装厂等，为新生的人民共和国建设做出了卓著贡献。

【火红记忆】

军服厂里的传奇斗争①

张菊宝等

1943年初，日军将原同兴纱厂改为同兴军服厂。开工之初，汤桂芬按照党的指示，考入戈登路（今江宁路）的同兴军服厂做工。汤桂芬技术水平高，在该厂车间内担任第二班班长。她进厂后积极动员女工到女工夜校读书，积极发展党员，并担任该厂中共地下党支部书记。

汤桂芬利用自己的班长身份，积极设法为许多失业的女工夜校同学介绍工作，把朱月华、陈素英、张金凤、张菊宝、杨善、胡月仙、李根宝等20多名女工夜校同学介绍进同兴厂做工，她们团结在汤桂芬周围，成了该厂的骨干力量。当时，全厂有40多名女工在三和里夜校读书，经过女工夜校培养，许多女工同学被发展为中共地下党

---

① 上海市普陀区委党史研究室编：《拂晓——沪西解放战争时期地下斗争回忆》，内部发行，2009年。文字有删减。

员。该厂有党员20多名，全厂30多个生产班，其中三分之二的生产班长是党员，三分之一的生产班长是积极分子。同兴厂成为沪西日本工厂中坚强的红色堡垒。

该厂是由日军直接严格控制的军服厂，工人每天要做工12个小时，大门口站着荷枪实弹的日军，宪兵带着狼狗在车间监视、巡逻，职工进出厂门要抄身。工厂不管工人就餐，大家只得自带午饭上班。厂方为了省煤，吃饭时只准工人盛一碗开水泡饭。有一次，一位女工在喝第二碗开水，日本宪兵竟放出狼狗将她咬伤。有一次，一位老太太给在厂做工的孩子送饭，日本人在她的空饭盒内发现一小团洗碗的乱线头，竟不分青红皂白，将她揪住，用鞭子抽打，逼她交代做工孩子的名字。老太太怕孩子会遭迫害，宁死不说。日本人竟残忍地放出狼狗咬她，还用硝镪水泼她。老太太最后被活活折磨而死。日本人对中国工人的残酷剥削与压迫更是罄竹难书。厂方经常拖延工人的工资发放，以存入银行牟私利。汤桂芬及时将厂内发生的一切向上级党组织汇报，并在党组织的领导下，由地下党支部领导发动了一次特殊形式的抗日斗争。

汤桂芬与支部成员精心研究、策划了一场反日的"无头斗争"。为了防范敌人的血腥镇压，党支部决定不推派代表，由各班党员分头发动群众，寻找机会一哄而上，跟敌人斗争，使敌人抓不到领头人。斗争开始前，汤桂芬安排可以自由到各车间走动的扫地工和机修工分别担任联络和宣传工作。他们很快把全厂32个班联络起来。一天中午，全厂3000多工人一起行动，饭后回到自己的岗位都不开车，全厂死一般的寂静。日本资本家大石带着宪兵队到车间问罪。大石赶到一班，揪住一位女工就往办公室拖。汤桂芬见状，立即暗示工人要为小姐妹解围。很快，成百个工人一哄而上，将大石和宪兵团团围住。工人越聚越多，顿时，车间里数百人响着一个声音："要去一道去！"狡猾的大石见状马上改变了主意，放开了那位女工，转而命令各班班长去厂部开会。会上，几十个班长异口同声地说："不发工资，工人饿着肚子开不动车；一碗开水不够，天天吃冷饭，老闹肚子疼，不能开车。"最后，厂方被迫答应工人的要求，当即贴出次日发工资、保证开水供应的布告。"无头斗争"胜利了。工人们受到极大鼓舞，增强了团结斗争的信心。汤桂芬还发动群众多次开展怠工斗争，打击日本侵略者的气焰，拖延军服生产任务。怠工方式就是日本人来就做，不来就不干活。有一次，陈素英上班怠工，未踏缝纫机，被日本人发现，立刻被拖出去，被脚踢，还被狗咬。汤桂芬见状，立即出来对日本人说："小姑娘人小，手动得慢，不能这样对待她。"在汤桂芬有理有节的交涉下，日本人无奈只得放手。

1945年初，日军战场连连失败，但厂里的日本人仍在吹嘘他们的"战果"。为了打击敌人的嚣张气焰，汤桂芬和党支部成员决定开展一次政治宣传攻势，要求既能收到宣传效果，又不被敌人侦破。当时，工人都把日本侵略者称为"矮东洋""萝卜头"。汤桂芬暗暗带了一只有叶子的红萝卜进厂。放工时，汤桂芬等三人溜到女厕所，把红萝卜挂在板壁上，还在萝卜旁用粉笔写了两行大字："天快亮了，大家快起来，磨刀切萝卜头！"第二天清早，这实物加标语的宣传很快传开了。人们到处在交头接耳地低语："切萝卜头！知道了吗？""日本鬼子快完了！""中国人不会永远做牛马！"日本人气得直跺脚，急命女监工把板壁上的红萝卜拿下来。可是，"切萝卜头"的消息已经传遍全厂，传播到厂外。许多工厂的工人也用类似的方式盼望"天亮"。

在中国人民和世界人民反法西斯战争的沉重打击下，1945 年 8 月 15 日，日本帝国主义宣布投降。中国人民的抗日战争终于取得了胜利，上海工人兴高采烈，欢庆胜利，然而日本资本家却置工人生活于不顾，在大门口张贴了停工布告。汤桂芬根据群众的意愿和党组织的指示，即发动群众向厂方索要"停工遣散费"。日本宪兵蛮不讲理，但又不敢明目张胆地迫害工人，就唆使狼狗咬伤马林轩和去要遣散费的女工。女工们群情激奋，一个劲儿地往里冲。后来，群众推选汤桂芬等 5 人当代表，与厂方谈判，经过数次较量，日本资本家只得发了米和黄布军大衣。与此同时，为了保护工厂，防止日本人破坏机器、偷运物资，汤桂芬又组织了几个护厂小队，日夜在工厂四周巡逻。一天夜里，护厂小队果然发现日本资本家正在搬运布匹和缝纫机。汤桂芬得到报告，立即组织数百名工人赶到厂门口拦截，许多工人还奋不顾身地躺在厂门口的马路上，阻止卡车出厂，惊得日本资本家目瞪口呆，不知所措。这时，会开卡车的工人立即跳上车去，把卡车开回厂。面对日本人刺刀的恐吓，汤桂芬率领工人进行斗争，又一次获得胜利。

火红地标

沪西地下军茶馆联络点遗址

【火红地标】

西康路（小沙渡路）澳门路口

沪西地下军茶馆联络点遗址外景近况

【火红历史】

1944 年，抗战形势越来越有利于人民的解放事业。8 月，中共中央华中局根据中共中央 6 月发出的《关于城市工作的指示》精神，决定在上海、南京、苏州等地的地下党组建地下军，准备武装起义，里应外合，配合新四军占领沪宁一线大中城市。当时，上海地下党领导机构已撤离去根据地，上海工委领导班子仅有工委书记张祺一人。1944 年底，中共中央华中局城工部刘长胜、张承宗向新四军干部高骏传达党组织决定，由高骏到上海，以沪西、沪东和浦东为重点，在工人中组织地下军，并和周晓华、丁祖宪、刘志荣等人组成上海地下军领导小组。

接受命令的高骏立刻脱下军装，换上布衫，打扮成工人模样，从苏北六圩渡江，跟着跑单帮的人群回到离开半年之久的上海。当晚，他来到沪西朱品芳（后任中共沪

161

西纱厂委员会委员）家中，并与中共上海工委书记张祺接上关系。不久，在地下党的安排下，高骏到上海麦根路火车站（原上海铁路局东站，现上海火车站）当扛煤工，在工人中以"新四军之友"的名义团结工人，秘密集会，发展了50多名工人队员。

高骏

1945年初，工委书记张祺在沪西召开筹建地下军会议。张祺以"新四军驻沪代表"身分，向与会人员介绍抗日战争形势和解放区情况，希望大家积极行动起来，建立地下军，配合新四军打垮敌伪军，为接管上海出力。

沪西地下军的重要骨干倪宏胜是参加五卅运动和上海三次工人武装起义的老工人。当时，倪宏胜在日商内外棉五厂做工，家住小沙渡路（今西康路）。住在小沙渡路一带的居民大多为三轮车工人、黄包车工人、塌车工人和失业工人，很多人为了养家糊口，不得不冒着生命危险，越过日军和汉奸伪军设置的重重关卡，从郊区背米进城贩卖。张祺、高骏和倪宏胜商量，决定在倪宏胜家附近的澳门路与小沙渡路草鞋浜的转角处开一个澳门路茶馆，利用喝茶聊天的机会来发展组织。茶馆开张后，生意兴隆，附近工人经常来喝茶。倪宏胜经过缜密考察，在积极分子中间发展了20多名地下军队员，又在他们周围团结了300多人的基本群众。高骏和倪宏胜又在沪西的蒋家弄、北石灰窑等地扩展队伍，发展了60多名地下军队员。

但是，茶馆的频繁活动被特务发现和侦破，"老板"倪宏胜被捕关进监狱。日军宪兵队对他严刑拷打，但倪宏胜坚守党的机密。敌人压榨不出倪宏胜任何"罪证"，无奈在3个月后将其释放。出狱后，党组织立刻将倪宏胜送到淮南解放区养伤，而其开设的茶馆也不得不停止营业。

倪宏胜

沪西工人地下军 ①

高 骏

1944 年是我国人民抗日战争接近最后胜利的一年，日本侵略军在我八路军、新四军和各抗日根据地军民的沉重打击下，全线崩溃已成定局。为了配合新四军粉碎国民党抢夺胜利果实的阴谋，解放我国最大的经济、文化中心上海市，以毛泽东同志为首的党中央曾经作出里应外合、组织城市人民武装起义的决定。我就在这时接受任务，来上海参加了建立沪西工人地下军的工作。

1944 年 10 月，我在新四军城工部参加整风结束，刘长胜、张承宗找我谈话，要我回到上海，参加组织工人地下军，配合新四军，内外夹攻，解放上海。他们着重指出，上海是党的诞生地，工人阶级比较集中，经过三次武装起义的锻炼，拥有大批政治觉悟高的先进工人，他们对党有深厚的感情，又有在大城市进行武装斗争的实际经验，这是很好的依靠力量。并指示我，要紧紧依靠地下党组织，在一些要害部门如铁路系统、警察机构中建立关系，同时注意不能与地下党组织发生公开联系，避免暴露地下党力量。

接受任务的第二天，我脱下军装，换上布衫，打扮成工人模样，从苏北六圩渡江，跟着跑单帮的人群回到离开半年多的上海。当天下午，我在朱品芳家中与工委书记张祺接上关系。他向我介绍了上海情况，并把我安排在朱品芳家中住下，要我抓紧时机熟悉情况后再开展工作。朱品芳住在苏州河南岸，是沪西工人集中的地区，他从小做裁缝，在中国内衣公司当工人。那时我的处境，既无熟悉的社会关系，又无可掩护的社会职业，开展工作比较困难。不久，地下党派萧兆刚和我联系，把我介绍给在铁路局当路警的庄辉，通过他的介绍，我在麦根路火车站（原上海铁路局东站）当上了扛煤工。

进入火车站后，我有机会在劳动中用各种方式广泛地接触工人。经过一段时间的活动，我发现他们中间有许多拥护共产党和新四军的积极分子，就尽量和他们接近，互相讲知心话，交知心朋友。后来，我用"新四军之友"的名义，把他们团结起来，经常秘密集会，交流情况和对局势的看法，并分头串连，争取更多的工人参加"新四军之友"，先后发展了一些人。记得徐庆当时是铁路局的调车工，就是这一时期发展的。

---

① 上海市总工会工运志办公室、中共宝山区委党史研究室编：《上海地下军》，内部发行，1995 年。文字有删改。

不久又联系上一批参加过五卅运动和三次武装起义的老工人。11月，我们在倪宏胜家中开了一次会，到会的有倪宏胜、乔金娣、许德章、胡四、张树人等失业工人。这次会议是由张祺带我去的。张祺以"新四军驻沪代表"的身份，向他们介绍了抗日战争的形势和解放区的情况，希望他们积极行动起来，建立地下军，为配合新四军打垮敌伪、接管上海出力。会上还决定由倪宏胜在澳门路西康路口开设茶馆，利用喝茶聊天，发展组织。当时住在这一带的居民多是三轮车工人、黄包车工人、塌车工人和失业工人。这些生活在社会底层的贫苦人民，为了养家活口，不得不冒着生命危险，越过日军和汉奸设下的重重关卡，从郊区背米进城贩卖。他们常年累月地挣扎在饥饿线上，对社会的黑暗、敌伪的蛮横，心中埋藏着深刻的仇恨。那时，到了冬天，一晚风雪，第二天沿着西康路、澳门路一带墙脚，不知躺着多少冻死的尸体，真是"朱门酒肉臭，路有冻死骨"。开茶馆的同志就用这些现实中的事例，在工人们中控诉帝国主义和汉奸们的罪行，宣传新四军的战绩，介绍抗日根据地的大好形势，激发起工人群众的爱国主义热情和翻身解放的斗志。不久，从积极分子中发展了30多个地下军队员，在他们周围团结了四五百人的基本群众。后来，倪宏胜由于频繁活动引起日军注意而被捕，茶馆不得不停止营业，但地下军成员间的联系仍然保持，就是活动更隐蔽了。与此同时，在蒋家弄一带，经许德章、王恒山、龙才等串连发动，也团结了一批工人群众。

1945年5月，徐庆发展了一个理发工人参加"新四军之友"，此人姓张，因头发稀少，人们都叫他"张老稀"。他和我见面后，十分热情地说，他认识一批朋友，早就想参加新四军，就是找不到人领路，现在这批人在七宝跑单帮，他想把他们找来，也成为新四军的朋友。我听了很高兴，对他说，做新四军的朋友，一要抗日，二要保守秘密。还没等我说完，他就一面拍着胸脯说"决不做孬种"，一面扭头走了。可是，他去七宝镇时被日军抓住，追查他去七宝干什么。老张被打得遍体鳞伤，连小肚子都被烧烂了，但仍然坚不吐实，一口咬定来七宝是找朋友谈生意的。后来，日军无可奈何，只好把他释放。

沪西工人地下军的分布情况，有相对集中和比较分散的几个地方。相对集中的有西康路、澳门路一带，由倪宏胜、张树人领导，有20多个队员。倪宏胜被捕后，日本宪兵对他进行了严刑拷打，结果一无所获，关了三个月才释放，但他被打伤多处，继续活动会被敌人注意，因此领导上决定让他去淮南解放区休养一个时期。他走后，主要由刘志荣协助张树人进行工作，周围团结了300多个群众，其中有些同志后来成为共产党员。此外，蒋家弄以许德章、王恒才为主，有20多个队员和二三百群众；北石灰窑以胡四、徐庆为主，有近10个队员和一二百群众；出没于郊区的周晓华部也有20多个队员。以上几处合起来，地下军骨干共有60多人，团结在周围的群众有好几百人，并且一天天在扩大。这时，我和张祺商量，起义时把60多人的骨干放在第一线，算是突击队；周围群众和一些"新四军之友"的成员，作为第二线力量，在夺枪和打巷战时投入战斗；其余一些同情和支持我们的群众，可以担任救护、后勤等工作。

经过一段时间的工作，地下军队员已有60多人，但是手中连一支枪、一颗子弹都没有。要搞武装斗争，手里没有武器当然不行。于是，我们骨干分子开了一个会，把武器问题提出来，要求大家开动脑筋，想办法搞武器。有个胡凯成，外号叫"小湖北"的地下军队员，是大丰纱厂工人，五卅运动和上海工人第三次武装起义时的积极分子，有对敌斗争经验。5月的一天夜里，他在麦根路车站日军运输物资的中转仓库搞到两挺机枪，一口气把它们送到我处。胡凯成首战告捷，大家知道了非常兴奋。考虑到日军丢了武器，必将在附近大搜捕（事后了解，日军并未发觉武器失窃），于是我向组织作了汇报，拿机枪与浦东游击队调换了手枪。

不久，萧兆刚从一个捡垃圾的小孩手里买到一支破烂的"白朗宁"手枪，已经锈得不成样子，但是对于我们缺乏武器的地下军说来仍是一个不能放弃的机会。为了这支破枪，我从萧兆刚那里，绕过四个日伪岗哨，沿着沪西走了一圈，才拿回家里。晚上遮住灯光，细心地把它拆开，折腾了半夜，搞得满头大汗，可是撞针已断，无法修理，只好涂上黄油，藏在地板下。后来，从张承宗那里领到两支手枪，从金田贵那里拿来8颗手榴弹，连同从浦东换来的枪支，这就算是沪西工人地下军初步的武器装备了。

为了在很短时间内使地下军队员学会使用武器，我们采取专人负责、定点周转的办法，解决枪少人多的困难，轮流进行训练。送枪的工作，我们考虑以女同志为合适，决定杭惠兰、毛家华两人担任。虽说女同志做这事比较方便，但转送途中随时可能和日伪巡逻队相遇，还可能遇到那些暗地盯梢、突然"抄靶子"的密探。为了熟悉地形，便于随机应变，两位女同志一有空闲，不论白天黑夜，就在整个沪西区穿街走巷，一面走一面熟悉道路，非常辛苦。送枪一般在早上五六点钟，利用大家买菜时间，把手枪放在菜篮底，上面扣个碗，再放上小菜，由我走在前面，两个女同志挎篮相随，相距20米左右。如果发现情况，我马上将两手背向后面示意，她们立即绕道而行。有时在下午4点钟左右，趁着工厂放工的人群，她们把手枪放在拎包里，以同样的方式在我后面走着。有几次遇到敌人，她们利用十字路口和狭小的弄堂，才脱了险。在那白色恐怖的日子里，她们这些忠诚党的事业的战士，冒着生命危险，贡献着自己的力量。学习使用手枪的同志，接到枪支后，只能关上房门摆弄几下，学会打枪姿势就罢，不可能进行实弹射击。只有一次，我们几个骨干队员秘密集合在一个环境比较安全的同志家里，对着水井进行了一次实弹演习，因为爱惜子弹，也只是两支手枪各放了一枪。

沪西地下军的建立是为当年 8 月计划开展的叉袋角武装起义做好准备。

莫干山路（叉袋角）沪西地下军起义旧址

【火红地标】

莫干山路 50 号（莫山路 8 号信义机器厂）

莫干山路（叉袋角）沪西地下军起义旧址外景近况

【火红历史】

抗日战争进入到 1944 年下半年，穷兵黩武的日本侵略军在八路军、新四军领导的抗日根据地军民的打击下已进入四面楚歌的境地。8 月，中共中央华中局根据中共中央 6 月发出的《关于城市工作指示》中准备武装起义的精神，决定组织上海人民武装起义。年底，中共上海工人运动委员会（以下简称上海工委）根据中共中央华中局和新四军军部的指示，筹备组建一支工人地下军，一旦时机成熟，配合新四军里应外合，解放上海。

为筹建地下军，上海工委先后组织了 100 多名在群众中有威信的老工人去新四军

167

淮南根据地参观。沪西工人倪宏胜是一名曾经参加过 1925 年五卅反帝爱国运动的老工人，经过参观学习，他的思想觉悟得到进一步提高。经党组织考察，倪宏胜被华中局城工部批准加入中国共产党。倪宏胜回到上海后，立刻投入到组织沪西地下军的工作中去。上海工委决定以沪西和沪东作为筹建地下军的重点，工委书记张祺与新四军派驻沪西的高骏一起，直接到倪宏胜所在的住地草鞋浜筹建沪西地下军，决定由倪宏胜出面，在澳门路西康路口开设一个茶馆，秘密发展地下军组织。不久，从积极分子中发展 30 余人加入地下军，并团结了四五百人的基本群众。在沪西蒋家弄一带也串联发动了一批工人群众。还有西郊地区十几个队员组成了战斗小组。

1945 年 8 月 8 日，苏联对日宣战。10 日，中共中央电告各中央局、中央分局并转各区党委，应立即布置动员一切力量，向敌、伪军展开广泛的进攻，迅速扩大解放区，壮大我军，并准备于日本投降时迅速占领所有被包围和力所能及的大小城市、交通要道。华中局接电后，立即部署上海地下党组织准备武装起义，华中局组织部长曾山宣布成立上海市委，刘长胜任上海市市长。张承宗等一行领导星夜返回上海，准备领导上海武装起义。此时，上海地下党组织已在工人、职员、教师、学生以及各界人士中组织成立了庆祝抗日胜利筹委会，很多工厂已贴出"欢迎刘长胜任市长""欢迎新四军"的标语。17 日，在中共沪西纱厂委员会、中共沪西杂厂委员会的组织下，以纺织、机器等业为中心，在中山北路朱家湾平民村召开有 5 万人参加的庆祝抗日胜利大会，并成立工会的筹备机构——庆祝抗日胜利筹备委员会。同兴纱厂已夺取轻机枪 1 挺和步枪 7 支。沪东工人区也已在积极准备投入起义。19 日，中共上海工委根据华中局关于占领一、二个工人区，再推广到全市，形成全市武装起义的电令，决定夺取沪西信义机器厂为起义指挥部。信义机器厂附近的戈登路（今江宁路）警察分局内有潜伏警员配合，可夺取枪械库 2000 支枪来武装工人。

8 月 23 日清晨，沪西地下军 60 余人携带武器，按照预定方案在信义机器厂待命。沪西机器业、纺织业等 7000 余工人群众集结在工厂附近。清晨，2000 多工人群众在地下军队员的率领下，高呼"没收汉奸财产""我们要吃饭"的口号，从四面八方汇集，占领工厂，控制厂内电话、制高点和周边交通要道。沪西地下党领导高骏、汪毅、汤桂芬、朱品芳、范小凤等现场指挥，设立起义指挥部。占领工厂后，起义群众秩序井然，静静等待上级下达正式起义的命令。时间在一分一秒地过去，而正式起义的命令却迟迟未能下达。

原来，中央决定城市武装起义后形势又很快发生变化。8 月 15 日日本宣布投降后，蒋介石勾结敌伪竭力阻止我新四军攻取沪宁大都市。中央为了力争东北、华北，决定新四军北上，撤消进攻上海的命令，以尽可能地广占乡村和中小城市。为此，中央两次急电华中局，而华中局要将中央命令转达到中共上海市委，只能通过电报上海郊区游击队，再由游击队转告上海地下党市委。中止起义的命令直到 8 月 23 日下午 4 时才送到莫干山路起义现场指挥部。接到命令时，全体指战员愣住了。但命令如山，指挥部立刻部署突击队员撤离，组织参加起义的工人群众排成队伍，高呼"我们要吃饭""我们要上工"的口号，以示威游行的方式分散。已经暴露身份的人员分批撤到苏北解放区，没有暴露的人员仍回原工作岗位继续隐蔽，坚持斗争。

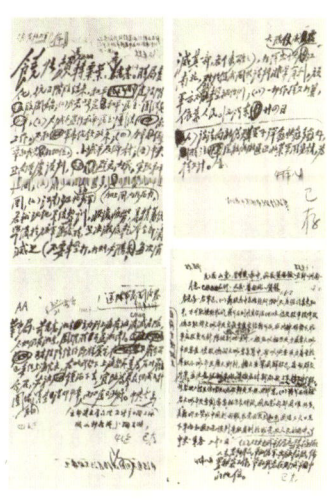

毛泽东中止起义命令的电文

　　这次起义是在中国人民"对日寇最后一战"过程中发生的。虽然起义计划改变了，但沪西地下党组织能在短短 11 天内组织近万人的武装力量，充分体现了强大的战斗动员力、组织指挥力。在此后四年的解放战争时期，沪西工人阶级在中国共产党的领导下又进行了许多可歌可泣的战斗，最终迎来了上海的解放和新中国的建立。

【火红记忆】

组织地下军，准备武装起义 ①

张承宗

　　在城工部的领导下，上海工人响应毛泽东同志的号召，将自己组织于各种团体中，组织地下军，准备武装起义，一俟时机成熟，配合从外部进攻的军队，里应外合地消灭日本侵略者。

　　1945 年 8 月 8 日，苏联对日宣战。9 日凌晨，华中局通知刘长胜同志和我去开会。会上传达了中央的电报，中央明确指出：日本将很快投降，决定新四军准备进攻上海，要城工部立即派干部回上海，发动群众，里应外合，配合新四军解放上海。华中局组织部长曾山同志宣布成立上海市委，由刘长胜同志任书记，委员有张执一、张承宗、陈伟达（未到职）、陈祥生。

　　刘长胜同志和我回到城工部之后，讨论决定张执一和我当天立即出发去上海，张

① 张承宗：《红艳千般》，上海：学林出版社，1990 年。文字有删减。

执一负责上层统一战线及文化界等工作并与根据地联系，我负责地方党的组织工作和群众运动。刘长胜同志布置城工部结束工作后，也很快到上海。

我于11日到上海后，立即找到工委张祺，职委陆志仁，学委张本、吴学谦，教委老陈，警委邵健，党的商业部门项克方等同志，分头传达了中央关于发动群众，里应外合，以武装起义来配合新四军进攻上海的指示。听了传达以后，群情振奋，斗志昂扬，迅速地逐级传达动员。上海城市沸腾起来了。

"天快亮了，大家起来杀萝卜头！"（当时上海人民称日本兵为"萝卜头"）杨树浦电厂的工人在厕所里挂了一个萝卜，在墙上画了一把刀，旁边写着"大家切萝卜头"，马上在厂内厂外都流传开了。

为了广泛发动群众，地下党决定在工人、店职员、学生、教师以及各界爱国人士中成立庆祝抗日胜利筹备会，宣传抗战胜利是人民斗争得来的，人民要求民主与和平，宣传新四军坚持敌后抗日的成绩；并以各工厂和失业工人中的地下军为骨干，发动群众，保护工厂、商店，以此为阵地，然后占领地区，准备里应外合，迎接新四军解放上海。

那时，日军还没有放下武器，上海工人就在党的领导下组织起来和日军汉奸进行清算斗争，保护工厂，迎接胜利。银行、百货、商店的职员、大中学校学生、小学教师也都纷纷庆祝抗战胜利，在要求实行民主、独立，建立民主联合政府的口号下发动群众，组织起来。

但是，形势很快发生变化。日军于8月15日宣布投降，蒋介石垄断了受降权利，勾结伪军，阻止我新四军解放京沪大城市，独揽抗日胜利果实，大城市和交通要道暂时不能属于我们。为了力争东北、华北，中央决定新四军北上，撤销对上海的进攻，尽可能地广占乡村和中小城市。

8月26日，中央对党内发出《关于同国民党进行和平谈判的通知》，提出和平、民主、团结三大口号，并派毛泽东、周恩来、王若飞三同志到重庆进行谈判。

市委根据中央指示精神，决定上海地下斗争仍应坚持长期隐蔽的方针，发动群众，保护工人生活权利，开展争取和平、民主运动，反对国民党进行内战、实行独裁的政策，把在组织地下军、迎接新四军的斗争中暴露了的部分干部撤到苏北根据地。

解放战争时期是中国革命力量和反革命力量、共产党和国民党进行战略决战的时期。在国民党统治下的上海，两股力量的斗争空前激烈、频繁，规模空前巨大，不但打击了敌人，也教育了人民，锻炼了人民。

平民村沪西失业工人联合会遗址

【火红地标】

中山北路 2035 弄（中山路平民村）

平民村沪西失业工人联合会遗址外景近况

【火红历史】

地处中山北路朱家湾的平民村建于 1935 年。1938 年日军侵占上海后，该村沦为日军兵营。一年后，日军撤离，村庄破败，只剩几间空关的平房和一所小学。

日本投降后，众多日商企业为逃避处理善后问题的责任，害怕工人们清算他们的罪行，纷纷宣布停工，或伺机携带资金和物资逃之夭夭。据 1945 年 9 月 26 日《时代日报》报道："上海工业百分之九十都陷入停顿之中，因此造成了上海 50 万的失业工人。"上海工人处于"接收关工厂，胜利饿肚皮"的境况，沪西工人面临严重失业的困境。为维护和保障广大失业工人的合法权益，中共上海地下党组织准备在朱家湾平民村设

171

立沪西失业工人联合会，开展要求发放生活维持费和复工的斗争。

1945年8月23日，原定在莫干山路信义机器厂举行迎接新四军解放上海的工人武装起义，因局势剧变，中止起义。地下党起义指挥部领导迅速将准备起义的许多工人转入清算汉奸、要求复工的斗争。8月24日，上海地下党原本计划在玉佛寺商议下一步行动，但玉佛寺已被敌人严密封锁，于是决定把工作地点转到朱家湾平民村。

平民村旧貌

根据党组织的指示，沪西工运领袖汤桂芬、汪景桃（汪毅）、张培兴、顾亮等党员在平民村组织失业工人登记，筹建沪西失业工人联合会。消息很快传遍沪西的大街小巷，棉纺、机器等40余家工厂的失业工人5万多人前来登记。汤桂芬等领导人采取分片分组的方式组织工人，每厂设4名联络员，2名常驻平民村，2名在厂里组织工人，形成环环相扣的群众组织网络。从此，"沪西失业工人联合会"成为中国共产党地下党组织开展复工斗争的战斗堡垒。

沪西失业工人联合会多次向国民党政府提出改善工人做工和生活条件的诉求，国民党当局均不予理睬。就在僵持之际，9月17日，国民党上海市总工会通知沪西失业工人联合会派200人于20日到外滩欢迎由美国海军上将金开德率领的四艘访沪军舰。汤桂芬向中共上海地下党工委作了汇报，工委决定将计就计，策划将欢迎美国海军上将金开德的欢迎会变为要求复工的大示威。浩浩荡荡的大示威直逼外滩，迫使国民党当局答应罢工要求，同意创造条件，让失业工人复工。沪西失业工人联合会领导的复工斗争最终取得胜利。对此，《文汇报》《大公报》连续发表新闻和评论，《世界知识》《联合日报》以及苏联塔斯社的记者到平民村采访，对中国工人表示同情与支持。沪西失业工人联合会在战斗中壮大，沪西工人运动出现了新局面。

【火红记忆】

沪西失业工人联合会在平民村成立 [①]

陈素英、马林轩

日本侵略者刚投降，沪西许多工厂就关闭了，国民党置工人的生活不顾，使大量

① 上海市普陀区委党史研究室编：《拂晓——沪西解放战争时期地下斗争回忆》，内部发行，2009年。文字有删改。

工人陷入了失业的困境。中共沪西区地下党的领导同志第一次在汤桂芬家里召开会议。会议决定，组织群众开展复工斗争，帮助工人改善生活。为此要联络沪西各厂，把职工团结在我们周围。地点选择在中山北路朱家湾附近的平民村，成立了以汤桂芬为首的"沪西失业工人联合会"，推选出汤桂芬、顾亮、钱瑞华、王克顺等同志为复工谈判代表。当时吸引了棉纺、机器等40多家工厂的5万多人参加。联合会组织工人多次向国民党市党部、社会局和上海市总工会（筹）等机构请愿交涉，要求"发救济金、要求复工"。

日本投降前，党中央曾计划从日伪手中夺取上海等一些大城市，指示建立城市地下军里应外合。汤桂芬按照党的指示，参与组织沪西工人武装起义，配合新四军解放上海，通过各厂党组织布置积极分子张贴"欢迎刘长胜当上海市长""欢迎新四军接管上海！"的标语。8月23日，根据地下党上海工委的布置，汤桂芬发动广大工人占领信义铁厂（在莫干山路）并成立了临时指挥所，机器业工人也来到信义厂。当时，女青年会女工夜校的许多同学和同兴军服厂的党员是这次行动的骨干。那天，她们为了待命，没饭吃，饿了一整天。夜校的钱琴、王知津、黄纫秋、姚玉英等老师和曹云卿同学买了许多羌饼、大饼到信义机器厂去慰问，支持她们的斗争。直到下午4时，传来中共中央关于停止上海工人武装起义的指示，临时指挥所根据工委布置，立即组织工人有秩序地撤离工厂，并转移武器。群众分批列队走上街头，高呼"要工做，要吃饭"的口号。当时，普陀区巡捕房派来了许多警察，抓走了21名代表（其中不少代表是夜校同学），关押在普陀区巡捕房。汤桂芬派张菊宝、陈素英找国民党市总工会的周学湘交涉，提出工人"要工做，要吃饭"是犯了什么罪？强烈要求释放被捕代表。张菊宝要总工会周学湘代表工人，保护工人利益，并拖住周学湘去普陀巡捕房交涉。周为了讨好工人，只得去巡捕房解决代表释放问题。经过反复斗争，代表终于全部释放，在欢迎美国海军上将金开德率领第七舰队来沪访问时，还成功开展了复工大示威。

复工斗争胜利后，汤桂芬考虑到年关将至，物价飞涨，带领工人向资方争取照发年奖的斗争。1946年1月，汤桂芬首先在党员较多的布机间发起罢工，各车间也随之关车，很快形成了全厂大罢工。统益纱厂工人斗争和全市工人争取年奖斗争互相影响，互相推动，在中共上海市工委的统一领导下，形成了一场巨大的运动。汤桂芬等代表再次与资方谈判。谈判破裂，再罢工24小时。当时，中纺各厂和民营棉纺厂先后解决了年奖问题，统益纱厂工人也解决了年奖问题，得以40元、50元、60元三等分发，另有阴丹士林布1.5丈。工人拿到年奖高高兴兴地过了战后的第一个胜利年。

复工斗争胜利后，各棉纺厂逐步恢复生产。同兴厂的党员，有的原是各棉纺厂的骨干，各厂复工后，她们就进入到信和、统益、申九、新裕二、鸿章、新生、恒丰、华阳、宝丰、庆丰等各棉纺厂去工作。同兴厂红色的种子洒遍了各棉纺厂。所到各厂，她们又动员了许多姐妹们到女工夜校读书。

抗战胜利后，汤桂芬肩负的任务更为繁重了。在形势更为复杂的环境中，汤很少再到女工夜校去。同兴军服厂的党员虽然分散到沪西许多棉纺厂工作，但汤桂芬担任沪西（三区）工会领导，同学们仍在她的领导下进行新战斗。

沪西失业工人联合会领导的复工斗争[①]
上海市总工会

日寇投降后，国民党接收大员到上海竞相劫夺，使工人生活陷于"胜利停生意，接收饿肚皮"的境况。接收后变为国民党官营的工厂，以甄别"伪工人"为借口，大批开除工人。民营工厂则因开工不足，无利可图，停业或半开工，使工人处于失业、半失业状态。在胜利后的一年中，劳资纠纷案件共 1460 件，涉及的工厂、企业、商店、作场达 7740 家，关系职工总计 472448 人；罢工案件有 268 件，涉及单位计 9194 家，关系职工总数 399327 人。这些数字说明全市职工的大部分都卷入到要求复工斗争的行列。

沪西失业工人联合会首先采取行动。他们将工人组织起来，组成代表团共同处理有关事宜。代表团组织精干，与群众保持密切联系，及时互通消息。当工人代表提出要求后，国民党市党部和总工会沪西办事处都想插手阻挠。工人代表坚决拒绝，但复工问题一直悬而未决。

当美国海军上将金开德率领第七舰队四艘军舰来沪访问时，国民党为了拼凑欢迎队伍的数字，由市总工会通知沪西失业工人联合会组织 200 人去参加。9 月 19 日下午，市总工会的周学湘、范才骏、章祝三等人都在忙碌地准备率领队伍前往欢迎，忽然传来一阵阵"我们要饭吃，要工做"的口号，不得不慌忙将这支队伍拦阻在海关附近。范才骏走向队伍的领队者："我们布置的口号不喊，你们想干什么？"回答很干脆："我们要复工，要吃饭。"范才骏喊叫着："这个今天不说，欢迎美国第七舰队要紧。"工人听了气愤地回答："欢迎也要吃饱肚皮，今天非解决问题不可，不解决问题不走。"

① 上海市总工会编：《解放战争时期上海工人运动史》，上海：上海远东出版社，1992 年。标题为编者所加。

这样僵持到四五点钟，尽管天下雨，工人队伍还是不散。周学湘来个缓兵之计，要他们派代表到市党部同主任委员吴绍澍去谈。

次日，沪西失业工人联合会派出 9 名代表，由周学湘陪同去找吴绍澍。市党部派王先青同工人代表谈判，周学湘先溜掉了。王先青是个谈判老手，很能磨，一上午谈下来没有什么进展。他提议先吃饭，下午继续再谈。工人代表拒绝邀请吃饭，宁可自己掏腰包去吃阳春面。随即向沪西工人通报谈判情况。沪代表决定再集中 4000~5000 人去市党部。几千人在大雨中走了几个小时，在下午 5 时到达市党部后，派了第二批代表进去谈判。当时已是过了晚饭时间，工人们又饿又冷，淋着雨焦急地等候消息。女工体弱衣薄，有的冻饿得昏厥过去。有人向市党部要药品救治，也被冷酷拒绝。

当工人提出要到南洋模范中学去避雨，党棍们倒是一口答应了，还要求工人分批派出代表去谈判。实际上用的是分割包围，诱捕工人代表的阴谋手法。深夜 2 时左右，大批军警、宪兵、特务包围了工人队伍。此时，市党部派人传话，说明天可以听到消息。不少工人信以为真，纷纷散去回家；还有一些工人则坚持要听到确实消息，不肯离开。突然，军警马队冲了过来，警棍枪托将未走的工人强行驱散。在所谓的谈判室，当场逮捕了 14 名工人代表，拘押在武定路宪兵队审讯。

第二天，国民党御用报纸炮制了一条"捣乱分子"冒充工人代表与有关当局谈判的"消息"，引起了工人的无比愤慨，要求坚决给予还击。9 月 22 日下午，沪西失业工人 1.5 万人浩浩荡荡地到蓬莱路总工会表示抗议，总工会工作人员听到消息都吓跑了。工人队伍到后不见人影，就沿路静坐等候。直到晚上 7 时半，周学湘来了，在群众的严词责问下，他哭丧着脸，赌咒发誓说他根本不知道这回事。工人代表不与他纠缠知道不知道，向他提出三项要求：立即释放被捕的 14 名工人代表；与沪东区工人同样发救济费；及早复工。周学湘被迫表示接受要求，呈报有关当局办理。

胜利后，工人第一次示威引起各界关注，《世界知识》《联合日报》等进步报刊部都派记者前来采访，发出专题消息，苏联塔斯社记者访问沪西失业工人联合会负责人顾亮、张培新等，还捐款支援。

火红地标

三区（沪西）棉纺业工会遗址

长寿路 285 弄（长寿路 275 弄南大旭里 5 号）

三区（沪西）棉纺业工会遗址外景近况

【火红历史】

1945 年 10 月，汤桂芬领导平民村复工斗争取得胜利后，进入统益纱厂工作，重建统益纱厂党支部并担任书记。鉴于汤桂芬的出色表现，中共上海市工委任命她兼任统益、申九、永安三厂等 9 个民营纱厂地下党联合支部书记。汤桂芬在沪西工人中的影响力逐步扩大，引发了一场中国共产党地下党领导的工人与敌人争夺三区（沪西）棉纺业工会领导权的斗争。

抗战胜利前已有沪西三区棉纺业工会，抗战胜利后要重建新三区棉纺业工会。国民党当局指派他们的特务拉选票，欲直接控制三区棉纺业工会。在沪西地下党的领导下，与国民党当局指派的特务进行了沪西三区棉纺业工会领导权的争夺战。

1945 年 10 月成立三区棉纺业工会筹委会，汤桂芬是中共上海地下党指派这场争夺战的核心领导。首先，工会筹委会由各棉纺厂工人代表 17 人组成，其中 10 名是中共秘密党员，他们是中纺二厂朱汇寅、中纺六厂杨美玲、中纺一印杨善、新裕二厂张金娣、新裕二厂孙进、统益纱厂钱瑞华、上毛一厂孔如宾、上绢一厂徐惠德、中纺一厂郑海松等。但是，这份名单报送上海社会局迟迟不批，引起三区工人强烈不满。此刻，中共地下党以"合法与非法，公开与秘密相结合"的斗争策略，利用国民党御用的上海市总工会领导与社会局的矛盾，促使社会局同意下达批复。12 月中旬，中共沪西地下党领导范小凤迅即布置在上毛一厂（公大四厂）的夜校会场召开会议，宣布成立三区棉纺工会，同时通知三区所属的毛纺、印染、丝绸等厂各派 2 名代表参加，伪上海市总工会头子参加"监督"选举。最终选出朱汇寅、张金娣和杨美玲等 3 人任常务理事，倪金宝为组织委员，曹德懿为宣传委员，会址在长寿路南大旭里 5 号。这次选出的三区棉纺工会 3 名常务理事全部为中共秘密党员，这也是伪上海市总工会头子做梦都想不到的。不久，汤桂芬被推举为三区棉纺业工会理事长，自此，沪西三区棉纺工会在党的领导下与国民党反动派进行了许多有理有节的斗争，由党领导的三区（沪西）棉纺业工会成为上海工人运动的重要阵地。

1947 年新裕第二厂产业工会全体理事合影

1946 年 2 月，中共上海市工委决定在年奖斗争的基础上开展争取改善工人生活和工作条件的斗争。沪西、沪东两区的棉纺业工会推举汤桂芬和沪东工会的余敬成等 30 余人作为谈判代表，与社会局、中纺公司、同业公会谈判，提出依照物价指数追加工资、调整低薪、缩短工作时间等改善工人生活的要求，但遭到拒绝。汤桂芬回到沪西，在党组织的领导下，于 2 月 15 日组织沪西的申新二厂，统益纱厂，鸿章纱厂，新裕一、二厂，信和纱厂，永安三厂和沪东中纺公司所属厂的近万名工人罢工。22 日，又组织全市纺织业工人举行 2 小时的总同盟罢工。

当天中午12时，沪西、沪东两区工会一声令下，全市47家纺织厂的13万工人同时关车，轰鸣的机器声瞬间静谧下来。2个小时后，所有机器又全部运转起来。国民党当局和资方见状目瞪口呆，领略到工会强大的组织力、战斗力、号召力。

申新纺织二厂

在上海地下党的坚强领导和全市纺织工人的英勇斗争下，国民党当局和资方不得不坐到谈判桌前。2月28日，中纺公司与工人代表签订了《18条协议》，协议内容包括：每日工资底薪不低于0.85元；按生活费指数计薪；星期天工资照发；每日工作10小时；女工产假2个星期，工资照发；厂方承认工会的合法地位等。

这场棉纺织业工人为提高工作和生活待遇的斗争是上海纺织工人有史以来获得的最大一次生活改善。此后，各业工人纷纷效仿，签订了一系列维护工人利益的劳动条款。汤桂芬在纺织业乃至整个上海工人中崭露头角，"汤姐姐"的名声开始在各行各业传开。

【火红记忆】

汤桂芬在三区（沪西）棉纺业工会领导工人运动 [①]

朱月华　邱金娣

汤桂芬当选三区（沪西）棉纺业工会理事长后积极地以理事长的合法身份领导沪西工人运动。1946年2月，中共上海市工委决定在年奖斗争的基础上开展争取改善工人生活和工作条件的斗争。时任联合支部书记的汤桂芬及时把党指示对九个厂的支部作了传达。汤桂芬是全市斗争的领导成员，和工人代表去社会局与中纺公司和同业公会代表谈判，遭到拒绝。2月22日，全市47家纺织厂的13万多工人进行总罢工。汤桂芬发动沪西各纺织厂参加罢工，这是抗战胜利后上海纺织工人最大的一次联合斗争，给中纺公司和棉纺同业公会很大压力。斗争的结果迫使资本家于2月28日签订了18条协议，其中包括增加工人工资底薪、工资与生活费指数挂钩、女工产假56天（工资照发）、每天工作10小时、承认工会合法地位及改善职工福利等保障工人利益的条款。

---

① 上海市普陀区委党史研究室编：《拂晓——沪西解放战争时期地下斗争回忆》，内部发行，2009年。标题为编者所加，文字有删改。

179

这是上海纺织工人有史以来获得的最大一次生活改善，是纺织工运史上的一件大事。

经济斗争获得重大胜利后，汤桂芬又根据党的指示和群众的要求，着手建立维护工人利益的新工会。汤桂芬与统益厂党支部抓住时机，按照18条协议中的有关规定，亲自到各车间、小组去做工作，动员群众选举敢为群众谋取利益的积极分子担任小组长、工会理（监）事。全厂共选出142名工会小组长。1946年3月25日召开了统益纱厂工会成立大会，汤桂芬以141票当选为工会理事长，另外4名中共地下党支部委员分别当选为理事、监事。新工会产生后，人们称之为"民主工会"。

1946年1月10日，国共两党签订了停战协定。政协会闭幕后，为了争取可能的和平民主，中共中央发出指示：中国革命的主要形式，目前是由武装斗争转变到非武装的群众议会斗争。国内问题由政治方式来解决。因此，中共上海市工委决定推出汤桂芬等3人为工界代表参加竞选，上海妇女界也广泛动员起来。1946年4月成立的"上海国大女代表选举筹备委员会"组织各界数万妇女投票选出35名国大代表，汤桂芬榜上有名。国民党当局为了标榜实施所谓"民主政治"，决定在各地建立参议会，并扩大参议员的候选人范围，以作点缀。汤桂芬、朱俊欣、徐周良等有影响的工运领袖被列入上海工界参议员候补名单。实际上，国民党官办的上海市总工会头目周学湘、章祝三接连在报刊、电台作竞选演说，争取多拉选票。尽管国民党特务在选举中弄虚作假，但汤桂芬仍以多数票当选为工界正式参议员（朱俊欣、徐周良当选为候补参议员）。国民党操纵的上海工福会的头子陆京士承认他们这次参议员选举失败了。当选国大代表的汤桂芬利用她的合法身份，保护了不少同志。当她获悉敌人已把一些工厂的工会干部中的地下党员列入黑名单，她就立即设法通知已暴露的党员同志转移。1946年11月，汤桂芬获知女工同学张菊宝已被敌人列入逮捕名单，立即亲自通知张菊宝撤离鸿章纱厂，暂时隐蔽到杭州，后由中共地下党组织安排张菊宝去苏北解放区。

6月23日，中共上海地下党发动组织各界5万多群众到北站欢送"上海人民和平请愿团"赴南京请愿，汤桂芬参加了全市的欢送大会和大游行的领导组织工作，还担任了沪西区游行总指挥。女工夜校的许多同学都积极参加了这次欢送会。

1948年1月30日，申新九厂工人大罢工，2月2日遭国民党反动派血腥镇压。国民党当局为了逃避罪责，竟宣布不许带黑纱，"谁带黑纱谁就是共产党"。汤桂芬在厂里秘密布置党员、积极分子准备好黑纱，利用开工会理事会的机会，让积极分子冲进会议室。工人对工会理事们说："申九工人惨遭屠杀，你们工会为什么不响？你们是代表啥人？为什么不带黑纱？"汤桂芬当时在主持理事会，立即表态说："我们应该支持申九工人的斗争，应该带黑纱。"此话刚落，工人立即给工会每个理事都带上黑纱。国民党安插在工会内的特务也不敢反对，被迫戴上黑纱。汤桂芬还说："我们工会理事的态度应该让工人知道。"于是，汤桂芬带领工会理事到各车间兜了一圈。很快，全厂工人都带上黑纱，以实际行动悼念申九死难烈士。

不久，汤桂芬的红色身份被国民党当局侦获，党组织决定汤桂芬脱离上海到解放区。自此，汤桂芬进入战斗的新征程。

三区（沪西）棉纺业工会 [①]

抗日战争胜利后，上海职工在庆祝胜利、清算汉奸、要求复工的斗争中纷纷组织起来，成立工会筹备会。这时，刚从后方赶到上海的国民党当局指派 21 人组成上海市总工会整理委员会（又称筹备委员会），规定各业各厂组织工会都要提出申请，经市社会局审查批准、市总工会同意认可，才能正式成立。按照利用合法、合法与非法相结合的策略，进步力量在组织工会时均以公开形式向国民党社会局申请登记，以取得合法地位。这些工会，有的是直接在中共地下组织领导之下，有的有地下党员、积极分子打入其中，掌握了一部分领导权。职工称这些工会为"进步工会""民主工会"，有别于完全为国民党控制的工会。进步工会在团结群众、维护职工利益、联合各界爱国民主力量、反对国民党反动统治的斗争中发挥了重要作用。从抗战胜利到民国 35年（1946 年）8 月，在全市成立的 300 多个工会（包括产业工会、工厂工会）中，进步力量大体上保持了优势。也有如邮务工会，上层控制在国民党手中，但是工会所属的补习学校、图书馆、消费合作社等群众活动阵地为进步力量所掌握，主持工作的都是中共地下党员和积极分子。在教育、金融等部门中，国民党当局规定不得建立工会，因而只能建立联谊性质的职工团体，实际上起工会作用。

沪西是棉纺厂集中地区。抗战胜利后，国民党各派势力都企图在沪西棉纺业中占有地盘和势力范围。中共地下党组织发动和依靠群众，利用矛盾，于民国 34 年（1945 年）10 月成立三区棉纺业工会筹备会，由各棉纺厂工人代表 17 人组成，其中中共党员 10人。当年 12 月中旬，三区棉纺业工会正式成立，3 名常务理事都是地下党员，在工会理监事中进步力量占 2/3，会址设在长寿路大旭里 5 号（今长寿路长寿里 5 号）。三区棉纺业工会成立后，会同其他进步工会，先后开展要求发放年奖、争取改善生活福利、

---

① 上海工运志编纂委员会编：《上海工运志》，上海：上海社会科学院出版社，1997 年。

反对冻结生活费指数等群众斗争，工会威信提高、影响扩大。到民国 36 年（1947 年）下半年，国民党当局加紧镇压措施，进步力量分散到各厂开展群众工作，三区棉纺业工会活动逐渐减少。

于再烈士祭奠大会旧址

安远路 170 号玉佛寺

于再烈士祭奠大会旧址外景近况（拍摄于 2016 年 7 月玉佛寺大雄宝殿整体平移前）

【火红历史】

1946 年 1 月 13 日，上海社会各界约万人在玉佛寺举行昆明"一二·一"惨案烈士于再追悼大会。

1945 年，国共两党签订的《双十协定》墨迹未干，国民党政府就在美国的支持下悍然向解放区发动进攻。11 月 5 日，中共中央号召"全国人民动员起来，用一切方法制止内战"。处于全国民主运动中心的云南昆明青年首先行动起来，投入到反内战、争民主的运动之中。12 月 1 日，大批国民党军警和特务围攻西南联大和云南大学等校，

183

毒打学校师生，并向校内投掷手榴弹，当场炸死西南联大学生潘琰、李鲁连，昆华工校学生张华昌，南菁中学青年教师于再等4人，另有24人重伤、30多人轻伤，制造了震动全国的昆明"一二·一"惨案。

惨案消息传到上海，中共上海市委决定在玉佛寺举行一次全市性的公祭于再烈士大会。1946年1月13日，由宋庆龄、柳亚子、马叙伦、沙千里、郑振铎、许广平、金仲华7人组成主祭团，全市学校及各界团体70余家单位的万余人齐聚玉佛寺。寺外人山人海，寺内大雄宝殿广场上挤满手持旗帜的人们。学生们高唱歌曲："西风凄凄，大地在叹息，朋友，你死不瞑目，为了祖国的独立民主自由，你们的血，照亮了路，我们会继续前进。"宋庆龄赠送的"为民前驱"挽幛高高悬挂。

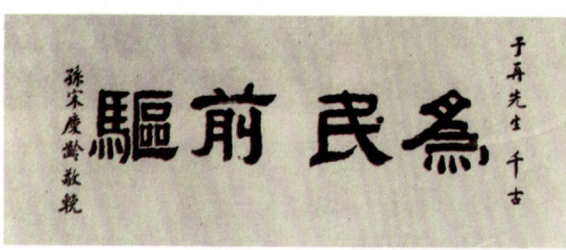

宋庆龄送的挽联

上午11时，祭奠仪式开始。柳亚子向于再烈士遗像敬献花圈，马叙伦朗读祭文："呜呼先生！不死于抗战之前，而死于抗战之后。呜呼先生！机关枪、手榴弹，不用以杀敌人而于杀同胞、杀志士、杀青年……"接着是知名人士及各界代表致词。柳亚子在会上激动地说："今天到会的人这样多，可见人心并没有死。今天双方停战令已经下了，但这是十年内战、八年抗战和于再先生等流血牺牲争取来的，是全国人民竭力争取民主自由的结果。中国必须建立联合政府，真正实行孙中山先生所倡导的三民主义！民主政治是要争取的，不是恩赐的，我们要为争取民主政治而努力，完成于先生的遗志，踏着他的血迹前进！"马叙伦演讲说："现在我们的口号是争民主、争民主、非争民主不可！"会场顿时迸发出"不民主毋宁死！"的呼喊。大同大学、圣约翰大学和纺织女工等代表也分别发言。

公祭大会通过了致政治协商会议电，提出8项要求：(1)成立民主联合政府；(2)重选国民大会代表；(3)立即实行蒋介石的四项诺言；(4)改善职工教员生活；(5)严办汉奸；(6)立即撤消禁止集会游行的命令，废除限止思想活动；(7)释放政治犯；

马叙伦（右1）、柳亚子（右2）、林汉达（右3）、沙千里（右4）在公祭会主席台上

（8）严办昆明惨案凶手。

公祭仪式结束，有群众高呼"我们要用游行来纪念死者"。顿时，"我们要游行！我们要游行！"的呼声不断。守候在附近的国民党的2个军警官员见状，急忙上前"劝阻"。主席团对他们说："请两位上台来动员，请您们直接向大家宣布。"二人试图登台讲话，但话音未落，就被群众轰下台。

大游行浩浩荡荡地开始了。队伍最前面的是"纪念昆明死难师生"的大型横幅，紧随其后的是"民主万岁！""人民不死！"两面大旗，醒目开道。游行队伍自戈登路（今江宁路）转至静安寺路（今南京西路）、南京东路，经过三马路（今汉口路）上海市政府，至外滩公园结束。游行群众沿路张贴了大量标语，口号声、歌声连续不断。

这场斗争是上海人民在抗战胜利后举行的第一次大规模联合行动，拉开了上海人民争取和平民主的群众运动序幕。

1946年1月上海各界在玉佛寺公祭昆明"一二·一"惨案死难烈士

【火红记忆】
"一二·一"运动及上海"一二·一"运动的特点[①]
吴宝璋

1945年12月1日，云南国民党反动当局制造了"一二·一"惨案，杀害了1个教师和3个学生。全国各地，包括解放区和国民党统治区的人民群众纷纷声援昆明学生运动。国民党统治区，除了陪都重庆之外，上海的声援规模和影响都是最大的。

---

① 吴宝璋：《江泽民在"一二·一"运动中——兼论上海"一二·一"运动的特点》，载《云南师范大学学报》（哲学社会科学版），2006年第1期。题目为编者所加，文字有删减。

1946年1月13日，上海工人、学生和文化团体近200个单位的1万多人为声援昆明学生，在槟榔路玉佛寺集会，举行追悼于再大会，同时公祭"一二·一"四烈士。

　　13日上午，人们陆续汇聚到槟榔路。还不到9点钟，玉佛寺已挤得水泄不通，槟榔路街上还拥挤着三四千人的长列。寺内大殿正中是于再半身西装遗像和烈士灵位，像前摆满了花圈。灵位上面挂着"死重泰山"的大字横幅，四周摆满了挽诗、挽联。宋庆龄的挽联上书"为民前驱"四字，十分醒目。柳亚子的挽联苍劲有力，透溢着悲愤："九龙池迥，箧子坡平，更为滇都增痛史；鲁迅湖澄，钱塘江阔，忍从歇浦奠英魂。"于再胞妹于庚梅的挽联令人心碎："阔别八年，满望重聚天伦，乃为枪弹无情，因救人痛遭毒手；成仁百世，可怜无依老父，永使门庭失望，令胞妹碎断衷心。"大会由宋庆龄、柳亚子、马叙伦、郑振铎、许广平、沙千里、金仲华7人组成主祭团。首先，马叙伦代表各界恭读祭文。他那清晰而悲缓的声音将大会推向激动和愤怒的高潮。之后是柳亚子致辞。一个月前，柳亚子在重庆公祭大会上悲愤得说不出话来，今天他沉痛地说："到会的人这样多，可见人心没有死！""于烈士是怎样死的？他是反内战、促进民主而死的，今天停战的命令已经下了，这是于烈士为国牺牲的结果，是昆明同学竭力争取民主的结果……法西斯的迷梦应该醒了，挑拨离间的行为可以停止了。我们大家为民主而努力，为新中国而努力。"柳亚子的发言不时被掌声打断，掌声如潮，震动整个寺宇，气氛悲愤而热烈。接着，马叙伦、林汉达等社会名流演讲。之后，南京临时大学、上海临时大学、大同大学、圣约翰大学等大中学校的学生和教师代表、新新公司职工、杨树浦工友、沪西纺织工人的代表和于再的胞妹讲话。整个追悼会，高潮迭起，群情激愤。人们由烈士的死谈到活着的人生活之艰辛，进而一致谴责国民党政府置人民死活于不顾，一心只想打内战，消除异己，建立法西斯独裁统治；人们呼吁建立联合政府，呼吁实行民主政治。大会之后举行了1万多人的大游行。游行队伍4人一排，延绵2里，从槟榔路出发，经戈登路至静安寺、南京路、河南路、福州路、四川路，再经

参加公祭的上海各大中学校学生

南京路至外滩公园。游行队伍声势浩荡。

以 1 月 13 日集会、游行为主要内容的上海"一二·一"运动，在国民党统治区是除了重庆之外的规模最大的声援昆明学生运动的行动，在全国产生了很大的影响。总结起来，"一二·一"运动在上海有以下突出特点。

第一，运动是在中共地下组织领导下开展的。1946 年 1 月 13 日，上海举行盛大集会并示威游行，声援昆明"一二·一"运动。这是抗战胜利以后中共地下党领导的上海第一次大规模斗争。1945 年昆明"一二·一"惨案发生后，上海地下党经过研究，决定举行于再烈士追悼会，借此声援昆明学生爱国运动，于是举行了 1946 年 1 月 13 日盛大集会和示威游行。"一二·一"运动中涌现出大批学生积极分子，他们得到了锻炼和提高。中共地下党组织及时将他们发展入党。据记载，运动前，昆明学生中的共产党员仅 20 余人，复课后（即 1946 年 3 月 17 日运动结束后）发展到 100 多人。和昆明一样，上海在运动之后，许多学生也加入了中国共产党。

第二，运动与上海地方特色结合，因而吸引更多的群众参与，使斗争影响更加扩大。这一点突出表现在组织者将集会主题定为追悼于再烈士。大会之所以以追悼于再烈士为主题，一是因为四烈士中于再是浙江杭州人，上海视之为乡士，二是于再胞妹在上海，家属亲临会场并且讲话，可以增强追悼会的感染力。

关于前者，马叙伦在他写的长达 50 句的《昆明民主运动死难师生挽歌》中专门写到于再："四子伊谁姓氏纪，张潘李于于是师。就中于师吾乡士，少志卓荦可有为，困难贸离故乡里，辛苦万里竟西之，奋身力抱暴徒彼，遂为掷弹横其尸。志士一瞑偿其志，所勉后死毋徒悲！"

追悼会场正中，于再胞妹于庚梅穿着孝衣，含泪坐在灵前。在追悼会进行到高潮时，于庚梅"踏着烈士的血迹上台"致谢词，她的话"是竭力耐住了哭声而发出来的，她的话是泪的结晶，血的奔流"。她说："先兄死难昆明，家里还有七十岁祖母和五十老父，他们都还没有知道，知道了，一定要哭死的。家兄的惨死我是痛心的，但是并不悲伤，假如哥哥的牺牲而促进内战停止、民主实现，这是值得的，因为这是我们于家的光荣，这是我们全中国人民的光荣！"

于再胞妹的讲话使集会气氛变得悲哀而愤怒，与会者在对死者寄以深深哀悼时，对刽子手，对反动统治者充满了愤怒。人们进一步思考怎样才能使死者的悲剧不再重演，只有国家实现民主才可避免。因此，人们说"我们今天开的不是追悼会，而是千万人争民主的大会"。

第三，运动结合沪宁地区存在的问题开展，从而使斗争收到更好的效果。

这一点突出表现在反"甄审"①问题上。在上海"一·一三"集会中，反"甄审"又成为斗争的一个重要议题。集会上，先是南京临时大学的代表讲话，他们讲了南京学潮的真相以及当局开除、拘禁14个同学的情况，与会同学激动起来，抨击官方报纸的歪曲报道，抨击"蒋委员长"不兑现诺言。有人还表示去声援南京同学，高呼"我们赶到南京去"。

接着，上海临时大学的同学以自己斗争的经历来揭露当局的欺骗和压制手段："我们反对甄审，要求实科是我们全体同学的意见，当局却用各种各样的手段和方法来压制，但是我们早就知道他们的四种手段了："第一，首先是欺骗；第二，欺骗不成功来分化；第三，分化不成，便是卑鄙的威胁和恐吓；第四，最后是送给你一顶帽子！""同学们咬着牙齿，恨在心底。上海临大的同学将他们自己的宝贵经验告诉大家，当局的手段都被拆穿了！"

正是经过上海"一·一三"集会和游行斗争，国民党当局最后同意取消"甄审"规定。"1946年3月，请愿学生取得了胜利。由于意识到学生的示威活动不会减退，国民党政府命令教育部改变了它的重考政策。"

第四，运动十分显著地反映了当时的民心向背，昭示蒋介石统治集团必然垮台的命运。

上海"一·一三"集会和示威游行愤怒声讨反动当局置国计民生于不顾，倒行逆施。马叙伦在大会上演说道："今天参加的诸位青年，都是随民国以俱来。我年龄很大，曾经清朝而到民国。但是，在民国所尝的滋味，实在比清朝够苦得多了。"

历史学家林汉达则大声疾呼："做法西斯迷梦的人该醒醒了。今后他只有三条路：第一条路是墨索里尼的上吊！第二条路是希特勒的自杀！第三条路是日本人的切腹！""民主要去力争的，等着永久不会送给你！"

爱国民主人士和所有参加集会游行的工人、学生们的呼声和呐喊十分明显地表达了国民党统治区人民的心声。然而，蒋介石自恃有几百万军队，还有美国的撑腰，因此对人民的呼声充耳不闻。这样，他在国统区镇压爱国民主运动与人民的反镇压斗争中就已然处于下风败势。在镇压国统区爱国民主运动的同时，蒋介石冒天下之大不韪，

---

① 指的是1945年9月26日国民党教育部颁布的一项政令——《沦陷区大学学生重考程序》，规定抗战期间在沦陷区大学学习所得学分一律作废，必须重新考试。学生们必须去上"政训"课，学习蒋介石的《中国之命运》，学习之后要写一篇2万字的心得文章，否则不得毕业。同时，沦陷区大学生还必须参加一次"甄别考试"，以取得继续学习的资格，"甄别考试"通过后方可参加所学专业的各种考试，进而决定是否有资格拿这些学科的学分。后又规定，沦陷区大学中的学生，凡中国国民党党员，其学分可以"追溯有效"。

悍然发动内战。然而，历史的法则是"失民心者，失天下"。在与装备处于劣势的解放军的战场较量之中，国民党军队军无斗志，兵败如山倒；不到四年时间，蒋介石就被人民赶到台湾岛上去了。

综上所述，从对上海"一·一三"及其前后一系列斗争的分析，我们可以说正是"一二·一"运动拉开了解放战争时期第二条战线斗争的序幕；同时也可以说第二条战线斗争对于推翻蒋介石反动统治的历史作用是十分巨大的。

火红地标

青年会沪西公社遗址

【火红地标】

长寿路 247 号（长寿路 223 号）

青年会沪西公社遗址外景近况

【火红历史】

　　上海是一座海纳百川的国际化大都市。成立于 1900 年的上海基督教青年会，秉持努力将青年培养成德、智、体、群全面发展的人才的宗旨，在上海开展青年教育活动。1930 年 10 月，青年会在劳勃生路（今长寿路）223 号创办沪西公社小学，向附近贫民济食赈物、施诊医疗，并开展儿童成人义务教育。

1930 年成立的上海青年会沪西公社

191

1947年暑期，青年会委派同济大学学生借用沪西小学开办沪西公社工人暑期补习班。沪西地下党组织获悉后，决定派遣2名党员进入补习班，以合法身份开展革命活动。暑期补习班结束，补习班学员要求继续办学，于是沪西公社业余夜校应运而生。沪西公社业余夜校遂成为中共上海沪西地区分区委的重要革命活动据点。

从夜校初建到1948年底的一年间，不少夜校工人学员的阶级觉悟迅速提高，并走上了革命道路，涌现了10多名中共党员。青年工人唐永生（唐士林）在厂里是有名的"小耶稣"，在夜校地下党组织的教育启蒙下，积极参加社会革命活动，思想进步很快，由一个有神论者转变成为具有革命理想的先进青年，被党组织吸收为中国共产党党员，成为沪西公社夜校培养出来的第一个党员。不久，唐永生被派到梅芳里儿童福利站，以革命的火种开辟革命活动新阵地。

1948年底，在中共沪西地区分区委的领导下，成立沪西公社夜校党支部，并分管领导梅芳里、英华里和大自鸣钟地区的地下党组织。

1949年4月，中共沪西区委地区分区委根据上级党组织的部署，积极为迎接上海解放做准备。沪西公社地处长寿路和西康路口的交通要道，也是敌我双方斗争的战略要地。沪西公社党支部根据上级党组织的指示，秘密组织党员加紧摸清周边机关、工厂、学校、仓库、银行、变电所、岗亭、道路、桥梁和通道等情况，绘制地形图，以备解放军解放上海之用。

在上海解放的前夜，沪西公社的党员急切盼望着上海解放的到来，而国民党反动当局开始了更加疯狂的镇压。4月20日，上级党组织突然传来一个消息，说当晚解放军要进攻上海，当时还隐约听到远处传来炮声。沪西公社党组织闻风而动，按原定方案，通知全体党员和积极分子集中待命，发出通知，晚上召开保甲长应变会议，以迎接上海解放。

可是，通知发出不久，原本听到的炮声却消失了，而国民党的警车声却时时在喧嚣。沪西公社的应变通知已经发出，公社共产党人的身份可能会暴露。就在大家焦急犹豫间，突然一名警察闯进沪西公社，高声呼喊："杨志清在哪里？你们在哪里开什么会？"急速而又连续的几句警示发出后，这个警察迅即离开，不见了踪影。这是紧急警告，震醒了所有在场的人，大家立刻撤离公社。就在此刻，国民党"飞行堡垒"警车已经飞驰而来，将沪西公社团团围住，但敌人扑了个空，沪西公社避免了一场共产党人被敌人抓捕枪杀的惨案。

上海解放后，中共沪西地下党的同志开始寻找这个通风报信的警察，但一直没有任何信息。42 年后的 1991 年，他们寻找的这个警察仍然没有下文。杨志清和他的战友曹前在写《沪西公社夜校和国民党特务的一场斗争》回忆录时，在注释中写上一笔"这个身穿制服的警察，20 多岁，操上海口音，由于他的通风报信，避免了一场地下党组织被破坏的危险。至今未能找到这个无名英雄的下落"，深表惦念和遗憾。

沪西公社夜校和国民党特务的一场斗争 [①]

杨志清 曹 前

1949 年 4 月，中国人民解放军强渡长江，解放南京。先头部队越过常熟、苏州一线，逼近青浦、南翔一带的上海远郊地区，隆隆炮声在上海市内已隐隐可闻。

26 日中午，中共沪西公社地下党支部接到分区委指示：解放军可能于当晚进上海，要求支部充分作好配合大军进城的各项准备。支委会开会，作了研究，决定：(1) 将指示向全体党员传达，要求全体在傍晚来沪西公社集中待命；(2) 由支部书记杨志清以沪西公社小学教务主任的公开身份发出通知，邀请大自鸣钟两侧到英华里一带的商店以及伪保长等到沪西公社开会，商讨成立"应变会"事宜。当即发出书面通知，并在每张通知上附了沪西公社小学教务主任的名片。然而，国民党特务却闻到了共产党人活动的气味，一场逮捕与反逮捕的斗争顷刻间将发生。

疯狂缉捕 机智撤离

26 日中午，炮声好像听不见了，如前几天一样平静，也得不到新的消息。上级领导人老单和支部委员都如热锅上的蚂蚁，心急如焚，一时又无法找到上级。如果今晚解放军进不了上海，我们的队伍集中在此，不等于送给敌人 "一锅端" 么？

时近傍晚，夜校师生（全体党员、工协会员及学生中的积极分子）分别在教室里、操场上活动，焦躁不安地等待一个神圣时刻的到来。约 5 点多钟，一个接到通知的商店老板慌张地来到夜校探询晚上组织"应变会"的事情，杨志清刚迎送到夜校大门口，门外突然窜进一个身穿黑色制服的警察，开口就问："杨志清在哪里？"事有凑巧，第一个就问到老杨。老杨见状，立刻警觉这是一个危险的信号，随口答称："在里面。"自己就走出校门，站到马路对面商店佯看橱窗，暗中窥测校内动静。

这个警察进校后，行动怪僻，到各教室窗口察看，一再提问："你们在哪里开会？"在各处兜了一圈，又匆匆出门而去。这个警察笨拙的发问和行为是在泄露大祸即将来

---

① 华校生、陈宏申主编：《不灭的星》，上海：上海人民出版社，1991 年。文字有删改。

临的天机呀!

学校地下党组织得悉问题严重,立即组织转移。分区委领导老单和支委老曹刚跨出校门,一辆中型"飞行堡垒"突然呼啸而至,10多个手持快慢机、短枪的特务蜂拥包围了学校。此时还站在学校对面观察动静的杨志清知道这次敌人是冲着他而来,于是急忙向西跑上16路电车,安全地脱离了险境。

两次搜捕　三回扑空

敌人不甘心在沪西公社缉捕的失败。在第一次围捕失败后,于当夜又两次突击搜捕。夜校教师小顾晚上刚从外面回来,发现学校已突然变得静悄悄,只有几个学生,卧室也空无一人。他迅速到小阁楼取回自己的绒线衣,刚下楼梯,就突然被两个警察顶住、喝问:"干什么的?"他答:"拿绒线衫穿!"经过盘问,证实不是"大鱼"便放走了。

午夜2点多,敌人又一次扑向小阁楼,没有抓到"罪犯",便翻箱倒柜,连一纸"罪证"都没有搜到。敌人无奈,顺手牵羊,搜刮到仅有的几块大头(银元)和一段毛料作为战利品扬长而去了。

27日,普陀警察局传讯沪西公社小学校长胡幼斋。

问:"你是校长,杨志清在哪里?"

答:"不知道,杨志清是青年会派来沪西公社的教师。"

问:"他家住在哪里?"

答:"不知道。"

28日上午,敌人又到八仙桥青年会追捕杨志清,但敌人再次扑了一空。

化整为零　各自为战

大家都被打散了,支委老曹和老王商量说:"过去与老单碰头,常约在觉园,如果未被敌人捉去,他一定也会找我们,到觉园去碰碰看。"二人到了觉园不久,果然老单也来了。他也是来找同志的,大家相见,分外高兴。老杨已经转移了,但其他同志呢?究竟有人被捕否,还是一个迷。于是又分头去访问了几名学生党员,确知没有一个

20世纪90年代,原沪西公社成员在旧地聚会留影(沪西地区分区委委员单意基(前排右5)、沪西公社支部书记杨志清(前排左5)、沪西公社支部委员曹前(前排左3)

194

同志被捕。

三人一起分析，争取夜校复课对工作有利，但又觉得太冒险，于是决定化整为零，转移到校外活动。

留在城里的同志很快联系上了关系，为了斗争的需要，建立单线网络，并通过党员和工协会员联系部分积极群众，化整为零，分散活动，继续坚持迎接解放的斗争。

一份迟到的"警察下落"调查报告
华校生

那是 1991 年的往事。这年为纪念建党 70 周年，我和区委宣传部副部长陈宏申联合主编出版《不灭的心》，我向杨志清和曹前两同志征稿，他们提交了《回忆沪西公社夜校和国民党特务的一场斗争》稿件，并入选了《不灭的心》一书。当时，杨志清和曹前还非常郑重地向我提出："拜托你能否通过党史资料调查，找到上海解放前夕给我们通风报信而让我们免遭敌人逮捕和屠杀的这位警察。"当时我到党史研究室工作还不久，答应以后注意查找。后来，同样是沪西公社夜校事件幸存者的单意基老同志，也曾向我提及这个查找问题。单意基说："当年，要不是这位警察的紧急通风报信，可能我和许多人都会被敌人逮捕和枪毙了！"上海解放后，单意基被任命为中共沪西区委委员、区委组织部副部长，后调任中共静安区区委副书记。单意基同志说："解放后通过组织查过，原警察局没有一个旧警察回应有这件事。"至今，单意基和其他好多老同志已经谢世，而这个调查报告还是没有完成，亏欠了老同志的托付。这次在庆祝建党 100 周年之际，我终于完成了这份迟到的调查报告，以告慰革命先烈，告慰已逝世的老同志。

一、不寻常警察"通风报信"的历史回眸

原中共沪西地区分区委领导陈鲁生等 4 人的回忆：

1949 年 4 月 20 日解放军渡过长江，迅速向前挺进，不几日上海市区已可听到越来越近的隆隆炮声。4 月 26 日一早接到通知，说当晚解放军将进上海，要求在傍晚时分把各自的人民保安队集结待命，伺机与解放军配合。我们也怀着异常兴奋的心情分头通知下去。单意基负责到沪西公社通知，并下发下午 4 时召开保甲长会议的通知。通知发出后，发现炮声越来越稀疏，甚至平静了，大家开始焦急：没有解放军来，我们凭什么召开保甲长会议？正在此刻，一个

国民党警察跑了进来，一进来就大叫："你们这里4点钟开会吗？"说罢就快速离去，大家也立刻撤离。很快，一部红色"飞行堡垒"警车开进来，十几个武装特务冲进来。只差2分钟，否则我们就被敌人一锅端。晚上，敌人又来2次搜查，仍是扑了空。

这段回忆，回眸了当年历史情景。

一，证明沪西公社负责人发出通知，召开应变的保甲长会议，已经暴露了公社的红色身份，国民党普陀警察分局获悉后，立刻实施抓捕镇压；而这个警察一定是与敌人时间赛跑，抢在敌人前面，通报公社革命党人脱险。故而这个警察一定是普陀警察局的人。

二，通风报信警察是单人个别行动，他是飞奔快速通风报信后，迅速离开现场，说明他不能让自己与随即而来的国民党"飞行堡垒"警车和武装特务撞见。但通风报信与"飞行堡垒"警车飞驰而来仅相隔2分钟，这个警察能否躲避藏匿是个迷。

二、新中国成立后，沪西公社的同志找不到这个通风的警察

上海解放后，上海军管会做好接管原国民党普陀警察局工作后，沪西公社的原地下党同志曾在原普陀警察局内寻觅过这个通风报信的警察，却杳无音信，以至成为悬案。不久，潜伏在原国民党普陀警察局内的共产党人钱凤歧和刘家栋两名烈士事迹被公布，但史料中没有任何有关通风报信警察的事迹报道，故而沪西公社的原地下党同志们仍然在千方百计寻找这个通风报信的警察。

三、刘家栋烈士应是这个通风报信警察的原型

经查，刘家栋烈士由警委书记邵健介绍加入中国共产党，在国民党普陀警察局主要负责查禁文化系统进步刊物的工作。每当国民党警察局长要刘家栋去查禁进步刊物，他总是设法先传递消息，再与另一个警察一起查询，结果总是扑空，一无所获。这种蒙混、敷衍查询，保护了革命进步力量。

1949年4月26日，沪西公社负责人杨志清错误地将自己名片与"应变通知"发至公社附近一带的商户、伪保长，任何一个伪保长的泄密都会给沪西公社的革命志士带来灭顶之灾，而刘家栋应是首先获得这个信息的警察之一。当他得悉敌人要出动警车镇压时，他会奋不顾身去通风报信，解救自己的同志。

但是，是年的5月13日，钱凤歧和刘家栋两同志的秘密身份被敌人侦破而被捕，在狱中受尽酷刑，仍坚守党的秘密，5月20日被敌人杀害于宋公园，同时被枪杀的还有杨浦警察分局的蒋志毅和钱文湘两烈士。建国后，中共上海警委系统整理刘家栋烈士历史事迹时没有入编通风报信史料这个细节，这与刘家栋在通风报信拯救沪西公社同志后很快被捕和牺牲有关，正因为他们已经牺牲，沪西公社的同志当然找不到通风报信的警察，这段被淹没的历史亦可佐证下落不明的警察就是革命烈士刘家栋。

现今我们又查悉，刘家栋就住在沪西公社隔壁的南大旭里，因此，他在与沪西公社通风报信后，可以在一瞬间回家隐匿起来，这也能佐证这个警察就是刘家栋。

人间正道是沧桑。尽管这是一份迟到的调查报告，但仍是我们学习英雄本色的红色教育资料。

火红地标

申新九厂"二二"斗争所在地

澳门路 150 号（申新纺织九厂）

申新九厂"二二"斗争所在地外景近况

【火红历史】

1948 年，中国人民解放军已开始从战略防御转入战略进攻，将战争引向国民党统治区。国民党当局为了扶持摇摇欲坠的反动政权，加紧对统治区人民的疯狂掠夺和血腥镇压。

申新九厂是上海规模最大的民营纱厂，但工人生活越来越困难。中国共产党领导人民进行反饥饿、反迫害斗争，申新九厂"二二"斗争是典型案例。

1948 年 1 月 30 日中午，申九的 7300 多名工人为改善待遇，举行罢工。罢工延续 3 天，国民党当局惶恐万状。2 月 2 日清晨，一批全副武装的国民党军警包围工厂，强令罢工工人离场。全厂工人在地下党的领导下，坚守工厂大门，并对前来包围的军

199

申新纺织九厂是 1949 年以前中国最大的纺织厂

警开展宣传攻势。下午 6 时，淞沪警备司令宣铁吾赶到现场，调集 1000 多名武装军警，施放催泪弹，开枪射击，并以装甲车开道，妄图以武力冲开紧闭的工厂大门。工人们不畏强暴，拿起砖头、铁棍和桌凳，奋起自卫。当敌人的装甲车对着厂门冲来时，共产党员许泉福也开出卡车顶住铁门，军警则疯狂地向工人开枪射击。敌人的装甲车最终撞倒铁门，工人的卡车被打得弹孔累累，女工朱云仙、王慕楣、蒋贞新英勇牺牲，140 多人受伤，200 多人被捕。罢工结束后，300 多名工人被开除，26 名罢工工人被判处徒刑，史称"二二惨案"。

罢工工人守卫在工厂三号门前，与前来镇压的警察对峙

朱云仙

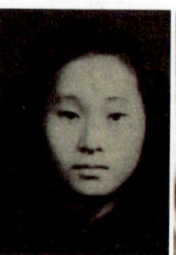
王慕楣

蒋贞新

惨案发生后，上海工人协会发表《为申九惨案宣言》，号召全市工人用各种方式来支持和援助申九工人斗争。各业工人响应号召，积极募捐，慰问被捕家属和受伤工人，悼念死难工人。几天内，全市捐款达 3.2 亿元（法币）。2 月中旬成立了上海各业工会申九惨案后援会，组织申九哭诉团向各厂和各界报告工人英勇斗争的情况，控诉国民党当局的暴行。

申九惨案真相震惊全上海、震惊全中国。国民党当局慑于社会舆论压力，不得不成立一个所谓"申九善后委员会"来装门面。而打入这个组织的中共地下党员利用这个合法形式，积极营救被捕工人。2 月 22 日，全市许多工人臂缠黑纱，散发传单，悼念申九死难烈士，声讨国民党的血腥罪行。

申九"二二"斗争是解放战争时期在国民党反动

《为申九惨案发表宣言》

统治区内规模较大的一次工人罢工斗争，虽然暂时遭受了挫折，但申九二二斗争显示了工人阶级团结战斗的精神和力量，也进一步揭露了国民党反动派的狰狞面目，有力配合了解放战争的胜利步伐。

1948年申九"二二"斗争后，国民党特务嗅到了汤桂芬的红色背景，中共上海地下党立刻护送汤桂芬到解放区，出席哈尔滨全国第六次劳动代表大会。1948年8月1日，全国第六次劳动代表大会在解放区的哈尔滨召开，上海工人代表团团长汤桂芬代表上海50万工人阶级参加大会，她和李立三在大会介绍了申九惨案。李立三在开幕式上报告："今年二月间上海申新九厂工人的罢工，在国民党反动派坦克、机枪的屠杀下，死伤100多人，表现了上海工人革命斗争的光荣传统至今仍保持着。"汤桂芬以亲身经历申九二二斗争的介绍，激起全体与会者的共鸣，全场高呼："打到上海去，活捉蒋介石！""毛主席万岁！""工人阶级万岁！""中国共产党万岁！"不久，她又以上海工人阶级代表的身份参加了新中国人民政府的创建并出席了开国大典。沪西女工汤桂芬是普陀区工人阶级的光荣和骄傲。

建国后，1989年9月，普陀区政府公布申九"二二"斗争纪念地为普陀区第一批革命纪念遗址。

【火红记忆】

团结起来到明天 [①]
—— 记1948年申新九厂"二二"斗争

吴贻燕

1948年1月30日至2月2日，全国最大的民营棉纺织厂——上海申新九厂（今上海第二十二棉纺织厂）的7000多工人，在中共上海地下党组织的领导下，开展了坚持四天三夜震动全市的罢工斗争，在中国工人运动史上写下了光辉的一页。

抗日战争胜利后，国民党反动派倒行逆施，发动全面内战。国民党统治区物价飞涨，1947年底比1946年上涨了26.6倍，而工人生活费指数所计算的工资收入只及物价指数的49.4%。这时，官僚资本企业中纺公司和棉纺业同业公会竟然规定1947年底的年奖照1946年的标准打八折，分两期发放，而且不按当月生活费指数计算。申新九厂工人除了年奖受到损失外，还被国民党政府征去4个月的所得税，且连续5个月没有领到配给米和煤球。同时，资本家制造各种借口，不断开除工人。

① 华校生、陈宏申主编：《不灭的星》，上海：上海人民出版社，1991年。文字有删减。

中共申新九厂地下党组织，讨论了工人面临生活上困苦的处境，分析工人要以斗争求生存的情绪，决定顺应工人群众的要求，在1948年春节以前领导工人开展罢工斗争，维护工人的切身利益。

为了准备同资本家谈判，全厂共选出工人代表140多人，中共地下党员都当选为代表。在工人代表会议上，讨论通过同资本家谈判的七项条件：一、如期发放配给物品；二、年奖按当月生活费指数补发；三、年底前被开除的工人一律无条件复工；四、取消压迫工人的不合理厂规，所有厂规要有劳资双方协商才能有效；五、女工产假期满而身体不好的仍可继续休息；六、补发"五一"劳动节工资；七、反对征收工人所得税。

罢工进入第二天，国民党社会局和市党部派了两人到厂调查罢工情况。他们同混进工人代表中的黄色工会人员密商平息罢工的计策，企图破坏工人内部的团结。第三天，这两人同工人代表100多人谈判，根本毫无诚意，还向工人施加压力。临走时，他们对工人代表威胁说，小榔头敲不下来，要用大榔头来敲。谈判一直陷于僵局。

申新九厂连续3天的罢工斗争使国民党当局惶恐万状。与此同时，上海市连续爆发同济大学学潮、市长吴国桢挨打、舞女怒砸社会局。"学潮""舞潮""工潮"一起来，国民党当局决定对申九工人采取镇压。2月1日晚上，国民党淞沪警备司令部司令宣铁吾召集一帮人，在静安寺百乐门舞厅开会，秘密策划对申九工人罢工实行镇压的具体步骤。

2月2日清晨，一批全副武装的国民党军警突然包围了工厂。资本家指使门警，打开大门，军警很快占据了厂的第一道、第二道铁门。工人闻讯后，纷纷跑出车间，涌向第三道通往车间的门口。纠察队用铁链锁住第三道铁门，守好其他各道门，手挽手筑起一堵堵人墙，顶住铁门。共产党员带领工人在饭厅屋顶上筑起防御工事，把砖块、竹片、木棒、桌凳、碗、铁棍、油桶等搬到屋顶，还接上消防龙头，准备对付敌人的进攻。军警看到后大叫："你们要造反啦！"工人们回答："你们不开枪，我们也不打。"戚怀琼带领大家呼喊口号："我们要配给物品！""警察、工人是一家，自己人不打自己人！"工人们还对着军警，高唱：

  你，你，你，你这个坏东西。

  别人家配给物品都已发，

  只有你，只有你，囤积在家里，

  只管你发财肥自己，

  工人的痛苦你是不管的。

不发煤球、不发食油、不发食米的都是你，

你的良心和煤球一样的！

中午，国民党警察局长俞叔平带了一帮大小头目陆续来厂，还调动了装甲车、消防车、马队、囚车和 1000 多名武装警察，策划决定先把罢工领导人和工人代表骗出去逮捕，然后驱散工人。

下午 4 时左右，军警开始对工人下毒手了。他们先用大钳子剪断了门上的铁链，把铁门朝外拉，呼啸的装甲车突然出现在工人群众面前。管妙福等许多女工走到铁门外，站在装甲车前，大声喊："用在战场上的装甲车用在工人身上，我们不怕，你们开过来吧！"装甲车不得不停下来。军警抓走了几个女工。铁门还是被工人们关上了，继续用身体顶住铁门。不幸的是，女工王慕楣被挤压倒地，当场牺牲。守在饭厅屋顶上的工人，看到军警这一暴行，怒火冲天，他们把砖块、铁棒、碗片、桌凳，冰雹似地砸向军警。敌人第一次进攻被击退了。

5 时多，国民党淞沪警备司令宣铁吾赶到现场，下达了向工人施放催泪弹、开枪杀人的命令，于是调动了重型装甲车，再次向工人进攻。工人们从厂区内开出一辆吉普车和一辆卡车，共产党员许泉福开卡车，顶住了铁门。这时，国民党军警吹起了冲锋号，施放催泪弹，工人们在烟雾中头昏眼花，看不清反击目标，逐渐后退。军警从宿舍屋顶上、地面上疯狂向工人开枪射击，装甲车将铁门连同水泥柱子一齐撞倒，卡车上弹洞累累，玻璃被打得粉碎。女工蒋贞新、朱云仙不幸中弹牺牲。共产党员何宇珍在饭厅屋顶上左腿中弹仍坚持战斗，勇敢地从三楼脚手架跳下，前额撞出个大窟窿，后仍被军警抓走。女工俞月琴的手指被枪弹打断。敌人冲进车间后，手提冲锋枪，抓到工人后就用枪柄乱打，特别是男工都被拳打脚踢。直到晚上 9 时枪声才停止。

工人们为了求生存，开展了正义的斗争，寻求同资本家通过谈判来达到最低的生活要求，可是却遭到国民党反动军警的血腥镇压。王慕楣、蒋真新、朱云仙 3 位女工英勇牺牲，100 余人受伤，其中 40 余人受重伤。有 336 名工人被捕，后来，国民党伪法院又强行判处其中 26 人徒刑，中共地下党员、工人总代表杨光明被判无期徒刑。有 365 名工人被厂方开除。

申九"二二"斗争是解放战争时期在国民党反动统治区内规模较大的一次工人罢工斗争，虽然暂时遭受了挫折，但这次斗争显示了工人阶级的强大力量，揭露了国民党反动派残酷镇压工人的狰狞面目，有力地配合了解放战争的胜利进军。全厂工人进一步团结起来，冲破黎明前的黑暗。1949 年 5 月 25 日，工人们日夜盼望的日子终于到来了。上海沪西地区首先得到解放。大家兴高采烈，迎接解放军进驻工厂，迎接狱中的杨光明光荣归来，被开除的工人全部复工。对在斗争中牺牲的王慕楣、蒋真新、朱云仙三位烈士，展开了追悼纪念活动。申九工人在中国共产党的领导下，团结一致，努力生产，迎着新中国的阳光奋勇前进！

中共地下沪西区委旧址

江宁路 1353 弄泰来坊 16 号

中共地下沪西区委旧址外景近况

【火红历史】

　　1948 年秋，解放战争进入第三个年头，全国的军事、政治和经济形势发生了重大变化。辽沈、淮海、平津三大战役先后打响，国民党反动统治正趋全面崩溃，但他们仍然困兽犹斗，加紧了对国统区内共产党人和革命者的疯狂镇压和屠杀。中共上海地下市委根据这个新形势、新特点，为迎接上海解放创造更加有利的条件，决定将原来按行业条线建立的地下党组织体系，改为按地区建立党的组织体系，加强护厂、护校斗争的领导。1948 年 12 月，中共沪西区委成立，领导地区 9 大系统党组织和 2 个工协党组织。9 大系统党组织包括中共中纺系统分区委、中共民营棉纺第一分区委、中共民营棉纺第二分区委、中共沪西杂纺分区委、中共沪西机器业分区委、中共沪西卷烟面粉分区委、中共沪西劳工教育分区委、中共沪西学生分区委和中共沪西地区分区委，2 个工协党组织是中共沪西工人协会党团、中共沪西纺织技职小组。沪西区委书记夏明芳、区委副书记周小鼎，区委委员施惠珍、王关昶、安中坚、李德鸿。沪西区委决定，将区委机关放在原中共民营棉纺委员会书记周小鼎和其夫人钱希钧的住宅内，即江宁路1325弄泰来坊16号。这里是居民混杂区，附近就是国民党普陀警察分局，便于在敌人眼皮下开展隐蔽战斗。

泰来坊

居住泰来坊16号的主人周小鼎、钱希钧夫妇均有特殊的政治身份。周小鼎（1915—1991），早年是香港九龙中华书局总罢工的负责人。1939年离开香港，1940年底到达延安。1945年4至6月，作为大后方代表团成员出席中共七大。随后参加南下工作队，担任中共华中局城工部城市试点工作组组长。为加强上海沪西地下党的领导力量，1947年5月，周小鼎奉命到上海，在中共上海地下党组织的安排下，以中纺公司（建国后改建为上海第一棉纺厂）工会秘书为掩护，担任中共沪西民营纱厂委员会书记。沪西区委成立，又任区委副书记。钱希钧（1905—1989），早年参加了上海平民女校学习并加入中国共产党，是中共最早的女共产党员之一。第一次国内革命战争时期，她积极参加五卅运动和上海工人三次武装起义。1926年她与毛泽民结婚。在中央苏区参加了第三、第四、第五次反"围剿"斗争以及红军二万五千里长征，是参加长征的30名女战士之一。毛泽民牺牲后，钱希钧在延安与周小鼎结为伉俪。1947年春天，钱希钧与周小鼎一起南下上海，以泰来坊16号住宅为掩护，建立中共沪西民营棉纺委员会机关，继而又成为中共沪西区委机关。

中共沪西区委机关建立不久，原本人员往来稀少的泰来坊16号，进出人员日益多了起来，时间一久，引起了附近国民党警察局特务的注意。1949年2月，中共上海市委决定，中共沪西区委机关撤离泰来坊，周小鼎、钱希钧夫妇也转移到浦东，同时

新中成立国后，原中共沪西区委委员王关昶（左）、施惠珍（中）、夏明芳（右）在泰来坊（1353弄16号）机关旧址前留影

又以区委委员王关昶、施惠珍夫妇的名义在药水弄（今西康路1281弄138号）购买一套独用楼房，并将施惠珍母亲接入，以家庭住户为掩护，一个新的区委机关继续战斗，直到上海解放。

泰来坊16号中共地下沪西区委机关旧址至今仍在，见证了沪西共产党人在黎明前的战斗，也见证了普陀区日新月异的新生。

里应外合迎接沪西的解放 ①

施惠珍

重建和发展党的组织

上海解放前夕，我专程赶赴香港参加学习，目的是为上海解放做必要的准备。从香港回上海后，我先在学委系统的女中区委工作了一段时间，不久后又被调到沪西区工作。这时，辽沈、淮海、平津三大战役先后胜利结束，中央原来估计打败国民党反动军队、取得全国性胜利需要五年左右的时间，但现在，全国解放很快就要到来，上海解放的进程也大大加快了。我到沪西区的任务主要是和区委同志一起，依靠全体党员发动群众做好迎接上海解放的准备工作。

我进入沪西区工作时正是申九"二二"斗争结束后不久，群众政治觉悟已经大大提高。在斗争中，大批的积极分子得到锻炼，但我们的力量也受到了损失，一部分党员与积极分子被工厂开除，不少同志被国民党反动派逮捕，有些撤退转移到香港或解放区。因此，区委领导机构和基层党支部都需要重新组织与加强。

经组织介绍，我到沪西区与周小鼎、钱希钧两位同志接上了关系。后经组织决定，我参加了地下党沪西区民营棉纺委员会。周小鼎任书记，我和钱希钧是委员。1948 年12 月前后，我们正式成立地下党沪西区委员会。其中，夏明芳为区委书记，周小鼎是副书记，我和王关昶均为委员。上级领导人主要是马纯古（张祺同志也短期领导过我们）。

我记得区委领导机关就在周小鼎、钱希钧夫妇的居住地，地址在江宁路 1353 弄泰来坊内，一个朝南的客堂楼的二楼。后来，由于周小鼎屡屡被人跟踪，上级决定调周小鼎和钱希钧同志到浦东去工作，同时在小沙渡路（今西康路）药水弄新买了一幢二层楼独用房子，重建了区委机关。我和丈夫王关昶继续在沪西工作，王关昶对外声称是老板。为了更好地掩护，马纯古同志决定把我母亲接过来一起住。上级还派来一个年轻女党员担任区委保卫工作，对外名义是保姆。经过周密部署，我们一起建立了一个合法家庭掩护下的区委机关。

之后，我们的区委委员逐渐有所增加，安中坚、李德鸿同志相继加入进来，我们5 个区委委员一直工作到上海解放。

---

① 上海市普陀区委党史研究室编：《拂晓——沪西解放战争时期地下斗争回忆》，内部发行，2009 年。

不断扩大党组织的影响

那时，我们迫切需要增强党的力量，扩大党的队伍。经过斗争和实践的考验，我们也团结与教育了一大批积极分子。在上级党的领导下，我们开始积极地发展符合条件的同志入党。

那段时间可以说是党组织的大发展时期。到上海解放时，沪西区大约有1194名党员。仅从工厂6个分区委统计，在1948年12月底，所有工厂支部党员共有514名，到解放前夕已发展到976名，增加了近一倍。通过发展党员的形式，我们不但加强了党的核心力量，也发展了党的秘密外围组织：在工厂发展有觉悟、并具备条件的工人参加"工协"；在学校发展具备条件的学生参加"新青联"（也有少数学校经党的上级批准，成立性质相同名称不同的类似组织）；在地区发展有觉悟的贫民参加"贫民团"；在职员中发展"职协"；在中纺系统的中高级职员中发展"小纺协"；在教师中发展"教协"等等。这些队伍在党组织的领导下，在上海解放的过程中发挥了很大的作用。由于党员和党支部不断增加，为适应基层党领导的需要，区委逐步地成立了各类分区委，各个组织之间互通有无，齐心协力，为上海解放做了大量工作。

里应外合迎接解放

1949年1月，全国三大战役结束，解放军即将挺进上海。当时的南京政府知道大势已去，于是下令各地组织"应变"，他们准备拆迁机器、搬运物资、转移资金、破坏工厂，妄图垂死挣扎。我们得到消息后立即制定对策，决定揭露敌人的破坏阴谋。

为了阻止敌人的破坏行动，我们发动群众提出了"反对拆迁机器、反对搬运物资、反对转移资金、反对破坏工厂"的口号，号召护厂、护校、护店、保护地区、保护人民生命财产安全。通过各项斗争，达到完整地保护好上海，配合解放军解放上海、接管上海的目的。对于我们来说，这既是一次"起义"，也是最好的"里应外合"。

针对广大群众渴望解放，迫切要求了解党的城市政策的情况，一些地下党员、工协会员和其他积极分子冒着生命危险，采取各种办法秘密印发宣传资料，有的还将秘密收听到的解放区电台广播的新闻印发出去。我们大量散发中共地下党市委统一编印的《新华通讯》《中国人民解放军宣言》《六次劳大决议》《关于工商业政策》等宣传品，宣传形势和党的政策，传播人民解放军节节胜利、国民党反动统治行将垮台的消息，号召人们以实际行动迎接上海解放。当这些宣传材料出现在车间、更衣室、厕所及厂门口等地方时，工人们争相传阅，一些高级知识分子和资本家也非常关注这些信息。那种难以抑制的喜悦和激动之情流露在许多人的脸上。

进行一系列宣传活动之后，我们进一步发动群众开展护厂斗争。因为与大家的切身利益联系密切，护厂斗争深得人心，很快就成为群众的自觉行动，轰轰烈烈地开展起来。那时，我们的工作形式是非常灵活的。比如，在掌握一定工会领导权的单位，我们就利用工会的合法身份发动斗争。在没有或没有全部掌握工会领导权的单位，我们就一个车间、一个部门地逐步开展，通过自下而上的形式发动工人参与。在进行护厂运动时，不少工厂还开展了反拆迁、反搬运的斗争。

随着工作的深入，不少工厂纷纷成立护厂队，与反动势力展开了坚决的斗争。通过护厂运动和适当的宣传，我们成功地说服了沪西区的一些准备回乡避难的资本家，让他们打消了关闭工厂的打算。大批中小型工厂的资本家和工人们也开始共同努力，设法渡过难关，保护好工厂。

随着解放军日益逼近上海，国民党的军、警、宪、特惊恐万状，慌乱不堪。一小部分反动分子垂死挣扎，不断破坏护厂斗争，阴谋失败后，他们就公开进行破坏，甚至血腥镇压。

1949 年 5 月 23 日下午，一批特务带着近百个警察，到澳门路包围了第一印染厂第二工场，特务根据混进工协的杭云生告密的黑名单，逮捕了 19 个工人（大部分是工协会员）。他们将工人连夜押到警察局严刑拷打。24 日早晨，特务秘密杀害了共产党员、工协负责人孙方璟和工协会员张如松、李阶平，制造了惨绝人寰的"印染血案"。

"印染血案"使我们损失了几位重要的战友，但敌人的残暴没有吓倒沪西工人护厂的决心。在群众的掩护下，我们继续想尽办法开展各种护厂斗争。共产党员、工协会员和广大护厂成员冒着生命危险，在非常艰难的环境下坚持护厂。大家决心坚守岗位，奋斗到最后一刻。

全力为解放上海做最后准备

为配合解放军解放上海的需要，我们进行了全面系统的调查。通过调查，我们渐渐摸清了敌情，掌握了警备司令部所在地以及配有装甲车数量，全区警察局数量以及警察人数，机枪、步枪、手枪的数量；了解了敌产和需要重点保护设施等诸多情况。我们将社会调查来的所有资料交由上级转给解放军参战部队，为解放军进驻上海提供第一手的资料。

根据人民解放军即将解放上海的形势以及上级指示精神，沪西区秘密地建立了一支半武装性质的人民保安队。在原来护厂运动的基础上，人民保安队员公开仍以护厂队员的名义，进一步加强护厂、护校、护店、保护地区、保护重点设施的斗争，配合解放军解放上海。人民保安队与群众性护厂斗争结合，在解放前夕不断挫败了很多次敌人的破坏计划，保护了工厂和地区的各项重点设施，最后终于在 1949 年 5 月 25 日凌晨成功地配合解放军完整无损地解放了苏州河以南的沪西地区。

上海解放前夕的这段工作是我一生中最难以忘怀的经历。回顾那段艰难的岁月，我至今仍然觉得珍贵，那些亲密无间的战友和淳朴可爱的工人给予了我最为珍贵的友谊。我觉得非常幸福，因为我盼到了上海解放以及新中国成立的这一天。

上海印钞厂护厂纪念地

【火红地标】

曹杨路 158 号（光复西路 967 号）

上海印钞厂护厂纪念地外景近况

【火红历史】

"风雨历程、流光印彩"是坐落于苏州河畔的上海印钞厂发展历程的写照。1948年底，随着全国解放的脚步逐步临近，这里的工人在上海地下党组织领导下进行了一场艰苦的护厂斗争。1949 年 5 月 28 日，也就是上海解放的第二天，新中国第一套人民币也在这里试印并投放市场。

上海印钞厂的前身是国民党中央印制局重庆印刷厂，始建于 1941 年 2 月 1 日。1945 年 3 月 1 日，划归中央银行领导，改名为中央印制厂。抗战胜利后，从重庆迁至上海，接收日伪中央储备印刷所，更名为中央印制厂上海厂。为扩大生产规模，1945年 12 月，在上海光复西路 10 号（即现在的厂址）建造新厂。

中央印制厂上海厂厂区

解放战争时期，国民党政府责令中央印制厂大量印制金圆券，以维持反人民的内战。工厂内反动组织势力盘根错节，有国民党直属区分部，也有工福会、三青团。1948 年底，随着国民党正面战场的节节败退，国民党政府财政部密令，要秘密将印钞厂机器拆迁到台湾，同时下令滥印钞票，以维持摇摇欲坠的反动政权。一场破坏与反破坏、搬迁与反搬迁的较量拉开了序幕。

中国共产党上海地下党组织早已注视着这家特殊工厂的未来，通过多种渠道，向印制厂派送党的革命种子。到上海解放前夕，印制厂已有中共地下党员 34 名、"工协"会员 30 多名，并积极开展对工厂上层人员的统一战线工作。

上海印制厂厂区面积很大，护厂任务艰巨。"工协"会员和积极分子在群众中广泛宣传"搬机器就是搬掉工人的饭碗""机器是工人的命根子，宁死不准搬机器"等口号，把反搬迁和广大工人切身利益结合起来，发动群众用各种方式抵制和阻挠搬迁计划的实施。1948 年 12 月的一天，敌人突然派出多辆卡车进厂，企图突击搬运机器。工人获悉后，立刻围住卡车，使汽车无法动弹，阻止了敌人搬迁的企图。

1949 年上半年，随着上海解放的脚步越来越临近，印制厂护厂斗争更加紧迫和艰巨。印制厂地下党组织进一步发动群众加强护厂，同时通过对工厂上层人士的统战工

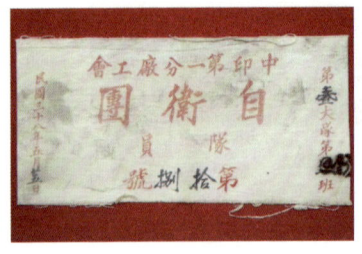

自卫团袖标

作，控制了工厂应变委员会的主动权，以应变委员会的名义向中央银行申请到相当数量的黄金和银元，供应变护厂之用。此外，还搞到了国民党淞沪警备司令部的"机要工厂，不准驻军，不准散兵入厂"布告，显眼地张贴在厂门口，使护厂工作合法化、公开化。

同时，工厂护厂队控制了驻厂国民党武装警察的武器弹药库，严密护卫变电所、金库、版库、材料仓库和电话总机，配备了充分的粮食、副食品、帆布床、毛毯等，以备应变之需。

护厂斗争在悄无声息中进行着，敌人破坏的阴谋也一次次被打破。5 月 25 日，普陀解放。但是，就在这天的中午，突然从厂外开来一辆吉普车，来人自称代表"中共华中局静安寺总部"来接管工厂，来势汹汹，试图强行接管工厂。护厂队员机智地上前盘问，要求其交出证件，这几个人立刻露出了马脚。护厂队员迅速将这伙骗子制服，

押送解放军军管会，确保了工厂完整无缺地回到人民手中。

5月27日，上海解放。28日，由山东解放区北海银行所属印钞厂随军南下干部组成的接管组，代表上海市军管会金融处，正式接管印制厂，并改名上海人民印刷一厂。当天，全厂工人锣鼓喧天，一片欢腾。

军代表进驻工厂后，立即将解放区带来的人民币印版放到印刷厂的机器设备上，投入印刷。经过反复调试，不到两个星期，第一批第一版人民币成品进入国家金库，并投放市场。印刷厂连同人民币一起，投入到了火热的社会主义建设中。

第一套人民币二百元券样张

印刷第一套人民币场景

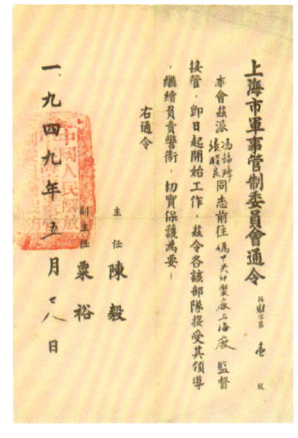

上海军事管制委员会颁发的
第一号接管令

【火红记忆】

接管上海印钞厂的前前后后 ①

张　瀛

国民经济的一个重要机构

上海是我国最大的经济中心，也是最大的金融中心。解放前，国民党政府所属中央、中国、交通、农民四大银行的总行都设在上海，货币发行和印钞的领导机关也在上海，并设有专门印钞的上海印钞厂（原中央印制厂上海厂）。解放战争时期，国民党政府除了仰仗美援和对人民大肆搜刮外，就依靠上海印钞厂大量印制金圆券等货币，来维持它那反人民的内战。尤其是人民解放军取得辽沈、淮海、平津三大战役的巨大胜利后，国民党面临彻底失败的境地，进一步滥发货币，为维持战争输血，企图作垂死挣扎。直到上海解放前夕，该厂仍被催逼着拼命加快金圆券的印制。中央印制厂主管人接到国民党政府财政部的密令，要他们随时作好准备，秘密制订分步分批将上海印钞厂的机器拆迁至台湾的计划。各种反动组织，诸如国民党直属区分部、工人福利会、三青团等，都在厂内积极进行活动，企图瓦解工人团结，胁迫工人拼命生产，并在必要时

---

① 上海市普陀区委党史研究室编：《拂晓——沪西解放战争时期地下斗争回忆》，内部发行，2009年。文字有删改。

胁持工人随厂迁往台湾。

中共上海地下组织很早就重视上海印钞厂这个经济命脉机构，通过几个渠道向该厂散播党的种子，并在抗日战争胜利后不久，就在厂内建立中共地下支部，领导群众进行多次经济的、政治的斗争。党的力量也在不断壮大。解放前夕，该厂已有中共地下党员34名和"工协"会员30多人，积极分子力量遍布厂内各个部门。同时通过厂内外各种力量，开展统一战线工作，争取工厂上层领导人员，团结一切可以团结的力量。如中央印制厂总管理处副主任糜文熔曾是我党早期党员，党支部通过当年与他一起工作的老同志孙冶方向他做工作。进入厂内生产人事领导部门工作的地下党员陈炼军、叶扬等也积极和他接触，促使他接受党的领导，并暗中支持革命工作。随即，通过糜文熔与厂长高杰等的老同事和师生关系，又争取到一部分高级职员。这一切为开展反搬迁和护厂斗争，以及胜利接管、恢复生产，建设人民自己的印钞厂，打下了有利的基础。

"一定要完整地使它回归人民"

随着解放战争的胜利发展，遵照中共中央关于对国民党地区的一切经济文化设施一定要力求完整地保护好、接管好的指示精神，我有关部门于1948年底开始着手进行对国民党政府印钞机构的接管和恢复生产的准备工作。中共中央华东局财委负责人曾山指出："国民党政府的印钞厂，我们一定要完整地使它回归人民，为人民所用，成为我们国民经济的重要机构。"1949年2月，山东北海银行发行局和各印钞厂组成接管队伍，分成两个部分：一部分以发行局干部为主，配备必要的警卫武装，由几十辆大卡车组成运输队伍，车上满载新印的各种面额的人民币和印钞纸张以及人民币原分版，以配合解放军解放新城市后，由军管会迅速发行人民币，并在接管工厂后，迅速投入人民币的印刷；这部分队伍由发行局长杨秉超直接率领。另一部分是由发行局和各印钞厂抽调的干部和技术工人共140余人组成的工厂接管队伍，这批人员大多数是抗日战争和解放战争时期由党组织从上海输送进入解放区的。他们对上海情况比较熟悉，对工厂管理和领导生产也具有一定的业务知识和技术能力。这两支队伍在华东局青三纵队的统一领导下，2月中旬从山东南下，在安徽怀远地区集中整训，学习解放战争的形势和任务，以及党对新解放区的各项政策和入城纪律。人民解放军解放南京后，他们又随军集中到江苏丹阳地区进一步整训，一面学习党的七届二中全会决议，一面根据上海地下党供给的印钞厂、造币厂的具体资料，重新调整了接管计划和具体实施办法，并决定在上海市军管会金融处的领导下组成由杨秉超、张瀛担任正副组长的工厂接管领导小组，确定派驻各接管单位的正副军代表和军事联络员人选。曾山在南京接见听取了陈穆、杨秉超、张瀛对货币发行、印钞厂的接管和复工工作准备情况的汇报，对接管和复工中可能遇到的问题包括原材料供应、职工生活等，作了详尽的指示。

艰苦复杂的护厂斗争

与此同时，上海地下党为配合接管上海印钞厂，作了艰苦复杂的护厂斗争。1948年初，国民党政府财政部长电令中央印制厂理监会主任凌宪扬和总管理处主任陈公亮实施该厂分批迁台计划，并要陈公亮去台湾筹建，由总管理处副主任糜文熔主持总管理处和上海印钞的工作。上海印钞厂党支部获此消息后，积极开展反搬迁斗争，在工协会员和积极分子配合下，在群众中广泛宣传"搬机器就是搬掉工人的饭碗""机器是工人的命根子，宁死不准搬机器"等口号，把反搬迁和广大工人切身利益结合起来，发动群众用各种方式抵制和阻挠搬迁计划的实施，严密监视偷拆偷运。1948年12月的一天，当多辆卡车进厂，企图突击搬运机器时，许多工人包围卡车，阻止搬机出厂。地下党员陈炼军、叶扬等也积极利用各种机会，对糜文熔、高杰等阐述形势，晓以利害，动员他们千方百计拖延搬迁，使国民党当局的拆迁计划无法得逞。

接着，上海印钞厂党支部在上级党组织的领导下，进一步开展护厂工作。除了继续抓紧对糜文熔、高杰等上层人士的统战工作外，对中层职员也积极进行宣传教育，提高他们认识，共同参加护厂。对反动组织成员，则利用亲戚、朋友、同乡等各种关系，劝导他们不要死心塌地跟着国民党做危害人民的事。在解放战争胜利发展的有利形势下，这些工作都取得了很好的效果。党支部通过糜文熔出面，成立了应变委员会，并向中央银行申请到相当数量的黄金和银元，供上海印钞厂应变护厂之用，还搞到国民党淞沪警备司令部的"机要工厂，不准驻军，不准散兵入厂"的布告，张贴在厂门口，使护厂工作合法化、公开化。同时，以党员和工协会员为骨干，组织了有200多人的护厂队，不但工人和大部分职员积极参加，连黄色工会的一部分理事也参加了。护厂队日夜巡逻工厂区，控制了驻厂国民党武装警察的武器弹药库，以及变电所、金库、版库、材料仓库和电话总机，还准备了充分的粮食、副食品、帆布床、毛毯等。大家悄悄地议论着"天快亮了""国民党快完蛋了"等等，群众护厂热情更加高涨，护厂力量不断加强。

5月25日，上海市区大部解放的喜讯传遍全厂，人们奔走相告，兴高采烈。在这一天的中午，护厂队挫败了一起冒充"中共华中局静安寺总部"的一批人要求接管事件。

经过全厂职工的共同努力，护厂斗争取得了胜利。一个完整的上海印钞厂及其全体职工，翘首盼望人民解放军的接管人员来临。

胜利接管，迅速复工，加紧生产

5月25日，上海印钞厂接管组的大部分成员，怀着十分激动的心情，随军进入上海南京路，当晚睡在金门饭店（现华侨饭店）的九楼地板上，个个兴奋得难以入眠。次日，中共上海沪中区委邝若安带领上海印钞厂地下党支部书记钱正心和支部其他领导成员，与接管组领导在外滩6号原中央印制厂总管理处会面。两支队伍胜利会师，共同商定了接管和迅速恢复生产的具体步骤，以及组织分工。27日，接管组杨秉超、张瀛以军管会军代表身份，会见了原中央银行发行局长高风和中央印制厂总管理处主任凌宪扬、副主任糜文熔，以及印钞厂、造币厂厂长，阐明了人民解放军的政策和接管办法，希望他们真诚配合。

28日上午，接管组派出军代表冯锦章、张腊良，持上海市军管会主任陈毅、副主任粟裕签署的委派通令和接管命令，进上海印钞厂。全厂顿时一片沸腾，锣鼓喧天，职工们载歌载舞，热烈欢迎接管，共庆企业获得新生。

在地下党和职工的密切配合、积极合作下，清点移交工作进展顺利。除了对票版、武器、金银贵重物资和机密文书档案由军代表专人直接管理或封存外，一般均原交原接，责成移交人员负责保管。在接管的同时，立即准备恢复生产和印制人民币工作。由于党支部在军代表进厂前已经动员各生产部门职工清理并整修机器设备，军代表进厂后，人民币原版到来，立即按照主要生产工序，派熟悉生产技术和管理的军事联络员会同原生产部门负责人负责恢复生产的工作。不到两星期，第一批人民币成品就开始进入国家金库。广大职工在革命胜利形势的鼓舞下，始终保持着旺盛的战斗意志，生产新纪录不断出现，为提前完成每一项生产任务而战斗，为国家发行人民币的急切需要作出了重要贡献！

大隆机器厂护厂斗争纪念地

【火红地标】

中潭路 99 弄（光复西路 5 号）

大隆机器厂护厂斗争纪念地外景近况

【火红历史】

大隆机器厂创办于 1902 年，1926 年由杨树浦迁到光复西路 5 号，是大隆机器厂发展的顶峰期。1937 年七七卢沟桥事变后，工厂为日军占领，改名为大陆重工业株式会社。

大隆机器厂迁至光复西路后的厂景

铁蹄下的大隆厂成了侵华日军的军工厂。中国共产党要潜入日军军工营垒，展开特殊形式的抗日战斗，严峻地考验着共产党人的战斗意志和胆略。

1945 年初，中共华中局城市工作部派出中共党员周信业到沪西，担任中共上海市工委所属沪西杂厂委员会委员，在书记顾松盛（解放后任普陀区政府副区长）领导下，考入大隆厂做工，进入工厂后，广交朋友，并以结拜兄弟的方式，把车间内的工人群众团结起来，随后逐步团结了其他车间工人，在积极分子中发展党员，在大隆厂形成一支共产党人组成的特殊战斗队。

大隆厂的军工产品是日军侵华的杀人武器。地下党在大隆厂统一党内思想——"生产武器不打共产党军队"，在群众中灌输"中国人不打中国人""不打抗日队伍"。地下党根据日寇急需军工产品用以打仗的紧迫要求，制定了一个"望梅止渴"计划，将爱国主义教育和解决工人生存就业结合进来，以破坏敌人的军工生产计划，进行暗中斗争。动员工人的战斗方式是：（1）产品以少报多；（2）改写每日进库上报数字，如1字改写7或8或9；（3）以次充好，有砂眼残次零件充作正品装配；（4）日班入库产品，晚班拿出，第二天又充作日班上报。大隆厂的军工产品越做次品越多，产品越做越少，日军面对堆积的残次品，只能"望梅止渴"，一直到投降。

大隆机器厂车间内部

日本法西斯投降后，大隆厂由国民党政府接管。国民党为维持反动统治，加强对大隆厂工人的控制与压迫。1948年10月，大隆厂资方准备将储存在仓库的先进机器设备全部运往台湾，工人们展开了反拆迁、反破坏的斗争。工人反破坏的斗争遭到了国民党当局的弹压。11月28日，国民党反动派逮捕了11名职工，并通过御用的工福会组织加紧对工厂进步力量的监控和瓦解。中共沪西区委委员王关昶直接到大隆厂指导地下党的战斗。12月，沪西区委宣布重建中共大隆厂支部，组织营救被捕工人。在党组织的不懈斗争下，被捕的11名工人先后在1949年3月底重获自由。

中共大隆厂党支部把工作重点放在发动群众，保护工厂，发展党员和工协会员上。根据上级党组织的指示，发展组织了秘密护厂纠察队（临近上海解放前几天改名为人民保安队），保护本厂及周边地区工厂、道路设施等。为配合上海解放，调查工厂周围敌人的武装部署、军事设施及地形等，同时积极开展宣传，瓦解敌人军心。

1949年5月，中国人民解放军的隆隆炮声越来越近，而国民党当局镇压人民的武装统治越来越疯狂，警车"飞行堡垒"在全区飞奔，到处追捕共产党人和革命志士。

大隆厂附近一印厂的 3 名"工协"志士被枪杀了，潜伏在国民党警察局内部的 2 名共产党员被枪杀于闸北宋公园。

敌人的屠杀没有吓倒大隆厂的工人们。白色恐怖下，工人们坚持守卫在自己的战斗岗位，协助邻近的中央造币厂护厂队，共同粉碎了一起假冒共产党的歹徒的破坏，一直坚持到上海普陀的解放。

【火红记忆】

解放前夕大隆厂的斗争 ①

陈宝明

1948 年 11 月 29 日，我一进厂门便觉得气氛有点异样，显得沉闷、紧张，工人群众三五成群，小声议论。我赶紧打听，方知是黄金柱、陈正良、赵士泉、陆文彬、潘志仁、胡东海、姚锦泉、钱永根、陶根祥、葛德山、沈爱泉等 11 位同志已于昨日深夜（28 日）被国民党反动派逮捕了。我随即与乐松友同志商量，采取了三条措施：

（1）立即了解被国民党反动派逮捕的同志的具体情况，设法与这些同志及其家属取得联系；了解国民党反动派在这些同志住处的搜查情况，是否涉及其他同志，以及时应变，对付国民党反动派，进而设法营救被捕同志。

（2）立即向上级党组织汇报，请示如何开展工作。

（3）对未遭敌人逮捕的党员同志，分别取得联系，做好工作，稳定人心，并提醒我们的同志沉着冷静，设法清理和销毁红色书报及有关资料，做好应变的准备，不给敌人以可趁之机。

几天后，乐松友同志向我传达了上级党组织的指示，要发动工人群众营救被捕的同志，并通知我厂休日不要外出，在家等候上级党组织的同志前来联系。

那天下午，乐松友同志陪同一位陌生人来到我家。经介绍，我得知此人便是上级党组织的代表王关昶同志，是来领导我们工作的。乐松友同志随即向王关昶同志扼要汇报了黄金柱、陈正泉等 11 位同志被捕后的情况及工人群众对此事的反映；又汇报了国民党反动派并没有在被捕同志的住处搜查到可利用的所谓"证据"，我们更没有"把柄"落在敌人的手中。随后，我补充报告了工人群众很关心被捕的同志，他们对张宏发等国民党工人福利会分子散布的所谓"抓的是共产党"的说法，反应冷淡，表示蔑视，认为是乱扣"红帽子"。

---

① 上海市普陀区委党史研究室编：《拂晓——沪西解放战争时期地下斗争回忆》，内部发行，2009 年。文字有删减。

王关昶同志听取了我和乐松友同志的汇报后，分析了当时的形势，指出国民党反动派所代表的是蒋、宋、孔、陈四大家族和封建地主、买办资产阶级的利益；张宏发等大大小小的国民党反动派分子所谋求和维护的正是这个利益。他们卑劣、腐化、丑恶、无耻、丧尽人心，遭到广大人民群众的反对，这是必然的。我们代表着无产阶级和广大劳动人民的利益，为解放无产阶级和广大劳动人民而奋斗，也必然会受到广大人民群众的信任、爱戴、拥护和支持。王关昶同志要求我们把工人群众和被捕同志的家属发动起来，迫使大隆厂工会出面向国民党反动派当局交涉以释放被捕同志。要让工人群众知道工会是工人自己的组织，是为我们工人谋福利的，是保障我们工人利益的。黄金柱、陈正泉等11位同志是大隆厂工会的会员，其中还有几位是工会的理事、监事和工会的小组长，是我们大家选举的，是为大家办事的，工会有这个责任，向国民党反动派当局交涉，释放他们，保障我们工人的利益。

当王关昶同志了解到大隆厂工会理事长刘勇明尚愿为工人群众办一些事，谋一些利益，以谋取较好名声，换取工人群众的好感和支持时，指出刘永明虽然也是工人福利会的成员，但与张宏发等工人福利会中的顽固分子之间有一定的区别，我们应该利用这个区别，以争取教育团结刘永明，通过工人群众和被捕同志的家属，一起做好刘永明的工作，促使他能以较为积极的态度，以大隆厂工会的名义，向国民党当局交涉，要求释放被捕同志。

王关昶同志在作了发动群众营救被捕同志的指示后，又明确了我党在大隆厂的工作，暂由乐松友同志和我负责。会后，我们依照王关昶同志的指示，分别对党员进行了传达和部署，全面开展营救被捕同志的活动。我们一面发动被捕同志的家属直接找刘永明，一面又让管仲明等我们一些年龄较大的同志和胡培泉等一些接近我们的老工人对刘永明做好工作，督促刘永明以大隆厂工会理事长的身份，代表大隆厂工友同国民党反动派当局交涉，要求释放被捕的同志。当我们得知黄金柱、陈正泉等11人分别被关押在黄浦和蓬莱警察分局后，我们的同志和工人群众不断地前去探望，起初无法进入警察分局，只得在警察局外面，站在马路对面，朝关押被捕同志的窗口挥手，向他们表示敬意。

1949年2月下旬，在人民解放军渡江之前，国民党政府已摇摇欲坠，为争取喘息的时间，在玩弄假和平阴谋的情况下，对上海的工人、学生运动，表面上不得不暂时收起赤裸裸的血腥镇压手段。在对被捕的工人、学生并没有掌握充分证据的情况下，同时在地下党的营救下，在社会舆论和被捕者家属的压力下，国民党反动派当局被迫应允交保释放被捕者。

我们在得知这一消息后，立即请示上级党组织批准以大隆厂工会的名义保释。据此，我们的同志和工人群众一起督促刘永明出具保释书。1949 年 3 月 22 日，黄金柱、陈正泉、赵士泉、陆文彬、潘志仁、姚锦泉、葛德山和沈爱泉等 8 位同志被保释出狱。约 3 周后，钱永根同志也被保释出狱了。

在 11 位同志被捕后，上级党组织和王关昶同志以及大隆支部的同志们，对他们都非常关心。他们在狱中时，我们每次都在组织会议上谈起他们并商讨营救工作。当第一批 8 位同志出狱后，上级党组织还从解放区工人捐献的救济款中拿出一部分银元（具体数字已记不清了）交给大隆厂支部，由支部根据他们各人家庭的不同收入及负担，分别转交给了他们，以示慰问。同时，王关昶同志还代表上级党组织召集他们在我家开了一次会，对他们表示慰问，并请他们每人写了一份被捕的经过和在狱中情况的报告，交给组织上。特别是在中国人民解放军渡江后，党组织考虑到国民党反动派垂死挣扎，很有可能疯狂反扑，残杀革命同志，再度加剧白色恐怖，而黄金柱、陈正泉、赵士泉 3 名同志的面目较红，有再次受到迫害的可能。于是，王关昶同志在与我们支部研究后，决定他们 3 人暂时隐蔽起来。这都充分说明了我们党对自己的同志，历来是非常关心和爱护的。

在 11 位同志被捕后的第二周，王关昶同志把姚锦生同志的组织关系转交给了我们，并决定由乐松友同志负责去接关系（姚锦生同志是在实验民众学校入党的，组织关系在该校地下党支部）。又过了一周，在一次会议上，王关昶同志向乐松友、姚锦生和我宣布了中共大隆厂支部的重建，决定由我任支部书记，乐松友同志任组织委员，姚锦生同志任宣传委员。

11 位同志被捕后，原先由黄金柱、陈正泉、赵士泉等同志负责单线联系的一部分党员与组织失去了联系。支部重建后，我们便逐个地与他们恢复了联系。这些同志与其他同志一样，表现都很出色，沉着冷静，举止正常，毫不惊慌失措，绝不因有同志被捕而思想有所动摇、失常，不给敌人丝毫可疑之处。在营救被捕同志的过程中，他们团结广大群众，与党组织步调一致，配合默契，出色地完成了任务，说明我们大隆厂支部及其党员是成熟和干练的。

支部重建后，党在大隆厂的工作重点主要是发动群众，保护工厂以及发展党员和工协会员。同时，我们又把《新华通讯》等宣传品油印后寄给厂内的工人福利会分子；并以顾亮同志的名义对工人福利会在大隆机器厂内的骨干分子，如张宏发等人，分别邮寄了警告信以及宣传品等，以示区别，予以分化。我们又遵照上级党组织的指示，发展并组织了秘密护厂纠察队（上海解放前几天，改名为人民保安队），保护本厂及附近地区工厂、道路设施等，调查敌人在附近地区的武装部署、军事设施及地形等，瓦解敌人军心，鼓动敌军离队，等等，以迎接解放。

在做这些工作的时候，我们也没有放松营救尚未出狱同志的工作，仍不断地督促刘永明继续与国民党反动派当局交涉。上海解放前夕，国民党反动派仓惶逃离，监狱无人看守，胡东海、陶根祥两同志才获得了自由。

在黄金柱、陈正泉等同志被捕后，我们党在大隆厂的组织活动从未中断过。我们坚持了每周一次的组织会议（支委会重建后，为支委会会议），保持了与上级党组织的联系。每次会议，王关昶同志均亲自出席，听取汇报，共同研究，作出部署，指导我们开展工作。特别是在国民党反动派拒绝了和谈"协议"，和谈终止，中国人民解放军奉令发起渡江战役，百万雄师横渡长江后，为了适应迅速发展的革命形势和出于革命斗争的需要，上级党组织决定，建立闸北临时分区委，顾松盛同志任临时分区委书记。乐松友同志和我都参加了临时区委的工作。临时分区委仍由王关昶同志（安中坚同志一度也曾参与）负责领导。这时，乐松友同志和我增加了对这一地区内某些工厂的党员或积极分子的联系，我们基本上处于半脱产状态。临时分区委的办公、开会和联络点设在我家。至上海解放，临时分区委的使命完成，即行结束。

由于国民党政府倒行逆施，使更多的人从沉睡中觉醒过来。大隆厂的 11 名同志被捕后，先后又有 7 名同志参加了党组织。到 1949 年上海解放时，大隆厂共有党员27 名，成为党的一个坚强的战斗堡垒。他们在党的领导下，团结了广大工人群众，在迎接解放上海的斗争中发挥了共产党人应有的作用。

第一印染厂工协护厂纪念地

【火红地标】

西康路 1518 弄（西苏州路 1901 号）

第一印染厂工协护厂纪念地外景近况

【火红历史】

　　上海第一印染厂的前身是始建于 1932 年的日商内外棉加工场，专营加工各纺织厂所生产的棉布，曾被称"远东第一"。抗战胜利后被接管，改称中国纺织建设公司上海第一印染厂。

　　1949 年初，国民党政权即将崩溃。他们在溃退前企图将沪西的重要工厂的机器设备秘密拆迁到台湾，对工厂进行毁灭性破坏。中共上海地下党组织为保护上海这座全国工业最集中的城市，秘密组织建立了保护城市和工厂的工人协会（简称"工协"），并以"工协"会员为骨干，组织工人纠察队、消防队，来保护城市工厂。

上海第一印染厂是中纺公司中设备先进、生产能力强大的工厂。一印厂地下党决定发动群众，开展抵制搬迁、保护工厂的斗争。他们秘密组织以党员和"工协"会员为骨干的护厂队，对重点车间和重点设备确定专人保护，防止敌人破坏。共产党员杨善以工会理事长的合法身份，公开组织护厂团，与混杂在工厂内的工福会特务周旋斗争。

5月17日，溃败的国民党士兵武装占领工厂，妄图大捞一把。地下党支部以护厂队的名义做士兵的思想工作，有些士兵经过说服教育，顽石点头，脱下黄军装，换上护厂队提供的衣服，拿了护厂队提供的路费，悄然离开工厂。剩下的残兵败将也成不了气候，没几天也逃之夭夭了。

5月初，中共沪西工协党团、西区人民保安队指挥杨秉儒来到一印厂，向地下党负责人、工会理事长杨善布置3天赶印600只"人民保安队"袖章的任务。一印厂有设备、有人才，拥有赶印600只"人民保安队"袖章的能力，但要在工福会特务密布的厂里赶印600只"人民保安队"袖章，难度极大。为了完成这项艰巨的任务，一印厂党组织周密筹划。首先，把制作"人民保安队"袖章印刷模板的地点选择在极其封闭的一个车间小阁楼仓库内，由工匠师傅秘密在锌皮上凿字制板，同时安排几个工人提前上班进车间赶制白胚袖章。但刚完成300个白胚袖章，工贼就要上班了，杨善干脆以工会理事长的身份，以缝制工厂护卫团袖章的名义，赶制完成余下的300只袖章。印制"人民保安队"袖章是最后一道工序，也是最容易暴露的，于是安排在较为隐蔽的车间，又以堆积的布匹包做围墙掩体，在密不透风的夹缝过道中秘密印刷。终于顺利完成了任务，及时交给了党组织。

第一印染厂地下党赶制的"人民保安队"袖章

到了5月底，国民党反动派的白色恐怖更加疯狂。5月23日，国民党军警"飞行堡垒"警车直扑一印厂，企图抓捕第一"要犯"杨善。然而，不见杨善踪影，他们便翻转大小车间，实施大逮捕，一下子抓捕了19名工人，并枪杀了工协负责人孙方璟和工会积极分子张如松、李阶平三人。

烈士牺牲两天后，随着普陀的解放，一印厂也回到了人民的怀抱。

孙方璟　　　张如松　　　李阶平

【火红记忆】

"一印厂"的艰苦斗争①

杨 善

我在女工夜校读书时，1945 年由夜校老师黄纫秋发展入党。当时我是中共沪西工人协会党团领导小组成员，公开身份是中纺公司第一印染厂工会理事长。在党组织的领导下，我以厂工会理事长的合法身份，开展了黎明前的一系列激烈紧张的斗争。一印厂的地下党员，多半是女工夜校学生，都成为斗争的核心、骨干力量。

发动群众 保护工厂

中纺印染一厂是中纺公司中设备先进、生产能力较强的厂。1949 年初，国民党当局自知朝不保夕，秘密策划拆除机器设备搬迁到台湾。厂里的国民党分子到处制造舆论，称台湾是个海岛，有美国人的保护，把机器搬迁到那儿可以照样办工厂等等。我们了解到敌人的阴谋后，一印厂的地下党支部书记郑阿彩（夜校学生），委员曹去卿（夜校学生）、王玲娟（夜校学生）、鲍国良开会商议，决定进行针锋相对的斗争，提出"反对搬迁，保护机器和工厂就是防止失业、保护饭碗"等口号，发动工人保护机器设备不让搬迁。同时，我们深入细致地做工程技术人员的工作，稳定人心，指出到台湾是寄人篱下、背井离乡，促使他们和工人一起反对搬迁。我们还秘密组织以党员和工协会员为骨干的护工队，对重点车间和重点设备确定专人负责保护，防止敌人破坏，加强对敌人的监视。大炉间的地下党员和工人群众为了防止敌人因拆不走锅炉而进行破坏，按三班分工负责保护锅炉设备，确保正常运转。他们自动在大炉间门口钉上写着"锅炉重地，闲人莫入"的木牌。对进大炉间的每一车煤，都要进行认真检查，把各种异物拣出来，以免发生意外事情。

为了争取护厂合法化、公开化、群众化，使广大工人和技术人员都投入到护厂运动中来，我们利用中纺公司发给各厂进行护厂的通知，督促行政公开组织护厂团。4 月 26 日，由厂长和工会召开全厂责任工、支部长和工会全体理监事联席会议，成立了护厂团。由厂长任总团长，我以工会理事长身份任团长，下属 6 个组，负责人大部分是党员，而且是女工夜校学生、工协会骨干。

但是，护厂团遭到工福会特务、工会指导员吴键的指责、反对，他来厂找我，气势汹汹地说："护厂团是谁叫你们搞的？客商来提货为什么不发货？……"正当我向吴键说明情况时，工会的公务员、护厂队员李凤鸣把吴键来厂不许成立护厂团的消息

① 上海市普陀区委党史研究室编：《拂晓——沪西解放战争时期地下斗争回忆》，内部发行，2009 年。文字有删改。

传到了装潢车间。该车间女工们听到这个消息，以夜校同学、地下党员黄明珍、赵菊英、曹云卿、王雪文、王玲娟、姚志明等10多位同志为首，马上关了车，戴上护厂团袖标涌向工会办公室，围住吴键评理。吴键两手撑在腰上怒气冲冲地说："你们来干什么？谁叫你们护厂的？"女工们毫不畏惧地回答说："中纺公司叫我们护厂的，是我们自己要护厂的。你为什么不让我们工人护厂？"吴键大叫大嚷说："你们这些小姑娘能护厂吗？不要上当，护厂是共产党搞的！"这时，地下党员陈秀珍嘲讽地说："吴先生讲话有点滑稽，我们工人保护工厂有什么不好呢？你说护厂是共产党搞的，那么国民党不要护厂而要破坏吗？"吴键张口结舌，脸上的横肉，一阵白一阵青。为了有理有利有节地开展斗争，我一面动员女工们回车间生产，一面把吴键连拖带推进了厂长办公室，由工会、行政同吴键进行谈判达成了协议：（1）护厂活动照常进行，但不戴护厂袖标；（2）客商来厂零星提货照发，大批提货必须用坏布调换。这个老奸巨猾的国民党分子得到了这点"面子"，也只好走了。

后来坏蛋们又刮起了谣言，说护厂队里小伙子、小姑娘混在一起，夜里不做好事情。我们见这些坏家伙实在可恶，就以上海工人协会的名义对他们寄发了警告信。警告他们要认清形势，弃恶从善，停止一切捣乱和破坏活动，否则将受到人民的惩罚。以后，这些家伙收敛多了。

我们遵照党组织的指示，发动组织全厂工人和技职人员，勇敢机智地利用合法的和秘密的方法，保护工厂，使一印染厂在解放时完好无损地回到人民手中。

巧妙周旋　瓦解敌军

5月17日半夜，厂门前突然响起汽车喇叭声、乒乒乓乓的敲门声、乱糟糟的叫骂声，紧接着就有几个国民党士兵爬上铁门跳进厂里，逼着护厂纠察队员把门打开，让外面的人进到厂里来。原来，这批国民党军队是从前线败退下来进入市区的。蒋帮残军退守沿苏州河两岸的工厂和险要地区，妄图负隅顽抗。当时，造币厂桥（今江宁路桥）周围约有1个团的敌军，桥堍南北的同兴被服厂和造币厂各有1个营，到一印来的是敌军团部的1个直属连，由1个营长直接带领。敌军强行进入厂后，把门口的纠察队员全部赶跑。那营长还宣布，不许工人纠察队值勤，所有岗哨由他们派士兵接替。在厂门口和危险仓库的三角地段另行增加了瞭望台，架起机枪，准备垂死挣扎。我们看到这些情况，估计要立即撵走他们已不可能，就按照上级党组织事先估计敌军可能进厂而定的策略，尽可能安排敌军远离要害部门、要害车间，防止其破坏，便故意把他们安排到离仓库、车间较远的合作社和康乐室住下。敌营长看到地方还算宽大，房子结构也较好，也就住进去了。

第二天，我们向上级领导汇报了驻军情况。根据上级指示，首先争取了护厂纠察队坚持值勤和巡逻。地下党员董选文特地穿上护工队制服，同地下党员潘学锦等数人以护厂队代表的名义，到合作社找敌军营长谈判。门口的士兵不让他们进去，他们有意在门口高声争辩，敌营长听到吵声，问明原因，同意两人进去谈判。董选文等人对敌营长申诉了工人护厂的道理，那人说："别大惊小怪的，有我们在这里，还怕什么？"代表说："厂里还在生产，进进出出的人很多，你们不认识，怕发生误会，有工人纠察值勤，不是方便了吗？"代表们还提出纠察队的固定岗哨，敌营长始终不答应。最后，讲定纠察队白天带上袖标，夜里提着马灯，可以继续巡逻。但敌营长又心虚地规定了不得超过4人，巡逻时不可身带任何武器。

其次，组织武装纠察队，手持木棒等当武器，一旦发现敌军有破坏工厂、机器设备的意图，武装纠察队便立即把敌军住所合作社、康乐室两处出口封住，抢先迫使他们缴械投降。敌军驻厂不到两天，我们就把他们的武器装备情况、岗哨位置、换岗时间掌握得一清二楚。

护厂队还在行政上预备了银元和便衣，对想回家的士兵给予方便。5月24日深夜，这个连队往北岸撤退时就有一些士兵偷偷地脱下黄军装，换上便衣回家去了。剩下的敌军，士气消沉，已失去了战斗力。

敌军从强行进厂到撤离，由于我们遵照上级党组织的指示，巧妙地与敌军周旋，发动党员、群众做士兵工作，既保护了工厂未遭破坏，又从心理上瓦解了敌军，使其已失去战斗力，还促使一些士兵逃跑。

胜利之花　献慰英烈

5月23日上午，国民党普陀警察局要我去警察局一次。过去，由于我是厂工会理事长，为工厂和工人的事，常去国民党普陀警察局办交涉，他们也常打电话与我联系。这次我得到消息后，想到上级领导指示"这个时候不要随便去国民党统治的机关，进去了就可能出不来"，于是吃过中饭就没进工会办公室，就从厂里不大引人注意的小门走出厂，向上级党组织汇报这件事。

这天下午，普陀警察局出动"飞行堡垒"及近百名便衣武装警察包围了一印厂。一批特务进厂和厂里的特务接上头。不一会儿两个特务走进工会办公室，凶相毕露地问值勤的常务监事潘学锦："理事长杨善在哪里？""不知道，上午她还在的嘛！"潘学锦回答。这天中饭后，厂里的特务王福才早就坐在工会办公室，他也没看到我下午进办公室。于是，两个特务和王福才离开工会办公室。潘学锦见此情景，正想法派人出厂通知我和在外面的同志不要进厂，恰巧工会公务员李凤鸣进办公室。他喜出望外，忙叫她立即去通知在厂外的同志，告诉厂里的情况。小李利用公务员身份，借出厂买香烟的机会出了厂，及时通知了在厂外的同志。厂党支部知道消息后，安排平时比较出头露面的同志隐蔽起来，对护厂等工作作了妥善安排。我得到敌人进厂逮捕我的消息后，就没回厂，未遭敌人逮捕。工人们见特务进厂捕人，纷纷走出车间。敌人没有抓到我，对厂内的一批特务、爪牙骂道："你们这批都是笨蛋，连一名共产党分子也管不住！"随后在厂里兜了几圈，就离开了厂。敌人没有抓到我，就转到设在中纺三厂里的一印染加工场去，逮捕了 19 名工人，其中地下党员工协会负责人孙方璟和工协积极分子张如松、李阶平遭杀害。他们为了保护厂、为了人民的解放事业，在黎明前献出了年轻的生命。

烈士的鲜血没有白流！烈士的鲜血染红了胜利的红旗，烈士的鲜血浇灌了盛开的胜利之花！5 月 27 日，上海解放了！大上海完好无损地回到了人民的手中，让我们把胜利之花献慰英勇牺牲的烈士们，我们永远怀念他们。

警委钱凤岐、刘家栋两烈士遇难处

江宁路 1291 号

警委钱凤岐、刘家栋两烈士遇难处外景近况

【火红历史】

　　1949 年 5 月，中国人民解放军解放上海的隆隆炮声逼近上海，盘踞在沪的国民党势力不甘覆灭的命运，进行垂死挣扎。特务机关大肆搜捕共产党人和进步人士，将位于闸北共和新路 1555 号的教仁公园（通常称为闸北宋公园，今为闸北公园）辟为刑场，残忍屠杀革命者。5 月 9 日至 21 日的 12 天内，国民党反动派在此连续枪杀、活埋了 43 名革命志士，其中中共党员 13 人、民主党派成员 11 人、无党派人士 11 人、国民党爱国军官及家属 8 人。遇难者中包括普陀警察分局地下党员钱凤岐、刘家栋，杨树浦路警察分局地下党员钱文湘，党外积极分子蒋志毅等"警委四烈士"。

钱凤岐　　　刘家栋

钱凤岐（1909—1949），河北河间人，1931年考入上海公共租界警备处当巡捕，1944年参加中共外围组织"新警同仁会"，同年年底加入中国共产党。1947年9月，调入普陀警察分局，担任该局中共地下党支部书记。钱凤岐平时以拉胡琴、唱京戏的方式，把警员吸引到自己的宿舍里，传播国民党在前方惨败和解放军节节胜利的消息。

刘家栋（1910—1949），江苏泗阳人，19岁考入租界工部局当巡捕。上海沦陷期间，他多次掩护来上海采购物资的新四军干部。1945年，在中共上海警委（中共上海警察系统委员会）书记邵健介绍下，加入中国共产党。刘家栋调入普陀警察分局后，以分工监察文教和社会秩序的警察身份，秘密从事保护人民的工作。

1949年初，在人民解放军取得辽沈、平津、淮海三大战役胜利之后，中共上海市警委在全体警察中开展互保立功活动，钱凤岐、刘家栋用各种秘密方式联系广大群众要求互相保证、互相监督、不做危害人民的事，保护好档案物资，维护好社会治安，为迎接解放，配合我军接管警察局工作立功。

1949年4月渡江战役前夕，中共上海警委从电台收到毛泽东、朱德联名发布的《中国人民解放军布告》（即"约法八章"），立即油印2000份，另外又附上一封警告敌人的信，指示各警察分局地下党组织分发。钱凤岐、刘家栋接受了寄发信件的任务后，即按平时搜索的住址，准确、迅速地把《布告》和警告信寄到反动警官和特务分子家中，敦促他们认清形势，起义反正，立功赎罪，争取宽大处理。这一行动在国民党警察局内部引起极大震动，动摇了敌人营垒的军心。不少警察官员收到信件后，平时的反动气焰不得不有所收敛。这一攻心战术对争取多数旧警员、孤立极少数顽固分子起到了明显作用。正因如此，国民党上海警察局局长、军统特务头子毛森暴跳如雷，发出训令，要求限期破案，把隐藏在内部的共产党员挖出来。但折腾了一个星期，毫无眉目，中共地下党员和外围积极分子没有一个软骨头。又过了几天，敌人发现了某些线索，逐渐把疑点集中到钱凤岐、刘家栋和杨树浦分局的钱文湘、蒋志毅身上。

5月13日下午，警察总局刑警处二科科长突然来到普陀分局。当天晚上10时许，分局长和一股股长即以外出"查勘"为名，将正在拘留室值班的钱凤岐首先逮捕，继而又逮捕了刘家栋。钱凤岐和刘家栋被捕的当夜，即被押往总局刑二科。此后又抓捕了杨树浦分局的钱文湘和蒋志毅。事发后，毛森连发三道训令，在警察局系统进行疯狂的搜捕，还亲自对钱凤岐等进行审问，企图从他们身上打开缺口，一网破获整个上海地下党的警委组织。

20世纪50年代初普陀公安分局机关办公楼

在此后的一个星期里，敌人对他们审讯了几十次，动用了各种刑具。面对敌人的种种酷刑，钱凤岐、刘家栋他们坚贞不屈，横眉冷对。敌人喝问："你们的同党是谁？"得到的回答是："老百姓都是我们的同党！"表现了共产党人的大无畏精神和革命气节。5月20日，毛森下令，将钱凤岐、刘家栋、钱文湘、蒋志毅押往闸北宋公园内秘密枪杀。

"警委四烈士"牺牲后的第8天，上海解放了。人民解放军在中共上海地下党的配合下接管了机关、工厂、学校，也接管了原国民党警察局。刘家栋遗体在解放前夕已被找到，从遗体上可发现他身受重刑，遍体鳞伤，十指发黑。钱凤岐的遗体是上海解放后在成堆的殉难者中辨认出来的。钱凤岐满身伤痕，指甲缝都插有大头针。历史告诉我们，无论在牢房还是在刑场上，这些革命烈士都无愧于党，无愧于他们所处的时代，也无愧于"革命烈士"这个光荣称号！

【火红记忆】

警委钱凤岐、刘家栋两烈士事迹摘录 [①]

贡斯文　钟　山

1949年4月21日，中国人民解放军百万雄师以雷霆万钧之势突破长江天堑，继又迅速攻克南京，包抄上海。国民党当局面对解放军的凌厉攻势，惊慌万状，立即部署大破坏、大屠杀，然后逃跑。中共上海地下党组织根据当时的形势，立即针锋相对地开展反破坏、反迁移、反屠杀的斗争，积极配合解放军解放上海。

隐蔽在上海警察局内部的中共党员，在中共上海地下党组织的领导下，争取和团结了一批倾向进步的警察，缜密地进行迎接解放、配合接管警察局的种种准备。在这条无形的战线上，先后有50多名警察被捕甚至被杀。其中，钱凤岐、刘家栋就是这时被害的。他们在被敌人杀害之前，曾在普陀区警察局为革命、为人民进行过一系列隐蔽而艰苦的斗争。

---

① 上海市普陀区委党史研究室编：《拂晓——沪西解放战争时期地下斗争回忆》，内部发行，2009年。题目为编者所加，文字有删减。

冲破"三不准"禁令

抗日战争胜利后，国民党政府接管了上海，接收大员到处抢夺敌伪财产，大搞"五子登科"（劫收金子、票子、车子、房子、女子），致使工厂复工无期，工人大量失业。与此同时，国民党政府又颁布法令，不准罢工、不准罢课、不准游行示威。在此情况下，中共地下党决定分头发动敌伪时期被淘汰的1000多名老警察上街游行示威，向国民党警察局提出复职要求。钱凤岐等党员都参加了这次斗争。

钱凤岐，1909年生于河北省河间县。由于生活所迫，于1931年考入上海公共租界警备处当巡捕。1944年参加中共外围组织"新警同仁会"，同年年底加入中共地下组织。他根据党的指示，本着对失业者的无限同情，秘密地为复职造舆论、作宣传，特别是积极鼓动在职警员从各方面去支持即将兴起的复职斗争。在中共上海地下党组织的推动下，1945年9月底，一支由1000多人组成的请愿队伍扛着大横幅，从胶州公园（现静安区工人体育场）出发，一路高呼"我们要生活！""我们要复职！"等口号，经过北京路、南京路、汉口路，直奔市警察总局，要求见警察局长，声言不解决复职问题，决不解散队伍。在双方僵持的几个小时内，许多警察袖手旁观，不加干涉，有的还送来面包和茶水，表示同情和支持。国民党市政府和警察局万万没有料到接管上海还不到两个月竟出现示威游行的队伍，觉得事态闹大不好收场，只得满足请愿者的要求，让大部分老警察复职，向老弱人员发放救济金。"三不准"的禁令受到狠狠的打击。

1946年上半年，国民党政府为了强化警察机构，实行更加反动的警察区政策，大量录用从重庆和杭州警察学校正科毕业的学员充当骨干，同时招募新警，进行政治军事训练和党化教育，然后派他们做"警员"，用以代替他们认为"靠不住"的老警察，再把一批老警察集中到老闸、黄浦两个分局，准备陆续淘汰。要抵制警察局这一反动部署，就要组织老警察开展护职斗争。钱凤岐等同志按照中共警察系统委员会指示，秘密制作了许多写有"实行警管，砸碎饭碗""不受当局骗，就地改警员""坚持不改行，当局没法想"等口号标语，分别贴在当时各自任职的分局里，又去做警员的工作，分化瓦解他们，同时在群众中扬言：要在6月2日到外滩集会请愿，散布"此处不养爷，自有养爷处""此处不能蹲，去找毛泽东"等口号。警察局反动头目看到这些标语，听到这些传说，十分惶恐。6月2日正好是北平学联号召全国学生举行"反饥饿、反内战、反迫害"总罢课示威游行的日子，因此不得不作些让步，同意全部改为警员。警委又一次冲击了所谓"三不准"的禁令，也教育了下层全体员警，只有团结起来进行斗争才是出路。

国民党上海当局的反动禁令一而再地受到冲击后，人民革命运动此起彼伏，逐渐形成了反对蒋介石残暴统治的第二条战线。国民党当局除颁布更严厉的所谓戡乱动员令外，还严令查禁和没收一切进步书刊和报纸。共产党员刘家栋所在的普陀警察分局局长沈德享就常常派刘家栋和另一名警员一起去报摊搜查。中共主编的或民主人士主编出版的《群众》《新华日报》《民主》《文萃》《国报》《时代》等报刊，一被发现，立即没收。为了反对查禁，刘家栋进行了卓有成效的斗争。

刘家栋，1910年生于江苏泗阳县，19岁到上海，当过地主的雇工、上海滩的苦力。当了巡捕后，他经常阅读进步书刊，逐步提高了自己的认识。他崇敬鲁迅，鲁迅出殡时，他曾冒着失业的危险，以巡捕身份沿途保护送葬队伍。抗战时期，一位名叫杨干的新四军干部来上海采购文化用品，被敌人发觉。和刘家栋早就认识的中共地下党员张志坚就把杨干移转到刘家栋家，刘以警察的身份作掩护。以后，杨多次来沪，刘家栋不仅继续掩护他，而且还帮助他把采购的物资运往根据地。1945年，刘家栋经当时的警委书记邵健介绍，加入了中国共产党。刘家栋入党后，工作更加积极，每逢局长布置他去查禁进步书刊时，他就设法传递信息给以摆书摊为业的张志坚，再由张按预定网络把信息传播出去。因此，他和另一名警察前去搜查时，总是扑空，"一无所获"。有些书摊上有时也会发现按例要没收的书报，而他总是眼开眼闭，敷衍了事，另一个当警察的特务，一不留意就被他蒙混过去了。他就是这样不顾个人安危来掩护进步报刊在群众中发行的。

互保立功委员会是警委的外围组织。1949年初，在人民解放军取得辽沈、平津、淮海三大战役的伟大胜利之后，警委立即布置在全体警察中开展互动报立功活动。中共地下党员和党外积极分子用各种秘密的方式联系广大群众，要求大家做到互相保证、互相监督、不做危害人民的事；要保护好档案物资，维持好社会治安，为迎接解放，配合接管警察局立功。钱凤岐、刘家栋等都先后投入互保立功活动的组织工作。

钱凤岐自1947年9月起调到普陀分局，便担任了该局中共地下党支部书记。他平素爱好唱戏，到普陀分局后，常以拉胡琴、唱京戏为名，把警察们叫到自己的宿舍里来。每当兴尽人散之前，他就趁机宣传解放军三大战役的辉煌胜利，述说国民党在前方的惨败；暗示大家说，长江天堑不可靠，大上海也保不住，打破有些人对国民党所抱的幻想。有时也在警察中秘密传阅进步刊物，提高他们的认识和觉悟。据后来统计资料表明，上海解放时，在国民党警察系统已拥有中共地下党员约 500 名，党的外围积极分子约 2000 名。

当然，国民党当局一小撮顽固分子是不甘心灭亡的。上海警察总局局长军统特务毛森迫不及待地、分批分片地召集他认为"不可靠"的警员进行训话，向大家颁布《战时禁令》，规定如警察背叛国民党或弃职潜逃的"均予处死并杀戮其全家"。

警委面对越来越险恶的环境，为了保卫党的组织免遭敌人破坏，提高党员应付不测的能力，决定对全体党员进行一次革命气节教育。钱凤岐等十分谨慎地完成了这项关系重大的任务。他们利用各种机会，不分昼夜地找本支部所属党员一一进行个别谈话，细心地检查了他们的笔记本，把凡是记有别人姓名、情况的片断撕下烧毁，教育党员在任何情况下都要坚持斗争，万一被捕，决不自首变节，决不损害组织，决不出卖同志，要经得起各种刑罚的考验，一定要保持共产党员的革命气节。

钱凤岐等还根据警委的意图，利用警察职业的有利条件，搜集、积累情报资料、历史罪恶、当地敌人驻军、特务机关、武器、物资等等情况。

上海造币厂人民保安队护厂纪念地

【火红地标】

光复西路 17 号（光复西路 3 号）

上海造币厂人民保安队护厂纪念地外景近况

【火红历史】

    第一次世界大战，中国白银大量外流，严重影响金融和市场流通。在华的外国人乘机要求北洋政府在上海建造由外商控制的中国造币厂。中国人反对洋人控制中国的造币厂。北洋政府于 1920 年筹建造币厂，邀请美国人赫维特为总技师，在 1921 年 4 月选定戈登路（今江宁路）底的小沙渡北岸（今光复西路 17 号）103 亩土地为建厂基地，第二年厂房建筑基本完成，但到 1924 年因资金不足，陷入停顿。1928 年国民政府恢复筹建，定名中央造币厂。1933 年正式开铸银元（船洋）。1937 年"八一三"淞沪抗战后，工厂遭日军轰炸，厂房和设备受损严重，工厂内迁。抗战胜利后复工生产，1947年2月开始熔制黄金。此时的中央造币厂已成为国民党反动政府打内战的重要金库。

中央造币厂全景

中央造币厂内景

1949年5月，蒋家王朝全线崩溃，兵败如山倒，但仍在垂死挣扎。他们在沪西普陀疯狂捕杀共产党人，派驻国民党军，死守中央造币厂，要与中国人民解放军来个鱼死网破，决一死战。他们准备毁灭造币厂，利用中央造币厂的制高点，构建军事工事，严密封锁了造币厂桥。

5月25日的晨曦中，苏州河造币厂桥南岸全部解放，到了造币厂桥却被迫止步。这时的解放军，如果用重炮，顷刻间就能扫除国民党的残兵败将。但是，中共中央有令，为了让上海完整地回到人民手中，攻打敌人要塞和重要建筑，一律不得使用重兵武器。中国人民解放军坚决执行党中央的命令，以轻武器与敌人殊死搏击。激战中，电线杆被打断，我军大多是北方籍士兵，勇猛冲击，但不解电气知识，想以电线杆为掩体，相继踩上高压电网而伤亡。我军指战员焦急守望久攻不下的中央造币厂桥。

此刻，我解放军总部和我党地下党正在紧锣密鼓地策划深入敌军司令部，策动了国民党淞沪警备副司令刘昌义的起义投诚。刘昌义的投诚命令半夜到达中央造币厂的国民党守军。

此刻，守卫中央造币厂的国民党守军见大势已去，准备奉命交械，但突然一个头儿想了一个歪点子出来。他命令守兵全部改换便装，摇身一变为"新四军淞沪游击支队"，竟手持武器大摇大摆地冲进工厂，说要接管中央造币厂，接着四处乱窜，大肆抢夺存留在厂内的许多银元和尚未制造好的银元坯子。就在他们得意忘形地准备离厂时，守护工厂的人民保安队和隔壁的大隆机器厂人民保安队联手堵住了这批冒牌"游击支队"的退路，截住了他们已到手的银元和银元坯子，机智地扣下了他们手中的武器，立刻将他们押往解放军军管会。

236

是年5月28日，上海军事管制委员会金融处派出军代表陈镇泰、王振扬等人组成的军管组奉命接管了中国造币厂，嘉勉了工厂人民保安队护厂的功绩，中国造币厂终于完好无损地回到人民的手中。

【火红记忆】

回忆上海人民保安队[①]

沈　涵

（一）

1949年4月6日傍晚，我回到了上海。8日下午，中共上海市委委员、工人运动委员会（简称工委）书记张祺同志向我传达了党中央关于迎接上海解放工作的指示，阐述了上海的形势。他说，国民党反动派企图破坏上海的工业生产，准备将官僚资本工厂和民族资本工厂企业拆迁到台湾、香港去，阴谋使解放后的上海工业生产停顿，工人失业，社会秩序混乱，使人民革命政权无法维持下去。张祺同志说，现在胜利就在眼前，我们要进一步把广大群众发动和组织起来，统一全市的护厂斗争。而开展大规模的群众斗争，就需要由在全市工人群众中有政治影响、有号召力的组织来进行领导。抗战胜利以来，工委发动工人进行重大的政治斗争，是以上海工人协会（简称工协）公开出面的，工协在全市工人中是有威信的。因此，党决定仍用上海工人协会的名义，在工人中开展活动。我们决定建立市、区和基层的工协组织机构；同时在店职员、学生、中小学教师和科技人员中，分别建立职业界协会，学生联合会，中小学教师联合会、科技协会，一方面在这些群众组织中建立党组，加强党的领导，另一方面吸收非党积极分子。

最后，张祺同志宣布：工协党组由吴良杰、杨秉儒和我三人组成，由我任书记，并在沪东、沪西两大区和公用事业系统建立工协分党组，由沈默同志任沪东工协分党组书记，杨秉儒同志兼任沪西工协分党组书记，吴良杰同志兼任公用事业分党组书记。

为了便于统一领导、统一指挥各方面的力量迎接解放，上海市委决定恢复上海人民团体联合会的组织和活动，在人民团体联合会内成立党组（以下简称联合会党组），由地下市委直接领导。并将工协、职协、学联、教联、文联、科协等群众团体都划归人民团体联合会领导。这样，就把群众团体的公开工作和地下党的秘密工作分了开来。

5月15日，联合会党组召开第一次会议。市委书记张承宗同志代表市委出席会议，

① 中共上海市委党史研究室主编：《解放战争时期第二条战线》（上册），北京：中共党史出版社，1996年。文字有删减。

宣布党组成员的名单和分工，还提出了具体工作要求。

5月初，确定地下武装力量的公开名称为"人民保安队"。它的任务是在党的领导下护厂、护店、护校、保护地区，配合人民解放军解放上海。人民保安队按任务分为战斗队、宣传队、教护队三个分队，人民保安队总指挥部由孙友余、刘峰和我负责，我任总指挥。

（二）

联合会党组根据上级指示，布置工协、职协、学联、教联、科协的党组，继续抓住当时广大群众最关心的两大问题，即反搬迁和储粮应变，来发动群众同国民党进行斗争。

国民党反动派搬迁的重点是兵工厂、官僚资本企业的造船厂、招商局和民生公司的船只，以及中央航空公司和中国航空公司的飞机等。在这些企业中，除了江南造船所等单位我们党的力量较强外，其余都比较弱，有的还是空白点。我们开展反搬迁斗争，采取普遍宣传动员，重点具体部署的工作方法。普遍宣传动员，是为护厂斗争造舆论、造声势，使广大职工和家属都知道有工厂在，才能有饭吃，激发、提高护厂的自觉性和积极性。对于国民党准备搬迁的重点工厂企业，则通过全市各级党组织和党的外围组织人员中的社会关系，对这些工厂企业的职工开展工作，动员他们运用各种方式来阻挠和粉碎反动派的搬迁阴谋。对船舶、飞机等，故意使某些零件损坏，拖延修理时间，使之不能开动；或者运到香港后集中在那里，拒绝开往台湾。对于这些单位的高级管理人员，则采用写信宣传党的政策，指明前途，敦促其保护好工厂企业的机器、船舶等，为人民立功。

为了粉碎国民党反动派以军事需要为名，掠夺工厂成品的阴谋，工协和人民保安队同志一起商量，提出了一项措施：凡是制成品出厂，必须有相应的原材料进厂，并通知各官僚资本和民族资本工厂的厂长及有关人员，要协同职工群众一起切实执行。中纺第一、第十、第十二、第十七棉纺织厂、第一印染厂、大隆机器厂、中国农业机械公司等单位职工，都坚决和英勇地展开斗争，反对国民党搬运布匹、机器到台湾、广州去。

（三）

4月20日子夜，我人民解放军百万雄师横渡长江，迅速解放南京，并分兵东进和南下，解放了沪宁、沪杭两路沿线的重要城镇，形成了对上海的三面大包围，敌人只剩从长江口出海的一条通路。

关于保护工厂、商店、学校和人民生命财产的安全问题，联合会党组成员反复研究，要利用敌人的"维持社会治安，防止坏人的捣乱、破坏"的口号。在工厂、企业和学校里普遍组织护厂队、消防队和护校队，争取厂长和资本家或学校负责人的同意，在厂内、校内公开进行活动；在地区内利用原有的保甲，按街道、里弄建立居民治安组织，在出入通道口加装木门，由居民日夜轮流值班。把护厂、护校和保护人民生命财产安全紧密结合起来，迅速形成一场群众运动。

在工厂、企业和学校普遍建立护厂、护校队的基础上，通过党的外围组织，吸收群众中的积极分子和骨干分子，建立人民保安队。至解放前夕，根据各区不完全统计，全市人民保安队员约有 6 万余人。

5月中旬，我人民解放军已进抵本市郊区。大批蒋军退入市区，在"保护工厂"的借口下，强行进入工厂"驻守"，准备在我解放军进入市区时进行巷战，以毁我上海。

联合会党组及时研究了这个问题，并通知各级党组织及工协，迅速组织工厂企业职工分三班在厂内进行象征性劳动，采取一切办法，拒绝蒋军进入厂内；如实在拒绝不了，则可以通过同蒋军头目谈判，让他们住在空仓库或空房内，无论如何不让他们进入车间。

在实际斗争中，群众发挥了无穷的智慧。当蒋军强行进驻工厂时，群众采用了"慰问"的方式，设法同士兵接近，相机进行瓦解和策反。他们派代表，由厂方管理人员带头，对蒋军的连、排长和士兵进行"慰问"，烧茶送水，有的还送给每人一条毛巾；对几个头子，则故意多送一些"礼品"，邀请他们吃饭，住进空着的职员宿舍，以示"慰劳"。实际上，把蒋军头子和士兵分隔开来，使他们难以限制士兵同工人接近。职工群众在同蒋军士兵的接触中，乘机宣传人民解放军约法八章，策动他们逃跑。当蒋军士兵表示想逃但因无便衣，怕抓回来受军法惩处而有顾虑时，工人们便帮他们出主意：交出武器，换上便服，放工时混在人群中一起溜出厂门，从而瓦解了一批敌军。

人民保安队总指挥部在5月1日发布了《人民保安队队员须知》，规定了人民保安队的任务、组织、三大纪律八项注意、行动纲要、行动总则、看管须知等行动准则，刊登在《上海人民》第三期上，分发给基层单位的负责人，要求他们向广大队员进行传达和教育，切实执行。

从5月25日晨我人民解放军进入市区至27日上海全部解放为止的这几天中，冒出了打着各种地下组织和地下军旗号的人员，他们趁机"收缴"蒋军枪支弹药，"接收"工厂，向居民敲诈勒索，甚至企图收缴我人民保安队的武器等。据不完全统计，仅被人民保安队收缴到的这类臂章、符号就有 47 种之多。其中除极少数系与我人民解放军中的城工部有关系以外，绝大多数是散兵游勇、敌特、地痞流氓等乘火打劫、浑水摸鱼。例如，国民党特务头子陆京士的亲信、工福会的特派员、正泰橡胶厂黄色工会指导员吴英，在 27 日晨人民解放军解放沪东地区的过程中，带领了一些特务分子，戴着伪造的"新四军东南地区特派员"臂章，在提篮桥一带进行活动，张贴"告示"，妄图接收工厂，被我人民保安队发现缴械并报请上级批准后予以逮捕。又如，一批蒋军散兵游勇假冒"新四军江南挺进纵队"，到大名路公平路口公交公司停车场"接管"，妄图劫持公共汽车潜逃，被我公交公司人民保安队包围俘虏。再如，看守造币厂的蒋军，改换便衣，企图以"新四军淞沪游击支队"的名义劫走该厂已经制造好的大批银元和尚未制造好的银元坯子。造币厂原是我们列为重点保护和看管的单位之一，但由于我们在该厂并无实际力量，所以由地区人民保安队负责。当发觉这一情况后，邻近该厂的大隆机器厂和附近其他厂的人民保安队立即出动，将这批伪装的蒋军截住，缴了械，追获了被他们劫去的大批银元和银元坯子，保卫了该厂，保证了我人民解放军的顺利接管。

25 日清晨，北京路以南已有解放军了，解放军所到之处，受到人民群众发自内心的热烈欢迎，出现了不少动人的场面，反映了军民鱼水深情。不一会儿，地下市委书记张承宗同志通知指挥部的人员先到大世界对面的上元企业公司集中。经研究决定，将总指挥部设在海关三楼。

人民保安队总指挥部移至海关三楼后，第一件事是派出人民保安队去延安西路 129 号接管国民党上海广播电台，由钱李仁同志负责，向全市播送人民解放军已经解放了苏州河以南市区的消息，宣传解放军约法八章，号召蒋军官兵放下武器，向我人民解放军缴械投降。第二件事是同各区指挥部电话联系，了解情况。当时的各区指挥部负责人是：沪东区陈公琪、沈默，沪西区王关昶、杨秉儒，沪南区吴学谦、马飞海，沪中区梅洛、周炳坤，沪北区吴康。

25 日上午，苏州河以南地区已基本上解放了，但盘踞在苏州河以北的敌人利用从外白渡桥至西藏路桥一带的仓库和高楼大厦作为据点，企图顽抗。原来我们对上海的一部份蒋军是做了策反工作的，我们的同志分别同这些蒋军建立联系，他们答允在关键时刻举行起义或放下武器。至 27 日晨，苏州河沿岸的蒋军据点已分别停止抵抗，向人民解放军和人民保安队缴械投降，听候发落。下午，杨树浦一带工厂内的蒋军也陆续被厂内的人民保安队缴械。人民解放军迅速解放了沪东和沪北地区，肃清了零星的蒋军顽抗据点。至此，这个一百多年来帝国主义对中国侵略和掠夺的最大据点，蒋介石反共反人民的起家发迹地——上海，完全回到了中国人民自己的怀抱。

火红地标

解放军接受国民党上海警备副司令投诚地

【火红地标】

西康路 1000 号

解放军接受国民党上海警备副司令投诚地外景近况

【火红历史】

1949 年 5 月 25 日，中国人民解放军第三野战军九纵 27 军进入上海市区，解放了包括普陀区在内的苏州河南岸上海市区，但是，部队在进攻苏州河北岸时受到盘据在造币厂国民党残军的顽抗。部队根据上级"解放上海、保卫上海、建设上海，不能用重炮和炸药，不得使用重武器"的命令，在苏州河向北岸全线推进中遇阻，伤亡很大，其中在中央造币厂地段的激战中，我军战士伤亡惨重。

此刻，据守造币厂的是国民党刘昌义所部的51军。刘昌义此时刚被逃离上海的国民党京沪杭警备总司令汤恩伯任命为淞沪警备司令部副司令兼北兵团司令，统领51军、21军及一二三军，刘昌义当即表态，效忠党国，誓与上海共存亡。实际上，刘昌义已心猿意马，明白留守不过是当炮灰。

刘昌义统领的部队虽已是解放军的瓮中鳖，但仍是有杀伤力的残兵败将。为了减少我军伤亡，为了上海完好地回归人民，中共上海地下党的上海策反委员会委员田云樵来到解放军81师师部的所在地，与师长孙端夫和政委罗维道联系，研究如何打破僵局。田云樵突然想起原敌人营垒的王中民曾是国民党少将军部员，他与对岸51军副官处长刘凤德关系较为密切。现在正是兵临城下，争取军长刘昌义投诚是有可能的。田云樵当机立断，迅速派出王中民，冒险过了造币厂桥，成功实现策反。刘昌义同意投诚，副官处长刘凤德与解放军政委罗维道通了电话。按约定，解放军政委罗维道下令部队让开一个口子，让刘昌义乘坐的吉普车过桥来谈判。与刘昌义同行的有军法处处长刘凤德、一个参谋及陪同的王中民。刘昌义一行人的吉普车过桥转到西康路1000号劳工医院的解放军81师师部，双方就国民党军残部投诚问题进行谈判。

刘昌义在谈判时，就改编、投诚还是起义问题，进行激烈的讨价还价，他要保留原来编制和武装，但罗维道明确表达，绝不可能，如果不放下武器，用不了一个小时，你们全部要被消灭光，只有放下武器，才能算起义。刘昌义见解放军如此坚定的明

解放军81师师部驻地——劳工医院

确表态，已无法再坚持原来想法，终于在协议书上用毛笔签了字。协议书原稿有"暂时保留原来的编制、番号"等文字，均被罗维道毫不客气地划掉了。

签字后，气氛开始比较轻松了。师部领导请刘昌义一行吃了顿饭，四菜一汤，有青菜、豆腐、萝卜和一点虾皮清汤。刘昌义嫌伙食太差不想吃，询问："你们平时就吃这些菜吗？"罗维道回答："平时还没有这样好的菜。"下午，罗维道用军车陪同刘昌义到虹桥路27军军部，聂凤智军长接见了刘昌义一行人，当面表态，对有较大贡献的国民党军投诚人员会给予特别优待。

是夜，刘昌义下达国民党部队交枪起义投诚的命令，除了死硬分子还在顽抗外，大部分都交枪投诚了。

26日清晨，81师顺利从造币厂桥通过，接管了51军所有的防地，解放了整个沪西，并向江湾地区进发，扫清残敌。至此，我军迅速占领国民党军原有的防地，上海于5月27日全部解放。

建国后，剧作家按此情节编写了电影《战上海》，影片中的汤司令和起义投诚的刘军长形象家喻户晓。而西康路1000号解放军接受国民党上海警备副司令投诚地，同样会让我们后人更多地缅怀当年中国人民解放军为了上海人民的解放而付出的重大奉献和牺牲。

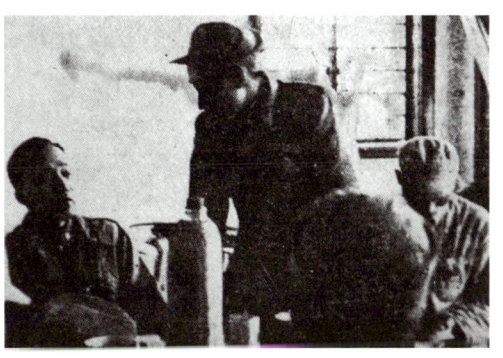
刘昌义（左1）与人民解放军指挥员接洽

普陀区委党史研究室同志采访罗维道将军（中）时的合影

【火红记忆】

解放军接受国民党上海警备副司令投诚纪实 [①]

华校生 顾淦翔

2007年8月17日赤日炎炎的下午，按照约定，我们来到老红军罗维道将军在上海长宁路的居所，93岁高龄的罗将军不顾高温与年迈，热情地接受了我们的专访。

罗维道将军，1915年9月生于江西泰和县一户贫苦农家，1929年2月参加中国工农红军，4月加入共青团，1932年3月转为中国共产党员。在土地革命战争、抗日战争和解放战争时期，先后参加了五次反"围剿"和湘赣边区三年游击战争、苏南战斗和黄桥决战、涟水和莱芜战役、淮海战役以及渡江战役和解放大上海的战斗。曾在1930年反围剿战斗和1947年莱芜战役中两次负伤。历任江西军区万泰独立团连指导员、湘赣红五团营教导员；新四军团政委、苏南第四分区政委兼中共郎广地委书记；

① 上海市普陀区委党史研究室编：《拂晓——沪西解放战争时期地下斗争回忆》，内部发行，2009年。题目为编者所加。

华中野战军第 16 旅政委、旅长；华东野战军第 6 纵队 16 师师长、第 27 军 81 师政委；建国后任空军华东预科总队长兼政委、防空军一军政委、福州军区空军副政委、福建省军区副政委。1955 年被授予少将军衔。

我们此行的目的是要了解解放军攻入上海，争取国民党刘昌义部起义和解放普陀区的情况。罗将军尽管年事已高，行动不便，听力有些背，但回忆当年的情形仍记忆犹新。

"1949 年 5 月 24 日，我们 27 军从松江进入市区，占领了虹桥镇、龙华镇和龙华机场。25 日天刚蒙蒙亮，部队在进攻苏州河造币厂桥时受到盘踞在对面的国民党军顽抗。根据上级的命令，为了保护上海这座城市，战斗中不得使用重武器，部队伤亡很大；在激战中路边的电线被打断，我们的战士触电倒下。北方战士不懂电的知识，一个拉一个，结果伤亡好几个。后来找来电工师傅剪断电线才算完事。"

虽然相隔半个多世纪，但罗将军的记忆仍然清晰。

"我们 81 师临时师部设在劳工医院（今西康路）。天亮后，中共地下党员、上海策反委员会的田云樵等同志（事后知道他们的身份）来到师部与我和师长孙端夫联系。我说中央指示我们，要'解放上海、保卫上海、建设上海，不能用重炮和炸药，既要打军事仗，又要打政治仗，最好进行政治攻势解决对面的敌人'。田云樵马上想到联系人王中民，讲王曾任国民党少将部员，与对岸 51 军高官较熟，现兵临城下，争取他投诚是可能的。随即安排参谋送其过河。"

"上午，我们又接待了王关昶、施惠珍等地下党同志，王是沪西人民保安队的负责人（事后知道，当时也没有介绍信）。我请他们为部队找 30 名向导，以帮助部队向江湾地区挺进。事后我们知道，当时 81 师师部所在地的劳工医院也是沪西人民保安队的联络点。"

罗老用浓重的江西话继续说道："经过一番周折，中午前敌淞沪警备副司令兼 51 军军长刘昌义偕王中民、参谋等几个人乘坐吉普车通过造币厂桥来到我师部。刘对我讲，汤恩伯跑了，让他当副总指挥代军长，还对桥北的部署情况作了介绍。我讲，你一小时内不投降，我们就彻底消灭你！他跟我谈了一个来小时，讨价还价，到底是改编、投诚还是起义？他要保留原来的编制、武器。我说绝不可能，只有放下武器，同意算你起义。他见我态度坚决，也就不再坚持。谈妥后双方在文书写的协议书上用毛笔签了字，对协议中'保留原来的编制、番号'一句，我毫不客气地划掉了。"

"因为签了字，气氛比较轻松。看吃饭的时间已到，我请刘昌义吃顿饭，四菜一汤：

青菜、豆腐、萝卜和一点小虾加清汤。他可能嫌差不想吃，问我：'平时也吃这些菜吗？'我说还没这么好。"

"饭后，刘昌义提出要见陈毅司令。我说找不到陈司令（其实陈老总已在中山公园），你可以同聂凤智军长谈。刘略有不满，但还是听从了我的安排。于是，我带着刘昌义、王中民等坐车前往虹桥路的27军军部。为确保安全，我派一辆架着机枪的卡车在前面开路。在军部，我们受到聂凤智军长的接待，刘昌义表示了起义的决心，聂军长笑着说：'我听罗政委在电话里谈起，已向陈毅司令员作汇报。'并说，对刘的安全，解放军绝对予以保证。至于待遇问题，对刘军长等贡献较大的国民党人将给予特别优待。刘听了连说'谢谢'。"

我们在后来的一些回忆文章以及刘昌义的回忆录中知道，为了贯彻协议，双方又商定三项具体内容：

一、刘昌义命令51军在25日夜12时前将造币厂桥防地（包括大场）交给解放军，51军集中到江湾体育场，并配合解放军打击顽抗的国民党部队（刘提出时间来不及，后同意推迟4小时）；

二、命令国民党21军、123军向大场集中，把苏州河以北所有防地、仓库、物资移交解放军；凡有违抗的，都由人民解放军解决之；

三、命令国民党所属部队在撤离中，要确保交通、通讯、水电等设施完整，不得破坏。

聂军长和刘昌义在协议上签字后，大家分头行动。刘昌义等返回北岸，让军法处长魏震亚留在81师师部，负责双方联络。对这些情况，罗老都基本予以肯定。

"26日清晨，我们81师顺利地从造币厂桥通过，接管了刘昌义51军的所有防地，解放了整个沪西地区并向江湾地区进发，扫清残敌。5月27日，上海全部解放。"罗老浓重的江西口音到此告一段落。

对解放军81师进城时在大西路（今延安西路）曾举行过一个简单的进城仪式的传闻，罗维道将军笑着断然否认："没有！打得那么厉害，怎么可能搞什么仪式？"

考虑到罗老的身体，我们只能告辞了，罗老在女儿的搀扶下坚持送我们到电梯口。面对这位战功卓著、亲自参与解放上海和普陀区的老将军，我们除了表示崇高的敬意外，真诚地祝福他安享晚年，健康长寿！

火红地标

真如国际电台旧址

【火红地标】

真大路 6 号

真如国际电台旧址外景近况

【火红历史】

5 月 25 日下午 3 时，一条内容为"上海解放了"的简便公电"Xα"讯号从位于杨家桥桃浦河东侧的国际电台真如发迅台发出，传向世界各地。

国际电台真如发讯台是国际通信联络大型发报台，设备新颖、齐全，占地面积广阔。1871 年 4 月，我国开始出现国际通信业务。孙中山曾在 1918 年提出中国要设立自己的国际电台。1928 年 8 月开始筹建大型国际电台；1929 年 8 月在杨家桥以北、桃浦河东侧一带征地 13.3 公顷，隆重开工建设；1930 年 12 月 6 日，国际无线电通信大电台揭幕典礼在真如发讯台举行。"一·二八""八一三"两次淞沪抗战期间，真如国际电台均为侵华日军轰炸和破坏的重点目标。上海沦陷前，电台大部分设备、人员迁往成都、重庆。日军占领发讯台后也重点装备发讯台，可见真如发讯台是兵家必争之地。

真如发报台

抗战胜利后，国民党政府重点装备了发讯台。但随着倒行逆施的国民党反动统治快要崩溃时，国民党又千方百计地要破坏毁灭发讯台。于是围绕真如发讯台，我地下党与反动派展开破坏与反破坏的一场惊心动魄斗争。

1948年底，国民党军队在战场上节节败退，国民党电信总局将从东北、京津等地运来的大批电信器材集中在真如、南翔发讯台，准备转运台湾。中共上海郊区地下党组织为保护通讯设施，让它完整地回到人民手中，开始积极制定应变计划。

党组织先在电台周边农村建立活动据点，伺机打入电台内部。电台地下党小组绘制无线电发射铁塔、天线、机房、仓库、发电机组的方位图，摸清电台行政管理人员的政治态度，调查电信物资和设备性能、数量及存放地点，在仓库工作的吴德祥还对库内的物资登记造册，然后一并交给上级党组织。

1949年1月，国民党当局为了守住上海，在沪郊纵深40里的范围内构筑了大批军事碉堡，同时强拉壮丁充当炮灰。4月底，解放军已逼近郊区，真如、大场、南翔一带相继成为战斗前沿阵地。留守的国民党军队负隅顽抗，对电台四周的农村实行"三光"政策，人民遭到家破人亡的深重灾难。

国民党政府溃败前夕，决定派出20辆军车到真如电台抢运设备。地下党借机组织职工装车，由地下党员押车，机智地把重达100多吨的设备悄悄地抢运到市区的胶州路、泥城桥、河滨大楼等地秘密隐藏起来。

在上海战火纷飞的险境中，留守小组提出"人在电台在"的口号，日夜坚守在机房周围。面对中国解放军的强大攻势，国民党守军终于要溃退了。5月24日上午，留守在电台内的七八个国民党士兵，拿着汽油和燃烧物品，准备烧毁电台。留守小组立即围上阻止敌人的破坏，但手握枪弹的士兵一定要执行烧毁发讯台的命令。相持中，留守小组人员以"请示上级"为借口，拖延时间，另一批人员给士兵递烟、送茶，拖住敌人的手脚。时间在分分秒秒中流逝，危险越来越逼近。突然，解放军枪炮的轰鸣声一下子惊吓了士兵，他们慌不择路地把汽油胡乱地倾倒在电台门口的木桥上，点燃后立刻逃之夭夭。留守小组立刻扑灭火苗，保护了电台。为了保障人民解放军安全迅速地追击顽敌，地下党及时地切断了发讯台周围的高压电网，让解放军安全通行。终于，发讯台安全地回到了人民的手中。

5月25日下午3时，解放军攻占真如发讯台，留守人员欢呼人民的解放，电台报务员用简便公电"Xα"向全世界各地发出"上海解放了"的消息。

解放军猛攻真如国际电台

【火红记忆】

真如发讯台向世界电告"上海解放"①

顾淦翔

国际电台真如发讯台是进行国际通信联络的大型发报台，设备新颖、齐全，占地面积很大。随着国民党军队的节节败退，国民党电信总局把从东北、京津等地运来的大批电信器材集中在真如、南翔发讯台，准备转运台湾。1948年夏，中共上海郊区地下党组织决定要千方百计地保护好这批具有重大政治、经济和军事价值的通讯设施，使它完整地回到人民手中。在具体步骤上，党组织决定先在电台周围的农村中建立活动据点，伺机打入电台，组织力量，采取措施，迎接解放。

建立电台党小组

当时，陶行知先生创办的山海工学团在大场一带很有影响。于是，大场地区的地下党组织首先选择了电台周围的陆家宅、金家宅、金家楼、旺巷、宗巷、金巷、罗巷、张家桥、孟家桥等村并以旺巷为中心，通过关系，联络地方人士，办起了山海乡村实验小学旺巷分校。再由校董会出面，聘请地下党员薛耘担任教师。1948年7月，薛耘以教师身份为掩护，来到旺巷地区开展工作。

8月底，薛耘在办好旺巷分校、取得周围村庄农民信任的基础上，利用教师轮流到学生家吃饭的机会和晚上串门走访的形式，联系与发动了30多个青年农民和家在农村的真如发讯台高空架线工人，并由真如台何宝生、沈大根、孟宝祺等人办起了夜

① 上海市普陀区委党史研究室编：《拂晓——沪西解放战争时期地下斗争回忆》，内部发行，2009年。

校。他们经常聚集在一起，谈论国事，分析形势。薛耘就通过启发教育来培养积极分子，选择党员的发展对象。不久，党组织为了加强领导，又派来刘期颐。他俩白天教书，晚上则培养、教育出身好、有政治热情的青年农民和青年工人。经过两、三个月的教育、考察，到 1949 年初，他们先后发展了 6 名青年农民和 7 名电台工人入党，并成立了一个农民党小组和一个电台工人党小组，实现了上海郊区地下党入电台计划。7 名电台工人党员是魏宝泰、吴德祥、沈大根、祝汝兴、钱惠林、孟宝祺和何宝生，由魏宝泰担任党小组长。上海地下党真如分区委成立后，上述两个党小组就直接在真如区的领导下开展工作。

群策群力，准备新的战斗

1949 年 1 月，国民党军队为了守住上海，就在沪郊纵深四十里的范围内建筑碉堡、拉丁、派捐、毁田、砍树等等，电台的安全也受到了严重的威胁。为了维护群众利益，保护电台的安全，电台党小组认真积聚力量，组织群众，准备迎接解放。

在上级党组织的统一布置下，电台党小组先后绘制了无线电发射铁塔、天线、机房、仓库、发电机组的方位图，摸清了电台行政管理人员的政治表现，调查了电信物资和设备的性能、数量及存放地点。在仓库里工作的吴德祥对库内物资一一登记造册后，交给了上级党组织。

春节后的一天，刘期颐兴致勃勃地向党小组传达了地下市委对解放战争胜利形势的分析和迎接上海解放的任务，并提出了护台和维护农民群众利益、减少财产损失的具体要求。大家听了都很兴奋，个个摩拳擦掌，准备战斗。

依靠群众，发挥留守小组作用

在解放大军进攻沪郊之前，电信当局已制定了应变计划。真如发讯台的应变计划是以组织留守小组来保持国际电信的畅通，对与发报无关的物资及其他设备，则准备全部撤运到市区，待机转运台湾。魏宝泰很快从电台工作处长沈树仁、工程师钱尚平等处摸清了当局对真如台的应变计划。地下党团结一切可团结力量，充分依靠广大职工，开展护台斗争。

党小组在群众中开展了不同形式的护台教育，根据不同的对象及其不同的政治态度，进行了不同程度的政治教育，如对青工特别是机房、外线、仓库等要害部门的青工，就着重向他们宣传军事形势，揭露国民党政府对外投靠美帝、对内反共反人民的行径和腐朽没落的政治本质，阐明护台与个人前途的切身关系。而一些中老年技术人员、职员因家庭负担重，所以顾虑较多。于是，党小组就着重向他们阐明电台、技术、职业、生活、出路之间的相互关系。其中有几个中老年技术员曾在抗日时期到四川内地，亲身经历过离乡背井的痛苦，也亲眼目睹了一些国民党达官贵人的腐朽生活，他们的亲身经历也就成为党小组开展护台教育的生动素材。

争取和团结工技人员是一项十分重要任务。由于党小组的 7 名党员都是工人，大都识字不多，只有吴德祥的文化程度稍高些。于是，他们就决定采用发信的方式来开展工作。由吴德祥执笔写了十几封信，以党的地下联络员名义，分别寄给了台内的工技人员和职员，向他们讲明解放军直捣淞沪的形势与前途，劝告他们为人民办好事，解放后必将论功行赏。对个别表现较差的人，则警告他不要再干坏事，再干必将追究。

发信后的第二天，电台内议论纷纷，许多职工面露喜色，为台内有党的力量、能听到党的声音而感到高兴；有的职工虽然在表面上不露声色，但内心却十分兴奋。这为党小组进一步争取、团结技术人员打下了基础。

经过地下党小组的宣传和发动，在职工中间形成了一股与电台前途共命运的潮流。在群众基本发动起来之后，电台正式成立了留守小组。留守小组由技术员黄振禄，总务陈锡荣，地下党员魏宝泰、孟宝祺，积极分子杨友根、周伯兴、张福庆七人组成。这样，地下党小组掌握了留守小组的领导权。

黎明前的战斗

4 月底，解放大军已逼近郊区。真如、大场、南翔一带相继成为战斗前沿。国民党军队为了负隅顽抗，对电台周围的农村实行了"三光"政策。在这险恶的环境里，地下党小组为了使贵重设备免遭破坏，准备把重达一百多吨的设备抢运到市区胶州路、泥城桥、河滨大楼等处。这时，国际电台派出了汪永年等人，带领 20 辆向国民党警备司令部借来的军车来到真如台抢运设备物资。地下党小组立即组织职工装车，并由地下党员沈大根负责押运。

在隆隆的炮声和呼啸的子弹声中，沈大根和大家冒着生命危险抢运物资。当时，沈大根的三间瓦房正在起火、燃烧，但他顾不得去灭火、抢救，而是满怀着对党对人民的赤胆忠心和坚定信念，坚持把设备全部押运到了市区。地下党员吴德祥、祝汝兴、钱惠林也不顾疲劳与个人安危，团结广大职工，把部分留台通讯器材和物资分类储存、清点造册，并把清册与仓库钥匙全部收起来。

在战火纷飞的险境中，以魏宝泰为主的留守小组提出了"人在电台在"的口号，日夜坚守在机房周围。面对人民解放军的强大攻势，国民党军队终于溃退了。5 月 24 日上午，留驻在电台内的七八个交通警察中队的士兵，拿来了汽油和燃烧物品，准备破坏发讯台。留守小组的成员马上围了上去，缠住带头的家伙，并由黄振禄出面，以"要请示上级"为由进行交涉。魏宝泰等人则向他们递烟、送茶，以拖延时间，设法阻止他们的破坏，就这样泡磨了好长时间。突然，电台上空响起了解放军的枪声，交通警察中队的士兵急忙把汽油倾倒在电台门口的木桥上，点燃后就匆忙逃跑。留守小组的人马上勇敢地冲了上去，迅速扑灭了火焰，保护了人民的财产。

为了保证解放军的安全通过，迅速追歼顽敌，地下党员还切断了发讯台周围高压电网的电源。

5月25日下午3时，解放军攻占真如发讯台，电台报务员用简便公电"Xα"向全世界各地发出了"上海解放"的消息。

5月27日，上海人民沉浸在庆祝解放的欢乐之中。在中共真如分区委的领导下，真如发讯台的党员、积极分子和周围农村的党员共同组成了人民自卫队，日夜守护着电台。真如发讯台完整无损地回到了人民手中。

上海工人三次武装起义大型群雕

【火红地标】

曹杨路 520 号沪西工人文化宫内

上海工人三次武装起义大型群雕

【火红历史】

　　上海工人三次武装起义大型雕塑是纪念全国总工会、上海市总工会成立 60 周年和五卅运动 60 周年，在 1985 年 5 月 28 日落成于沪西工人文化宫临街广场，1999 年 5 月 26 日迁移至文化宫南草坪。雕塑基座正面雕刻"上海工人三次武装起义纪念"12 个大字和"上海市总工会一九八五年五月"字样。基座上矗立了一组巨型人物塑像，巍峨、挺拔，重现了上海工人阶级在三次武装起义中英勇战斗的雄姿。基座的两侧塑有两块浮雕：一面展现了 1926 年 10 月 24 日、1927 年 2 月 22 日和 3 月 22 日在中国共产党领导下，上海工人阶级团结上海人民，经过三次武装斗争，推翻反动军阀统治，迎接国民革命军北伐来沪的英雄业绩；另一面展现了上海工人纠察队员高举"上海市工人纠察队"旗帜，冒着敌人猛烈的炮火，不怕牺牲，冲向敌人的英雄气概。浮雕画面中有四位人物特写，象征着三次武装起义领导人的光辉形象。

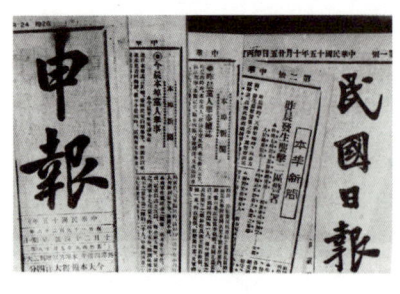
当时报纸对上海工人第一次武装起义的报道

第一次起义：1926年7月，国民革命军北伐，胜利推进。9月初，中共上海区委决定进行武装起义的准备，组织2000人的工人纠察队。10月16日，北洋军阀孙传芳部之浙江省省长夏超宣布反孙倒戈，并准备率部进攻上海。国民党上海军事特派员钮永建与中共联络，利用夏超倒戈之机，共同举行武装暴动。但夏超倒戈失败，而中共已经下达起义命令，起义由于仓促和不协调而失败，共产党党员陶静轩、奚佐尧等10多人惨遭杀害，100多人被捕。

第二次起义：1927年2月中旬，北伐军东路军先头部队已到嘉兴。2月19日，上海总工会下达总同盟罢工令，号召全市工人"罢工响应北伐军，罢工打倒孙传芳"。22日，罢工工人队伍已达36万人。此刻，驻守嘉兴的北伐军东路军突然停止前进，反动军阀得以集中力量镇压罢工，派出杀气腾腾的大刀队，沿街搜查罢工队伍，实行白色恐怖。是日，中共上海区委已发布"今晚6时，全上海动员暴动"的命令，总罢工转为武装起义。但是，原定黄浦江军舰开炮，由浦东工人接应的汽船未到，无法按计划上军舰提取武器和夺取兵工厂，起义的中心任务没有实现，只有少量武装与军阀军警战斗。2月23日，中共中央和上海区委决定停止暴动。起义中，包括大夏大学的2名学生在内，共有40多人牺牲，被捕300多人，起义以失败告终。

第三次起义：在总结前两次起义失败的经验教训基础上，成功地举行了第三次武装起义。1927年2月23日，中共中央和上海区委在停止第二次起义的同时，决定成立由陈独秀、罗亦农、赵世炎、汪寿华、周恩来等8人组成的特别委员会，并在3月15日起，沪宁铁路开始罢工，阻断军阀退路。20日，北伐军先头部队开抵近郊龙华。21日，上海总工会发出总同盟罢工令。中午12时，80万工人实现总同盟罢工，全市7个区工人武装统一行动，发起对军阀的决战。经过30多个小时的激战，打垮了军阀在各区的驻军，最后攻占北火车站，共歼灭军阀部队3000余人，警察2000余人，缴获步枪3000余支、机枪百余挺。我方牺牲300余人，负伤2000多人。3月22日上午，召开第二次临时市民代表大会，选举产生上海特别临时市政府，政府委员19人，其中共产党

沪西工人纠察队缴得曹家渡警局枪械后的情

员和工人代表 10 人。

上海工人三次武装起义大型雕塑已成为上海市总工会教育基地、上海市青少年教育和普陀区教育基地。

【火红记忆】

赤胆忠心打天下 ①

杨福林

我从十一岁那年起，就进南京丝厂当学徒。过去当学徒，真是苦极了，名义上是学徒，其实呢，全是干些扫地、烧饭、洗尿布之类的活儿。做了三年，我怎么也受不了这种罪，心里想，到哪里也比当学徒强，就悄悄地逃走了。离开了那个工厂，就逃到江西黄兴部下去当兵。那年，我还是个不足十四岁的人，人还没枪高。干了一个半月，长官就教我骑马，学会后再教我打枪，学了两年八个月，已经会一面骑着马跑，一面打枪，十枪中七枪。那时我的年纪还小，什么事情也不大懂得，就这样混了几年。

1914 年，黄兴部队被军阀冯国璋打垮了，我就到上海日本纱厂第三厂（就是现在的国棉十一厂）做工。那时做工也非常苦，我们工人没命地干活，挣来的钱还吃不饱饭，这种苦日子真没有办法过!

1924 年，厂里有了党的活动，工人们开始组织起来。工人有了党的领导，就有了力量。那年 10 月，我加入了中国共产党。不久，我们开始了要求日本资本家给工人增加工资的斗争。对于我们提出的增加工资 20% 的要求，资本家不但不答应，还组织流氓来打工人。于是，在党的领导下，我们在 5 月份开始了罢工。工人们选我做代表。我说我不识字。大家说不识字不要紧，能讲话就行。工人兄弟既然相信我，我就不推辞地当了代表。斗争一开始，我就叫人去把马达关掉。在我们同一个大门里有五个厂，一个厂罢了工，另外四个厂也一起罢工了。我们还成立了纠察队，搞宣传、募捐等活动。资本家一看全部工人罢了工，一时慌了手脚，随即叫"商会"出面来调解。这时，我们提出了五个条件：不准打工人；准许成立工会；罢工期间工资照发；不准开除工人代表；工资增加 20%。狡猾的资本家为了争取复工，一口答应我们的要求。但是复工之后，资本家除了不敢像以前那么疯狂地打骂工人以外，其他都不肯照办，还对工人代表进行报复。

日本资本家这样坏，工人哪肯罢休。我和几个工人代表一商量，第二天，厂里又

---

① 浙江工人报编：《在革命大风暴里》，杭州：浙江人民出版社，1959 年。文字有删减。

罢工了。日本资本家怕闹大，就用金钱来收买我，说给我十万块钱，可以盖洋房、坐汽车。我对他说："我是工人，你今天想拿钱来打倒我，办不到！"资本家一见收买不了我，就又想了条毒计：收买工贼来杀死我。因为我早有防备，虽然我被砍了五刀，头上还挨了一铁棍，可是我也单枪匹马地砍伤了他们六个人。后来，工人同志把我抬到医院去。因为这件事，资本家不要我在厂里做工了。

不久，党给了我四支枪，叫我做保卫工作。当时我非常高兴，心想：十年前学会的枪法，这次又派上了用场。我去找了三个工人，每天在家教他们打枪。过了不久，这三个同志的枪法已经学得很好了。我们的胆子就更大了。当时，党给我们的任务是保卫工人开会。有一次，周恩来同志召开会议，也是由我们担任保卫工作的。那一次，我们早就安排好，外面、里面都有人负责保卫工作，如果敌人来了，外面的同志先对付，里面的同志再出来帮助，这样就可以掩护负责同志安全撤退。

为了配合第一次国内革命战争，从 1926 年 10 月到 1927 年 3 月，党领导上海工人举行了三大武装起义，我参加了其中的两次，第二次武装起义时，因为我身上的枪伤没有好，所以没有参加。

第一次起义的时候，我们小组是十个人，只有三支枪，其余的是各拿一把斧头，地点在潭子湾。说好了以炮声为信号，一齐出动，可是左等右等炮都不响。一直等到下半夜二点钟，有人等得不耐烦了，不管三七二十一冲出去，结果吃了亏，到天亮就失败了。

第三次武装起义，那时，我们一起三十来人只有十五支枪，由我先偷运到虹镇。我一人身上带五支，手里拿一支，让别的带枪的同志走在前边，碰到抄靶子的就准备打，结果一点岔子也没出，平安地到了目的地。我放下了这六支枪，再回租界取九支枪和子弹。我把枪放在马桶里，谁知这一次给"包打听"发现，他看见我这只马桶很重，要过来盘查。我一看苗头不对，就开了枪，边开边跑，没有让他们追上。

人多枪不够，我们就决定打警察局。到第一个警察局，要警察拿出枪，警察就乖乖地缴出了九支枪，连子弹箱也都拿了出来。到第二个警察局，又缴了七支枪。我们的枪差不多了，正想走，不料他们在背后开枪了。我们就掷手榴弹打他们。这一下又夺来了二十支枪。这一天，我们一口气打了四个警察局，总共缴来六十多支枪。一直打到宝山路桥，听说吴淞下来一团人，我们就挖了一段铁路，分三处埋伏和敌人开了火。我们这边肚子打饿了，工人就给我们送饭送茶水。敌人那边什么都没有，又渴又饥。从下午二时打起，一直打到第二天九点钟，他们吹号缴枪了。有些工人同志不懂，我告诉大家：敌人缴枪了，不要打了。我们把红旗摇一摇，他们一个个举手投降。

接着，我们把敌人的武器弹药从火车上搬下来，充实了工人的武装。在这次起义中，我们上海有八十万工人参加了斗争，打垮了军阀，胜利地迎接了北伐军。

"四一二"蒋介石叛变革命，上海陷入白色恐怖。第二年（1928年），我因叛徒出卖被捕了。

我一落在敌人手里，就没有想活着出去。在牢监里，我看到了叛徒，恨不得咬他一口，可是怕他再出卖其他同志，只好忍住怒火。我对叛徒说："你只承认是我的朋友好了，不要承认和我一道工作，这样他们就会放你出去，没有你的事。你要是承认和我一道工作，你就要倒霉！我吃官司，你也要吃官司；我枪毙，你也少不了枪毙！你自己看着办好了。"

叛徒听了我的话，在审问的时候照我的话说。我也说："他是我的朋友，不是做工作的。"

"包打听"信以为真，果真把那个叛徒放了。他们追口供，我理直气壮地说："我是工人，我承认什么？我承认你是汉奸，你是卖国贼！"

那个"包打听"气得七窍冒烟，随手一拳打过来。当天晚上，他们给我用了电刑，昏厥了又用冷水喷醒，再上电刑，死去活来五个转，可是我一醒过来就破口大骂。

他们看看硬的不行，就用软的。一个"包打听"把头剃光，装成犯人到牢监里来，他问我："你为什么吃官司？"我说："不知道。"等几个钟头，又来问我，我还说不知道。到了晚上，他再问我，我就骂他："滚你娘的蛋，你吃你的官司，我吃我的官司，你管什么？"他什么也没有得到，第二天一早就灰溜溜地走了。

不久，在一次公堂上，有十三个人指认我杀过人，还有一个汉奸的妻子也来作证。

"是你打死她的丈夫吗？"法官问我。

"不是。"我说。

法官问那个女人："是他打死你的丈夫吗？是你亲眼看见么？"

那个女人说她没有看见，是死人告诉她的。

法官追问："怎么，死人还会说话么？"

她说："说两句就死了。"

法官说："天下怎么会有那么巧的事？"

这时，我想：法官向来都是帮原告，帮帝国主义、汉奸讲话，他为什么帮我讲话？这个法官也许和组织有关系，也许党在他身上花了钱。果然，法官宣判我一个无罪。

无罪也不释放，第二天他们又把我转到中国侦缉队。

一到中国侦缉队，"包打听"又照样来问我："你枪杀了多少人？"

我说："我没有杀人。"

他说："你不承认，看看刑罚吧！"

我说："好，帝国主义的刑罚尝过了，中国的刑罚还没有尝过！"

随即，几种酷刑轮流着来：三上吊，火烧，老虎凳，从鼻孔里灌胡椒水。痛得我单衫能绞下汗水来，鼻子和嘴都喷着血水。可是，我嘴里没吐半个字。

敌人找不到罪证，又没有口供，只好判我个"私藏军火罪"，徒刑一年，关了六个月交保释放。我正在高兴自己将死里逃生的当儿，谁知那些"包打听"听说要释放我，都说放我不得，放了我，他们就要死在我手里，结果又被判了个无期徒刑。

就这样，我在监牢里度过了十五年零四个月的日子。

1943年"五一"国际劳动节过去没几天，我出狱了。这时，家也没有了，特别是组织关系一时也接不上，这使我非常着急。我想：我是工人，就只有用劳动来养活自己；既然是党员，就得接上组织关系。于是，我托一个朋友把我介绍到福兴烟厂锡包部去做工，寻找党的组织。有一天，我正在工作，一个人轻轻地拍着我的肩膀，问："朋友，工作好吗？"我说："靠朋友帮忙，都好。"当时，我心里一动，好象觉出点什么，可是又不便冒失地多问。快解放的时候，一个工人被资本家打坏了，我怎么也按捺不住心头的怒火，从三楼冲到二楼，找到上次和我说话的工人说："朋友，难道咱们不算人嘛？我年纪虽大，也要给他报仇！"那个工人却未同意我这样做。我心里更明白了，他一定是个地下同志，你不叫我做，这是组织上不准这样做，我就一声也不响了。第二天，那个工人就把地下负责联系工作的同志带到我家里来，我把前前后后的情形详细作了汇报。就这样，我终于接上了组织关系，重新回到了党的怀抱。我顿时增加了巨大的力量！

过了一些时候，上海解放了。几十年的革命斗争，牺牲了千千万万的同志，我们终于盼来了自己的队伍。我们胜利了！

地下少先队群雕

大渡河路 189 号长风公园内

地下少先队群雕

【火红历史】

　　1990 年 5 月，为纪念新民主主义革命时期上海少年儿童的革命功勋，由上海市儿童和青少年工作者协会、市园林管理局等单位主办，上海市总工会等 32 个单位赞助筹建的"地下少先队群雕"在长风公园大草坪东部落成。

　　群雕占地 523 平方米，一旁的巨大花岗石上刻着康克清题写的"地下少先队群雕"七个大字。在花岗石平台上建起四座高低错落的大理石墙，正面为红色，分别镶嵌着一组钢质浮雕，反映了上海解放前 4 个历史时期儿童的革命斗争活动；各个大理石墙背面是与每组浮雕相对应的碑文。在四座大理石墙前，铺就 270 平方米花岗石广场，并建有一座双人少先队队员的不锈钢雕塑，男童在吹号，女童在行少先队礼。其高3米，底座为红色大理石砌筑。展示了在中国共产党领导下，我国少年儿童进行反抗黑暗势力的爱国革命活动，寓意了梁启超"少年强，则国强"的真谛。

《第一次国内革命战争时期》碑文大意：中国共产党在上海创办了劳动童子军，在五卅运动和上海三次工人武装起义中成为反帝、反军阀斗争的一支积极力量。

据普陀区党史资料记载，1924年至1927年，中国共产党在上海创建"劳动童子军"，全市5个区共有1200人参加童子军，沪西小沙渡有600人，他们在子弟学校读书、唱歌、演戏，快乐生活，同时在共青团领导下，跟随革命者参加反对帝国主义和军阀的示威斗争，直接参加了五卅运动。1926年1月，因童子军（团）负责人胡南山被敌人逮捕，童子军失去领导而无形解散。至年底，又重新恢复，并参加了上海工人武装起义。

《第二次国内革命战争时期》碑文大意：在中共上海地下党的领导下，在山海工学团建立了赤色儿童团，展开小先生活动，唤起民众，投入抗日运动。

据普陀区党史资料记载，我区女青年会裕庆里女工夜校和三和里女工夜校等各个女工学校，包括山海工学团在内的学校，在陶行知领导的平民教育中，在女工夜校中开展女工学生做老师的小先生活动，培养孩子投入"一·二八"淞沪抗战的"赤色沪西"活动。

《抗日战争时期》碑文大意：在中国共产党的领导下，把难民儿童组织起来，创办"孩子剧团"，成为抗日救国宣传的一支小生力军。

孩子剧团撤离上海前的留影

据普陀区党史资料记载，"孩子剧团"的创建人是原中共国难教育社沪西分社书记吴莆生（吴新稼），他直接参与沪西、沪东1936年反日大罢工，1937年2月转到沪东。"八一三"事变爆发后，他组织流散在上海各地的难民儿童组建"孩子剧团"，到包括沪西在内的上海大街小巷演出，宣传抗日。后来，"孩子剧团"辗转祖国8省等地演出，在汉口受到周恩来、董必武、叶剑英、郭沫若等接见和支持。

《解放战争时期》碑文大意：在中国共产党领导下，建立地下少先队和报童的秘密组织，他们发传单，揭露国民党假和平，真迫害的罪行，为上海解放作出贡献。

吴莆生（前排左三）

据普陀区党史资料记载，在中共沪西劳工教育分区委领导下，充分发挥由宋庆龄创办的中国福利基金会第一儿童福利站作用，开展对贫民区儿童的救助活动，并组成一支少年服务队和小先生团，参加福利站内的各项工作。他们在当时国民党白色恐怖环境下，以少儿十分活跃的特殊身份条件，做了许多成年人不能做的工作，为上海的解放，做了有益的贡献。

【火红记忆】

追忆上海"孩子剧团"[1]

中共上海市普陀区委党史研究室

在长风公园的中央草坪上有一组"地下少先队群雕"，是由市总工会等32个单位赞助，市儿童和少年工作协调委员会主建的。

"地下少先队群雕"之三雕塑的是"孩子剧团"，其碑文写道：抗日战争时期，中共上海地下党把难童组织起来，开展各种教育活动，创办了"孩子剧团"。 孩子们怀着极大的爱国热情，不避艰险，不怕困难，到群众中去演唱、演戏、演讲，做了大量抗日救国宣传工作，成为抗日斗争中的一支小生力军。

为此，普陀区委党史研究室曾专访领导过地下少先队的离休老干部吴新稼。

1936年，吴新稼担任中共中国难教育社沪西分社书记，当时名叫吴莘生，参与组织领导沪西、沪东的上海日商工人大罢工，1937年2月到沪东工作。

1937年"八一三"淞沪抗战爆发后，全市先后共有25万难民涌进各个难民收容所，其中绝大部分是惨遭战祸洗劫的工人、农民、城市贫民等，在他们身上蕴藏着巨大的抗日热情。地下党十分重视难民工作，同年12月专门成立了难民运动委员会（简称"难委"），并规定了发动组织难民到抗日救亡的运动中去的七项任务。随着广大难民的思想觉悟提高，有不少人秘密加入共产党，有20多个难民所成立了党支部，党员从三四十名发展到300多名。

各收容所把难民分成儿童组、妇女组、壮丁组，教师们自编教材，把抗日的政治教育贯穿于文化教育中，儿童教材的第一课就是"我们伟大的祖国"。到难民所去宣传抗日救亡的就有"孩子剧团"（当时儿童界的救亡团体有十几个：儿童界救亡协会、孩子剧团、我们的儿童剧团、孩子歌咏团、难童剧团、难民小先生普及教育团等）。

---

[1] 上海市普陀区档案局、中共上海市普陀区委党史研究室、上海市普陀区地方志编辑委员会办公室编：《追忆——普陀历史档案剪影》，北京：中国社会出版社，2011年。题目为编者所加，文字有删改。

"孩子剧团"成立于 1937 年 9 月 3 日，隶属于上海文化界救亡协会，由王洞若、吴新稼、许翰如等先后任团长，主要成员有许之明、张莺、张宗元、郭宝祥、张浣青等。

9 月 11 日，上海《救亡日报》刊登了《孩子剧团宣言》："我们是一群流浪儿。我们是一群不愿跟着爸爸、妈妈逃难享福的孩子……我们曾经发过誓：不逃、不躲、要同日本鬼子拼……我们愿意永远演戏，愿意上前线去演，愿意到内地去演，也愿意到受难的同胞里面去演。"

起初，"孩子剧团"设在恩派亚戏院，同年 10 月搬迁到马斯南路（今思南路）国际救济会第一难民所（今上海第二医科大学）。这是个临时搭起的收容所，由震旦大学出地皮（操场），华洋义赈会出经费，前后收容难民约 4 万人次。这里的中共力量很强，积极开展抗日救亡工作。从监狱中释放出来的老党员、老同志曾在这里工作、生活，接上关系后被调派到各个新的战斗岗位上。党组织还动员难民所的青壮年到浦东参加游击队，并向新四军输送人员。"孩子剧团"在这样的特殊环境中生活，受益匪浅。

"孩子剧团"除了每天正规学习、训练外，经常到外面演出，他们的足迹遍布街头、学校、工厂、农村、难民所和伤病医院，并在难民中教唱抗日歌曲，鼓舞民众的爱国热情。

"孩子剧团"参加了中共地下党安排的专场演出，演出的第一剧目是吴雪导演的《放下你的鞭子》，不久又演出儿童剧《仁丹胡子》《捉汉奸》。

"孩子剧团"曾吸收了 200 多名少年儿童，办起了儿童识字班、小先生训练班等。"孩子剧团"与其他上海儿童救亡团体，每个星期日都要召开一个座谈会。上海各救亡团体发起"保卫大上海运动"期间的一个星期日，正是苏联十月革命胜利 20 周年，他们请来沈西苓等先生演讲，同时扩大讨论的范围：为战死的将士致哀，讨论联络各儿童团体的办法，报告北伐时期儿童团体的活动情形，报告九国公约开会等。

1937 年 11 月，上海沦陷，在王洞若的安排下，吴新稼率领 20 余名 8 岁至 12 岁的团员，分 5 批撤离上海，其中有王洞若从山海工学团介绍来的许翰如、徐治平、徐祥仙等。

"孩子剧团"先在南通集合，经徐州、郑州，前往汉口。在途中，"孩子剧团"艰苦行军，经常挨饿、受冻、生病，但他们坚持宣传演出，其主要剧目有《帮助咱们游击队》等。1938 年春，"孩子剧团"抵达汉口。八路军办事处召开了欢迎会，周恩来、董必武、博古、叶剑英、叶挺、邓颖超、郭沫若等出席。周恩来说，长征时，有的"小八路"是靠大人抱过来的，"可是他们（指"孩子剧团"），一个大人也没有。

从上海出发，突破敌人的封锁，在敌人的炮火下，跑了几千里路，沿途还做宣传工作。硬是跑到武汉来了，真是不容易啊"。根据剧团孩子们的表现，发展了一批党员，并成立了党支部。

由于"孩子剧团"的领导工作抓得紧，因此团员的政治觉悟高，爱憎分明；求知欲望强，学习进步快；组织纪律性强，既民主，又集中；团结友爱，互相帮助；艰苦朴素，不怕吃苦。剧团不愧是革命的熔炉，培养人才的学校。

"孩子剧团"被收编到政治部第三厅（厅长是郭沫若），剧团扩充为60人，创作并演出《不愿做奴隶的孩子》《孩子血》《为了大家》及新歌剧《农村曲》（冼星海作曲），都获得了出色的宣传效果。1941年春到1942年，"孩子剧团"演出了石凌鹤编导的六幕儿童剧《乐园进行曲》、五幕童话剧《秃秃大王》（石凌鹤、张莺改编），标志着剧团的戏剧艺术活动走向演出大型舞台剧的成熟阶段。

1942年9月，孩子剧团被迫结束了遍及8个省市和几十个农村集镇的抗日宣传活动，一部分团员被送往解放区。

火红地标

工人运动领袖刘华烈士纪念塑像

【火红地标】

曹杨路 520 号沪西工人文化宫内

刘华烈士纪念塑像

【火红历史】

　　沪西工人运动的领袖刘华（1899—1925），四川宜宾人。1920 年 8 月到上海，进入中华书局印刷所当工人。1923 年 8 月，受《民国时报》副刊《觉悟》主编邵力子推荐，进入上海大学附中部半工半读，在瞿秋白等人的影响下攻读马列主义理论，加入社会主义青年团，并担任附中部团支部书记。1924 年 2 月，上海大学开设平民夜校，刘华担任夜校执行委员，不久加入中国共产党。同年秋，受党组织委派，到沪西工友俱乐部开展工人运动。项英离沪后，工友俱乐部由刘华负责。刘华深入群众，常与工友谈心交朋友，用生动的语言揭露资本家的残酷剥削和压迫，影响、培养了一大批工人积极分子。

267

刘华（后排右二）在印刷厂与工人合影

1925年7月，刘华四川老家遭到土匪抢劫，弟弟被打死，父亲被掳走，母亲受重伤，祖母病危。刘华接连收到家里的来信来电，催促他速返故里。然而，此时的沪西革命斗争正处于如火如荼的阶段，刘华忍着泪水给家人回信说："国家衰弱，强邻欺侮，神圣劳工，辄为鱼肉。我亦民族一分子，我亦劳动一分子，身负重任，何以家为？须知有国方有家也。"坚持在斗争一线。

刘华战斗工作的潭子湾三德里，条件十分艰苦，住的是草铺，饿了只能啃大饼。由于日夜工作，刘华积劳成疾，咳血不止，在李立三的催促下才住进医院。他的叔父得悉刘华病重，来信劝其回乡休养。他回信说："虽我已累倒吐血，但我的心情是愉快的，我应该完成工人阶级交给我的任务，岂能在与敌人作白刃战时，为了私事而随便抽身回家？""中华民族必须解放，工人必须斗争。时艰敌迫，革命是流血的事情，我处此，纵流到最后一滴血，也在所不惜。"信尾还写下了充满革命豪情的诗句："愿挤热血如春雨，洒遍劳工神圣花。"待病体稍有好转，刘华又不顾淞沪戒严司令部对他的通缉，立刻投入了战斗。

11月29日下午，刘华参加完在西门公共体育场举行的反段祺瑞市民大会，返回到静安寺路（今南京西路）时，被租界巡捕房包探秘密逮捕，很快又被引渡到淞沪戒严司令部军法处。刘华被捕后，党组织多方组织营救，上海总工会向军阀孙传芳发出抗议书，要求立即释放刘华。小沙渡工人准备用示威的方法逼迫军方放人。刘华获悉后，设法传递消息给监外，劝工人不要硬拼，避免再次流血牺牲。12月9日，上海总工会召开工人代表大会，决议以代表大会的名义要求戒严司令部释放刘华。大会还选举产生了上海总工会新的执行委员会，刘华当选为副委员长。

但是，帝国主义和军阀害怕刘华。12月17日，日本商会和英国驻沪副领事同军阀孙传芳进行秘密协商，他们认为："刘华是中国劳工运动的领袖，上海屡次罢工皆为其煽动，如不重办，上海的秩序十分危险。"孙传芳随即命令淞沪戒严司令部将刘华"秘密枪决，灭尸不宣"。当晚11时许，刘华在蓬莱路高昌庙（江南造船厂）附近被秘密杀害，年仅26岁。

刘华壮烈牺牲，全市工人无比悲痛，纷纷佩戴黑纱哀悼。中共中央、中华全国总工会相继撰文、发通电悼念刘华，上海各界人士抗议军阀的暴行。1926 年 5 月 29 日，全市人民纪念"五卅"一周年，在五卅公墓奠基礼上，全场高呼口号"不要忘记我们的刘华！""为我们的领袖复仇！""刘华不死！"。这天，沪西工人也在劳勃生路（今长寿路）小沙渡路（今西康路）口的大自鸣钟（1958 年已拆除）隆重举行顾正红和刘华烈士纪念大会。邓中夏站在台阶上，以对中国革命事业必定会胜利的坚定信念，向全体到会的工人们说："我们一定要在革命取得胜利后，在这里为刘华树碑纪念。"邓中夏的话字字铭记在沪西工人的心间，这是不忘初心、牢记使命的时代呼唤！

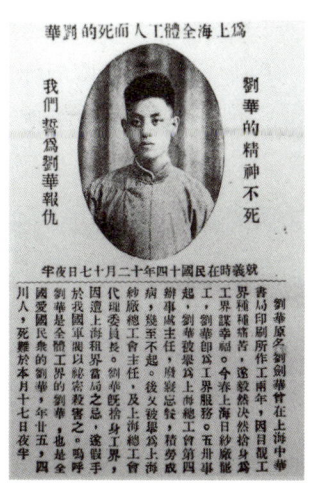

上海总工会发文纪念刘华烈士

1949 年 10 月 1 日，在无数先烈英勇奋斗和牺牲后，终于迎来了新中国的诞生。邓中夏在顾正红、刘华烈士纪念大会上的讲话在 65 年后被发现。经上海市文管会批准，刘华烈士纪念塑像于 1992 年 4 月 29 日在沪西工人文化宫落成。塑像周围冬青环绕，环境庄严、肃穆，树木常青。刘华烈士纪念塑像被列入普陀区爱国主义教育基地。

【火红记忆】

刘华单刀赴会斗流氓 [①]

沈建中

刘华（1899—1925），四川宜宾人，1920 年进上海中华书局印刷所做工，1923 年进入上海大学半工半读。1923 年 11 月 22 日，党组织批准上海大学学生刘华加入中国共产党。刘华在日记中写道："一个普通的工人，一个穷苦人家出身的孩子，现在找到了真理，找到了他真正的母亲——中国共产党。我将为无产阶级的革命事业贡献出自己的一切！为中华民族的解放，战斗到底！"

不久，刘华向党支部提出到最艰苦的地方去，到工人群众中去。组织上派他担任沪西工人俱乐部秘书。在刘华等人的努力下，俱乐部通过上课、演讲，宣传革命真理，吸引了越来越多的工人群众。

1925 年 2 月，党发动了日商纱厂大罢工，刘华被推举为纱厂工会委员长，组织、领导这次斗争。一天，刘华正在沪西工人俱乐部门前的大草坪上观看陶静轩训练工人

① 邵有民、臧建民主编：《上海革命烈士风范》，上海：上海人民出版社，1997 年。

纠察队。队员们个个精神抖擞，认真地操练着。刘华露出了满意的微笑。这时，一位队员从远处跑来，递给他一封信。刘华打开一看，原来是当地流氓头子"请"他明天早晨6点到青云茶楼去"吃讲茶"。这种"吃讲茶"是上海流氓组织的一种敲诈勒索、威胁恐吓的手段。日商纱厂大罢工的高潮中，这帮流氓要出这一花招，显然是被日本资本家重金收买，企图破坏这次罢工。

刘华将信递给陶静轩，陶一看，担心地说："你不能去，这里离不开你，这些流氓心狠手辣，什么坏事都干得出！"

工人们听说了这件事，议论纷纷：有的说刘华不能去，去了肯定要吃亏；有的说不能示弱，一定要去，显示一下咱们工会的力量；也有人说，日本人咱都不怕，难道还怕几个流氓，干脆派些弟兄把那伙流氓给"摆平"了。

刘华听了，笑着说，"既然人家'请'我们去，那当然要去。不然人家就会说我们工会怕流氓了。"

陶静轩说："我主要担心你的安全！如果你亲自去，我可要派人保护。"

"我去！""我去！"在场的纠察队员纷纷喊了起来。刘华镇定自若地说："你们不要为我的安全担心。对于这些人，对于流氓组织中的多数人，我们还是要争取他们，教育他们，团结他们。我们工人弟兄中就有不少人参加青帮洪帮的，情况尽管复杂，除少数人，特别是他们的老头子勾结反动势力，为其卖命效劳外，他们当中的大多数人也是受欺受压的。我们成立了工会，不是就有人要求加入工会组织，而不再听老头子的话了吗？我们提出'不准东洋人打人''不准无理开除工人'，他们不是也有所接受吗？即使是那些流氓头子，也要对他们进行分化瓦解，争取他们过来。至于那些作恶多端、死心塌地当日本人走狗，替反动势力卖力，敢同工会为敌的极少数顽固分子，则必须揭露他们，打击他们，把他们的嚣张气焰打下去。"

次日清晨，刘华在十几个纠察队员的护送下，来到青云茶楼门前。他让队员们留在楼下，自己一人上楼去，叮嘱如遇意外，队员们马上上楼接应。

茶楼上，十几个流氓早就等得不耐烦了。一个长得肥头大耳、满脸横肉的黑大汉，脚踩凳子，说道："今天咱请众位兄弟来，不为别事，就是自从那个刘华在沪西办起工人俱乐部和工会后，咱的油水越来越少。他煽动工潮，东洋老板请咱出面调解，把刘华赶出沪西，要是他不滚蛋，这里就没咱的市面了！等刘华来，大家看我眼色行事，如果他不听劝告，就叫他来得去不得！"他恶狠狠地将拳头砸向桌面。

"怎么还没到？我看他是不敢来了！""哈哈！"一群流氓哄笑起来。

正在这时，只听见一阵噔噔的上楼梯声，流氓们止住了笑，盯住楼梯口看。刘华大义凛然，不慌不忙地跨步走了进来。他拣了张空桌子坐下，为自己斟了一杯茶，呷了一口，站起身讲："承蒙各位老大看得起我，请我来，你们有话请快讲，我可没闲功夫同你们瞎扯。"

流氓们原先杀气腾腾，想给他一个下马威，没料到刘华如此稳如泰山，暗暗吃惊，半晌说不上话来。黑大汉仔细打量了刘华一番，发觉他是赤手空拳一个人，没带任何保镖来，不由暗喜，便靠上前去，说道："今天请刘先生来，不为别的，只为交个朋友，有事请您帮个忙。"

刘华一看，知道他是流氓头子，就说："好啊，只要我能帮上忙，我一定帮。请快说吧！"

"痛快，痛快，"黑大汉连声说道，"刘先生在沪西办俱乐部、搞工会，抢了咱的地盘，坏了咱的风水，徒弟们也不听咱的话了。够朋友的，劝你少在这个地方活动，限你三天之内离开沪西，咱们井水不犯河水。否则对你不利，别怪兄弟们对你不客气！"其他流氓也走上前来，将刘华团团围住。

刘华面对这伙穷凶极恶的流氓，脸不变色心不跳，又呷了一口茶，平静地问："可有什么理由？"

黑大汉见刘华毫无惧色，自己却吞吞吐吐说不出话来。

刘华瞪了他一眼："我搞活动，是为了工人兄弟，为了祖国千百万同胞，为了反对帝国主义、资本家的剥削压迫，可你们是为什么呢？你们帮助日本资本家压迫工人，你们还能算是中国人吗？"

黑大汉露出了杀气："刘先生，讲话客气点！好汉不吃眼前亏，也不看看这是在什么地方，更何况你现在只有一个人！"

"哈哈哈……"刘华发出爽朗的笑声，"你们这种威胁、恐吓，只能对付3岁的小孩，我刘华风里来，雨里走，大世面见多了。我虽然是一个人前来，可我背后有几万工人在支持我，帝国主义、资本家都不敢拿我怎样，更何况你们这群帝国主义的走狗！"

刘华一番话，说得黑大汉哑口无言。另一个流氓突然从腰间拔出一把寒光闪闪的匕首，冷笑一声："它可是从来不吃素的！"

刘华轻蔑地扫了他一眼："快收起你那一套，怕死我就不来了！你们也是中国人，何必为东洋老板卖命呢？中国人不要再欺侮中国人，和我们一起干，参加罢工队伍，我们会欢迎的。如果你们真的惹怒了工人，他们是知道怎样对付你们的！当走狗是没有好下场的！奉劝你们：苦海无边，回头是岸，放下屠刀，立地成佛。"

黑大汉没想到刘华软硬不吃，自己却丢尽了脸，从今往后怎能再在沪西站住脚？他恶狠狠地说："姓刘的，别不知好歹，今天我请你来，完全是一片好心，没想到你出口伤人。我今天要你说句话，否则，叫你来得去不得！"

"我老实告诉你，我刘华还是要干下去的。这一点你们要放明白。来者不怕，怕者不来。你们害死了我，有别人会继续干下去！"刘华说罢起身便走，两个流氓将他拦住。正在紧急关头，忽然十几个纠察队员和许多工人冲上楼来，楼下是一片喊声。

黑大汉向楼下一望，只见黑压压一大片人群，不禁大惊失色，赶忙斥退了两个流氓，又装出笑脸向刘华赔不是："刘先生，这完全是一场误会，请别见怪。今天，我算是和您交上朋友了。"

"谢谢你们的招待！"刘华在纠察队员和工人的簇拥下，头也不回地下了楼。

楼下，一群工人迎上前来："这个黑皮流氓头子不知干了多少坏事，我们怕你吃亏，所以来接应你。"

刘华笑着说："大家放心吧，我们连帝国主义都不怕，难道还怕这些小毛毛虫？"说完，他带领着工人群众队伍向纱厂进发，去迎接新的战斗。

沪西革命史陈列馆

【火红地标】

曹杨路 520 号沪西工人文化宫内

沪西革命史陈列馆

【火红历史】

为缅怀老一辈无产阶级革命家和沪西共产党人可歌可泣的光辉事迹，教育后人，经中共上海市普陀区委员会、上海市普陀区人民政府批准，沪西革命史陈列馆于 2005 年 5 月 30 日建成开馆，并列为上海市爱国主义教育基地。

沪西革命史陈列馆总体设计的主题是：沪西区是上海具有光荣革命传统的中心城区之一，在近代中国历史上，沪西涌现许多爱国爱民的仁人志士，在沪西这块红色热土上，以他们的模范行动表现了革命者追求中国革命事业的坚定信念、不怕牺牲的共

273

产主义精神；依靠群众，为人民谋解放的奉献精神；严明纪律，万众一心的团结战斗精神；自强不息，前赴后继的拚搏精神，这种具有我区特色的精神就是我们的"党魂""沪西魂"。

沪西革命史陈列馆共展示 11 个板块及 3 个区委书记专栏。

沪西春雷：1919 年 5 月 4 日爆发五四爱国运动。就在学生运动快被北洋政府镇压扑灭之际，6 月 5 日上午，上海沪西小沙渡宜昌路的日商内外棉三、四、五厂工人率先发起声援大罢工，很快席卷全国，动摇了北洋政府反动统治的根基。北洋政府不得不拒绝在巴黎和会签字，罢免卖国贼，释放被捕学生。五四运动取得胜利，标志着中国新民主主义革命的开篇，也标志着中国工人阶级开始以独立的政治力量登上中国政治舞台。

黑夜火种：1920 年 8 月，上海共产党早期组织建立，特派小组成员李启汉到沪西小沙渡锦绣里创办全国第一个沪西工人半日学校，点燃了马克思主义思想的革命火种在工人中间的传播，为建党准备思想和阶级基础。

工运摇篮：1924 年 9 月，由中国工运领袖邓中夏、李立三、项英等在沪西小沙渡创办沪西工友俱乐部，通过教学和活动，俱乐部成为培养工人积极分子，发展沪西地区的第一个党组织，成为沪西工运的战斗堡垒。

二月罢工：1925 年 2 月，沪西、沪东日商工人联袂发动二月罢工，有 3.5 万工人参加，是五卅运动的前哨战。

五卅风暴：1925 年 5 月 15 日，沪西工运领袖顾正红被日本资本家枪杀，引爆了伟大的五卅爱国运动，从而迎来了中国大革命运动的高潮。

三次起义：在中国共产党的领导下，沪西工人阶级参加了三次反军阀的武装起义，沪西工运领袖陶静轩等革命志士相继牺牲，终于迎来了第三次工人武装起义的胜利。

喋血沪西：1927 年，国民党蒋介石集团发动的"四一二"反革命政变，沪西许多革命志士牺牲，但更多的幸存者继续在战斗。

抗日烽火：1932 年"一·二八"淞沪抗战爆发，在刘少奇等人的领导下，沪西日商工人反日大罢工，沪西被称为上海的"赤色沪西"。

十三烈士：1932 年 7 月 17 日，在沪西共和大戏院由中共江苏省委策动召开的声援东北义勇军、反对中日签订的《淞沪停战协定》大会，遭到国民党当局血腥镇压，13 人被枪杀，史称"沪西共舞台事件"。

战地巾帼：1937 年"八一三"淞沪抗战爆发，以沪西女工为代表的上海劳动妇女战地服务团奔赴抗日前线，3年内，转战苏、浙、皖、赣、湘、鄂、豫、闽8省，行程2万里，谱写了上海劳动女工英勇抗日的战歌。

胜利曙光：解放战争期间，沪西人民在中国共产党领导下，先后进行了争取和平、民主和反饥饿、反内战、反迫害的群众运动，申九二二斗争敲响了国民党反动统治的丧钟，并在沪西一些革命先烈的喋血战斗中迎来了上海沪西的解放。

展厅另辟专栏，以展示张浩、李硕勋、吴亮平三个区委书记事迹专版，以展示沪西共产党领导干部可歌可泣的光辉事迹。

火红地标

顾正红纪念馆

【火红地标】

澳门路 300 号

顾正红纪念馆

【火红历史】

顾正红纪念馆地处上海市普陀区澳门路 300 号，建于顾正红当年英勇牺牲的内外棉七厂（建国后改为上海国棉二厂）所在地，现在是上海市和普陀区爱国主义教育基地。

1959 年在顾正红烈士殉难处以北的广场西侧塑建了高 2.5 米的顾正红烈士像，并有魏文伯"顾正红烈士精神不死"题词。烈士像北设置厂史陈列室，介绍顾正红烈士的斗争史迹。顾正红烈士殉难处在 1989 年 9 月公布为普陀区第一批革命纪念地。2008 年 5 月 30 日五卅运动 83 周年纪念日，顾正红纪念馆在顾正红殉难处原址正式建成开放。2009 年 12 月公布为上海市爱国主义教育基地。

顾正红纪念馆共有前言和 7 个部分。

前言"黑暗的旧中国"：1842 年，中国清政府在西方现代船舰的威胁下，被迫签下近代中国第一个不平等条约《南京条约》，中国开始沦为半殖民地半封建社会，中国人民深受帝国主义、封建主义、官僚资本主义三座大山的压迫。一批批仁人志士为推翻反动统治，进行浴血奋斗，开创了中国历史的新纪元。

第一部分"苦难的童年"：顾正红生于中国贫苦农民家庭，自幼历经重重磨难。他的童年遭遇是旧中国农村破产的一个缩影，是那个时代中国无产阶级庞大后备军的真实写照，也是 20 世纪初中国社会最底层人民生活的反映。

第二部分"逃难上海做工"：20 世纪初的上海日本纱厂是帝国主义对华经济侵略的产物，是吮吸中国人民血汗的吸血机，突显了当时中国的阶级矛盾与民族矛盾。为了生活，顾正红被迫投身日商纱厂。

第三部分 "沪西革命摇篮"：中国共产党自创始起，开展工人运动就是党的重要工作之一。沪西工友俱乐部建立，为党在沪西开展工人运动创立了基地。党在工人中以宣传工作推进组织工作，不仅发展俱乐部会员，而且在工人中发展了党员。从此，沪西工人运动进入了一个崭新的发展时期。

第四部分 "二月罢工的烽火"：1925 年 2 月 2 日，内外棉八厂因日本人殴辱一女童工，激起全厂罢工。在党的领导下，罢工在日厂迅速扩展，总计有 22 家日本纱厂工人罢工，人数达 35000 多人，史称二月大罢工。工人高呼："反对东洋人打人！""从前做牛马，以后要做人！"工人在斗争中提高了觉悟，发展和巩固了工会组织，争取了社会的广泛同情，为五卅运动揭开了序幕。

第五部分"顾正红惨案"：二月大罢工结束后，日厂主不断破坏复工协议，制造事端。1925 年 5 月 15 日，日领班枪杀顾正红惨案发生。在党的领导下，这一事件迅速发展成反帝斗争的激流。抗议杀害工人顾正红，抗议租界当局逮捕学生，反对损害中国人民利益的"四提案"。反帝浪潮一浪高过一浪。顾正红惨案终成引发五卅运动的导火线。

第六部分"顾正红惨案后的五卅运动"：在顾正红惨案这一历史性事件的推动下，在抗议租界当局逮捕、审讯学生，抗议"四提案"的呼声中，上海工人、学生、中小资产阶级反帝思潮日益澎湃。5 月 30 日，党组织广大学生赴南京路一带演讲、游行、示威，租界当局实施血腥镇压，制造五卅惨案。由此爆发了以上海为中心，席卷全国，震惊世界的伟大五卅反帝爱国运动。

第七部分"深远影响"：五卅运动是中国革命史上产生深远影响的一次反帝爱国

运动。它掀起了第一次中国大革命高潮，培养了大批干部，壮大了中国共产党组织，动摇了帝国主义在华统治。它是中国革命史上重要的历史篇章，是人民心目中的历史丰碑，是 20 世纪难忘的一天。

火红地标

附录：普陀区纪念沪西工人半日学校一百周年理论研讨会论文集 *

沪西工人半日学校，中国共产党工人运动的起点

上海师范大学人文学院教授、博士生导师　邵　雍

沪西工人半日学校是中国共产党创办的全国第一所工人学校。从 1920 年秋至 1925 年春，校名几经变更，包括"上海工人游艺会""上海第一工人补习学校""沪西工友俱乐部补习夜校"。李启汉、陈为人、嵇直、孙良惠、刘华等办校人员经过艰苦摸索，成功找到了党联系、发动工人阶级的具体途径，并牢牢扎根于工人群众之中。半日学校成为党实践马克思主义基本原理与工人运动相结合，向工人宣传马克思主义、启发阶级觉悟的重要阵地。半日学校是中国工人运动的起点，是 1925 年二月罢工的策源地。沪西工人运动最终发展成为席卷全国、震惊世界的五卅运动，从而为全国工人运动的开展提供了上海方案。

一、共产党创办的沪西工人半日学校与上海第一工人补习学校

小沙渡地处上海西郊，是日本资本家开办的纱厂最集中的地区，这里有日资纱厂十几家，雇用中国工人 2 万多人，是上海纺纱工人最多的地方之一。[①] 日资纱厂的工人工资低、工时长，还时常遭到日本监工的打骂欺压。中国共产党上海早期组织成立不久，就派李启汉来这里搞工人运动。

李启汉，湖南江华人，上海外国语学社社员，最早的共青团团员，后转为党员。1920 年 8 月 15 日，中国共产党上海发起组创办了专门向工人进行马列主义宣传的通俗刊物《劳动界》周刊，并选派李启汉去沪西小沙渡筹办工人学校，组织纺纱工会。

李启汉听说沪西小沙渡地区的数万纱厂工人曾在 1919 年的"六三"大罢工中大显威风，如将马克思主义带到他们中间，必将如虎添翼。他感到劳动人民没有文化，很难接受马克思主义。因此，他沿用上海各校学生举办平民教育的经验，于 1920 年秋在小沙渡槟榔路北锦绣里 3 号（今安远路 62 弄 178—180 号）开办工人半日学校。

---

* 为了收集和梳理普陀区红色资源挖掘工作的相关文献资料，做好沪西工人半日学校纪念馆的筹建工作，普陀区委宣传部、区委党史研究室于 2020 年 10 月 13 日上午在普陀区政府举办"普陀区纪念沪西工人半日学校一百周年理论研讨会暨纪念馆筹建专家座谈会"，附录文章为会上专家学者关于沪西工人半日学校的理论研讨论文集。

① 《中共中央执行委员会书记陈独秀给共产国际的报告》（一九二二年六月三十日），载中央档案馆、中共中央文献研究室编：《中共中央文件选集》（第一册），北京：中共中央党校出版，1989 年：第 50 页。另一个地方是上海杨树浦。

李启汉当时借了日资内外棉九厂3间两层砖木工房，将楼下改为教室，里面只有黑板与20来张没有油漆过的白木桌凳，夜间还有一盏油灯照明上课，教学设备极为简陋。楼上则作为办公室和夜间教师的宿舍。而这就是"中国共产党创建时期创办的全国第一所工人学校"[1]。

邓中夏在其所著的《中国职工运动简史》中说："组织工人工作是从一九二一年开始。"依据是"一九二一年一月一日，北京党部开始在长辛店开办劳动补习学校。……共产党上海党部在一九二一年亦开始做组织工作，首先在沪西小沙渡。此地是上海纱厂集中区域之一。着手也是开办劳动补习学校"[2]。认为"长辛店和小沙渡两地都是中国共产党最初做职工运动的起点"[3]。大量资料显示，中国共产党在各地的早期组织地位并不相同，上海是发起组，北京是支部；筹办劳动补习学校，上海是1920年秋，北京是1920年冬；实际开办时间，上海是1920年秋，北京是1921年元旦。因此，1920年8月中国共产党上海发起组正式成立伊始，就着手组织工人的工作。小沙渡"劳动补习学校"开办时间早于长辛店，因此小沙渡才是中国共产党最初开展工人运动的起点。

张国焘回忆："一九二〇年，各地中共小组成立后，即着手在工人群众中展开活动。上海工运工作一直是由李启汉负责的。"[4]在小沙渡协助李启汉办工人半日学校的，还有上海外国语学社学员陈为人、雷晋笙、严信民等人。补习学校选用《劳动界》等作为课本教材。陈为人先后在该刊上发表了《我们底劳动力哪里去了》《今日劳工的责任》《劳工要有两种心》《天冷与劳工》《上海工人游艺会成立大会记》《劳工歌》等文章和诗歌，揭露了资本家剥削工人的秘密，向工人群众宣传马克思主义。他在《我们底劳动力哪里去了》一文中说，"那般资本家，什么老爷们、太太们，小姐们一点没有劳动，他们偏偏有那丰富的衣食，高大的房子，美丽的器具使用"，而我们做工的人，"倒反不及那般坐吃的资本家有那样好的衣穿，好的吃食，好的房子住，好的器具使用多，我们有时还连一碗糟米饭都没有吃"。最后他指出，所有这些都是因为"我们底劳动力，都被那般资本家强盗去了：那好的衣，好的食，都是我们用劳力去换来的，却被资本家劫去了"[5]。陈为人在《今日劳工的责任》一文中呼吁劳苦工人团结起来，共同为自身的解放而斗争："兄弟们呀！我们要减轻我们的劳苦，要增高我们的生活，

① 中共上海市委党史研究室编：《中国共产党创立之路》，上海：上海人民出版社，2016年：第148页。
② 邓中夏：《中国职工运动简史》，北京：人民出版社，1953年：第14—17页。
③ 邓中夏：《中国职工运动简史》，北京：人民出版社，1953年：第17页。
④ 张国焘：《我的回忆》（第一册），北京：东方出版社，1998年：第168页。
⑤ 陈为人：《我们底劳动力哪里去了》，载《劳动界》第14册，1920年11月14日。

要脱离资本家的奴隶，要得到那'有饭大家吃，有衣大家穿'的乐境，这是我们自己的责任，要我们自己努力去做呢！弟兄们啊！我们的责任既是这样大，我们为什么还要饮恨吞声的服从那资本家，不去实行社会主义，不去打破那资本家的阶级？"①《劳工要有两种心》也指出："我们不要以为受苦是我们的命运。若说到命运，我们何以都是一样命运呢？天天起来都是不能转运吗？单独资本家都是好命吗？要知道我们这样的受苦，都是资本家陷害我们的，虐待我们的。资本家要我们做值一元的工，他只给我们一角，其余九角，他都得了去了。"② 上述这些为《劳动界》周刊写的稿件也就是陈为人在半日学校上课的内容。

共产党上海发起组成员陈望道也常深入到半日学校上课，把政治内容结合到教学中去，重点在于启发工人的阶级意识。陈望道的讲课内容也是他同一时期发表在《劳动界》的文章要点。陈望道批判了当时社会的"真理"是"做的饿，逛的阔，忙的出力当下贱，闲的游荡作高尚"③；"越不做工的，穿的衣服越好，吃的东西越讲究，住的房子越阔气。越不做工的，穿的衣服越一箱一箱地堆着烂，吃的东西越一碗一碗地有得倒，住的房子越一间一间地闲着做蜘蛛窠、蚊虫府。做工的做煞，还是个得不到他们闲着抛了的一点剩余"④；而工人"今天做，今天才有饭吃；明天闲，明天就没有粥喝……每天做十四五点钟工，日里忙煞，夜间倦煞，就使有家庭，也没有家庭的乐趣"⑤。

因为缺乏经验，事前没有做好宣传动员工作，尽管学校设在工人区，但报名上学的工人却寥寥无几；加上是义务教学，不收分文，经费困难，到12月初天气寒冷，更少有人来读书，只好提前放假。

李启汉并没有因此气馁。为了便于和工人交谈，他下苦功学会了上海话，并设法打入青帮组织，利用帮会关系结交工人。体察到工人做工时间长，工余来读书十分疲劳，他决定适当开展文娱活动，用以吸引更多工人来上学。中国共产党上海发起组同意李启汉把工人半日学校暂时改为上海工人游艺会。12月19日下午，工人游艺会借白克路207号上海公学召开成立大会，有200余人到会。⑥ 李启汉担任大会主席，介绍游艺会宗旨及活动方针。他说，我们工人"从前只是各人苦着，饿着，我们想要免去这些困苦，就要大家高高兴兴地联合起来，讨论办法"。他强调工人不仅要得到一些娱乐，

① 陈为人：《今日劳工的责任》，载《劳动界》第 15 册，1920 年 11 月 21 日。
② 陈为人：《劳工要有两种心》，载《劳动界》第 18 册，1920 年 12 月 12 日。
③ 陈望道：《真理底神》，载《劳动界》第 9 册，1920 年 10 月 10 日。
④ 陈望道：《平安》，载《劳动界》第 2 册，1920 年 8 月 22 日。
⑤ 陈望道：《平安》，载《劳动界》第 2 册，1920 年 8 月 22 日。
⑥ 《上海租界工部局警务处日报》1920 年 12 月 20 日。

对于"什么金钱万能，劳工无能，我们都要改革，打破"①。中国共产党上海发起组成员杨明斋、沈玄庐等也以来宾身份到会并发表讲演。杨明斋鼓励工人"输入知识""活泼精神，强健精神"②。沈玄庐强调劳工组织团体的重要性，指出"工人是替世界上谋幸福的人，……这样神圣不可侵犯的工人，竟被资本家压迫了！真是可恼！我们此时应当要去抵抗他，我们此时就应要有团体。""从前工人没有自悟的原因，都是为着迷信所误，……我们赶快打破他！"③。

工人游艺会寓教于乐的策略产生了作用。1921年春，半日学校重新开学，报名上学的工人有所增加。其中包括当时只有十七岁的日商内外棉五厂青工黄桂生，后来他成为工人罢工运动的积极参加者。李启汉在和工人一起听唱片、玩足球，了解大家的生活情况和读书学习的想法，鼓励大家要尊重自己，力求进步，不要因为社会上一般势利眼看不起工人，就灰心丧气，一定要人穷志不穷。④

经过半年多的努力，半日学校的学生增加到二十多人。在此基础上，李启汉帮助工人组织沪西纺纱工会⑤，推举学习最认真、热心为大家办事的日商同兴纱厂工人孙良惠担任负责人。孙良惠也是听了李启汉的课后才开始懂得工人受穷苦的根源，积极参加革命斗争的。他曾代表沪西纺纱工会数次参加纪念五一节的筹备活动，散发传单，并到浦东日华纱厂声援罢工工人。工人半日学校被租界巡捕房查封后，他仍常到李启汉的住处请教。

1921年7月，党的"一大"在上海召开，作出的第一个决议就是开展工人运动，明确将此作为党的首要任务。8月，中国共产党领导的中国劳动组合书记部成立以后，就把沪西工人半日学校扩大为上海第一工人补习学校。当时报名的有200多人（其中女生20余人），经常到校上课的约有30余人，分为两班。日班工人上课时间是19时至21时；夜班工人的上课时间是7时至9时。教授内容有政治常识和工会组织等一些有关问题。中国劳动组合书记部的李启汉、李震瀛、包惠僧等轮流去教课，李震瀛担任校长⑥。帝国主义势力对此极为仇视，1921年秋，公共租界巡捕房查封了该校。

---

① 李启汉：《上海工人游艺会成立大会记》，载《劳动界》第20册，1920年12月26日。
② 杨明斋：《工人游艺会的益处》，载《劳动界》第20册，1920年12月26日。
③ 沈玄庐：《劳工组织团体的重要》，载《劳动界》第20册，1920年12月26日。
④ 姜沛南：《五卅运动前后沪西工人的革命斗争——上棉二厂厂史选载》，载中国人民政治协商会议上海市委员会文史资料工作委员会编：《文史资料选辑》（第二辑），上海：上海人民出版社，1978年。
⑤ 《申报》1922年1月7日《各工团之外交运动》称"沪西纺织业工会"，《申报》1922年1月9日《昨日之工界外交大会纪》称"沪西纺纱工会"。而沪西"纺纱工会"是陈独秀1922年6月30日给共产国际报告中的称谓，参见中央档案馆、中共中央文献研究室编：《中共中央文件选集》（第一册），北京：中共中央党校出版社，1989年，第51页。
⑥ 中国现代科学院现代史研究室、中国革命博物馆党史研究室编：《"一大"前后》（二），北京：人民出版社，1980年，第355页。

李启汉因形势需要，离开此地去支援香港海员罢工，又领导了浦东日本纱厂、上海邮局等工人罢工。1922年6月，租界巡捕房用"煽动罢工""破坏治安"等罪名逮捕了李启汉，"会审公堂"判他三个月徒刑，期满后逐出租界①，同时不准劳动组合书记部编的《劳动周刊》出版。7月间，劳动组合书记部也被查封。7月18日，上海第一工人补习学校被迫停办。

二、青年团续办的沪西工人补习学校

1922年秋，中国社会主义青年团上海市委书记张秋人委派嵇直去小沙渡续办工人补习学校。嵇直在劳勃生路（现名长寿路）一家安徽人开的木材行楼上租了一间房子。他以"代书书信，不受分文"、个别访问等方式，办起了一个工人补习班，一开始只有四个学员。嵇直再三向他们说，三字经、百家姓、千字文，我们劳动人民学起来没有味道。他进行教学的是大家在现实生活中看得见、听得到，又能用得着，而且与自己皆有切身利害关系的"活"教材，大部分是从《新青年》《向导》《劳动周刊》中找来的，有时也就地取材。"安源煤矿工人俱乐部""香港海员工人大罢工""打倒军阀""打倒帝国主义"等等都是讲课的重要题目。每星期讲三课，在每一个课题中，凡说到地名时，必定打开地图，指出方位，使人一目了然。而有些词句，如"为反对资产阶级的剥削和压迫而斗争""打倒军阀""打倒帝国主义""全世界无产阶级联合起来啊"等，除扼要解释清楚外，还写在纸上，教学员抄写。这样，工人每上一课都能增添一些有关工人阶级的新知识，认识一些生字或知道一些地理常识，对此大家都尚满意。②

后来，鉴于来补习的工友逐渐增多，经组织同意，嵇直吸收了徐玮来分工合作；凡住在劳勃生路以北和宜昌路的，就到徐玮住处的补习班上课；而住在劳勃生路以南槟榔路（现名安远路）和海防路的，仍到嵇直住处上课。此时，孙良惠听说嵇直在工人补习班上的话与李启汉曾经对他讲的道理差不多，特地前来探望，并乘机打听李启汉的消息。1922年初冬以后，孙良惠常来工人补习班，他在上课时带头发言，用自己的体会和工人语言，帮助教师解释问题，有时还带着他的朋友们来听讲。

后来，孙、徐被吸收入团，与嵇直一道组成了团支部。当时，两个补习班的共同缺点是工友们流动性太大，有时来得多，有时来得少。与学校有联系的人数比以前多了，但联系并不巩固，且仅限于男工。当时在小沙渡的一些工厂，发生过各种类型的劳资

① 三个月期满后，上海租界当局又将李启汉引渡给军阀官厅继续关押。直到1924年秋江浙战争爆发，李启汉才被释放出狱，经短暂休养后去了湖南、广州。
② 嵇直：《关于上海小沙渡沪西工友俱乐部成立经过的回忆》，载上海社科院历史研究所编：《五卅运动史料》（第一卷），上海：上海人民出版社，1981年：第283页。

冲突事件，但很快被压制下去，扩大不起来。[1]

　　1922 年至 1923 年全国工运潮期间，上海也举行了一系列罢工斗争，但因未能建立起强固的工人组织，共产党组织并没有在工人群众中扎下根。据 1924 年 5 月统计，上海只有党员 47 人（包括在党中央机关工作的党员），还是以学界为主要发展对象。上海地委向中央扩大执委会议报告说："我们所作的工人运动是没有钻到里面去，只立在工人群众外面的，所以作几次失败几次，到现在还是等于零，这是我们不能不承认的很大错误。"报告还认为我们的同志"作运动的经验原来很幼稚"，因此，"希望中央能在别处多调几个有经验的同志来"。在全国第一次工运高潮中成绩卓著的工运领袖安源的李立三和武汉的项英因此被调来上海工作。安源工运的经验之一是从创办平民学校、职工夜校入手，条件成熟时进而组织工人俱乐部。项英则是参与创建京汉铁路总工会的干将。

　　1924 年春，党组织决定在适当地点另找一所比较宽敞些的房子，把两个补习班合并成为"小沙渡沪西工人补习学校"，同时分别在工厂里设法建立职工小组。于是，孙良惠在槟榔路小沙渡路口德昌里租下一套新建三间平房（今安远路 278–280 号），两间作为日夜班课堂，一间作为文艺活动所。所需桌凳乐器，主要也是由孙良惠和几个热心的工友向左邻右舍、亲戚朋友临时借用，或从自己家里拿来。这样，来上课的人比较多了，并且又都不像从前到教员宿舍那么拘束。每天下课后还总有人留下来，或谈话，或下棋，或弄乐器。据 1924 年初去补习学校学习的内外棉五厂工人姜维新回忆，"说是半日学校，其实我们上课只有两小时。教科书是学校发的，老师也不一定照课本讲，主要是进行阶级教育。一起读书的大约有几十个人"[2]。教书的有项英、孙良惠、邓中夏等，还有一些轮流执教的大学生。每当市团委要在本区内散发传单，或在什么地方集合参加什么运动，团支部总能带着一些工人去执行。[3]

　　从 1924 年 4 月开始，中国共产党利用国民党左派或共产党员所掌握的学校课堂，逐渐在上海的沪西、沪东、浦东、吴淞、南市、闸北、虹口等处开办了 7 所职工夜校。[4] 与项英同时调来上海加强工运的李立三，除了亲自负责吴淞区职工夜校教学外，每个星期还轮流去各个职工夜校上课一次。他到沪西工人补习学校讲过"安源路矿工人俱乐

① 稽直：《关于上海小沙渡沪西工友俱乐部成立经过的回忆》，载上海社科院历史研究所编：《五卅运动史料》（第一卷），上海：上海人民出版社，1981 年：第 284–286 页。
② 《姜维新同志关于沪西工友俱乐部的回忆》，《五卅运动史料》（第一卷），上海：上海人民出版社 1981 年：第 294 页。
③ 稽直：《关于上海小沙渡沪西工友俱乐部成立经过的回忆》，载上海社会科学院历史研究所编：《五卅运动史料》（第一卷），上海：上海人民出版社，1981 年：第 287 页。
④ 《民国日报》1924 年 3 月 17 日。

部"等课。李立三等人自编课本里有这样的内容："上学校、念念书，农工不是生来粗。""富人坐在家中吃鱼肉，农工劳苦作工喝薄粥，富人哈哈笑，农工个个哭，不分东西和南北，富人笑，穷人哭。"①

三、沪西工友俱乐部开办的工人识字班和工人夜校补习班

1924 年 5 月，中国共产党在上海召开中央执行委员会扩大会议。会议讨论工人运动新的任务，批判了"二七"大罢工以后党内出现的取消工人运动的倾向，决定加强党对工运的领导。会后，中共中央工会运动委员会书记邓中夏仍在上海负责领导工人运动。他召集有关同志了解情况，分析上海工人罢工斗争很少获胜的原因，要求上海党组织采取措施，加强对工人群众的宣传教育、大力发展工人党员和建立巩固党的基层组织，以实现党对工人运动的有力领导，计划在沪西工人补习学校的基础上筹建沪西工友俱乐部。

同年夏天，项英对嵇直等人谈了在学校现有的基础上成立"小沙渡沪西工友俱乐部"的设想。8 月 31 日举行俱乐部成立大会时，项英、刘华、顾秀、江元清等三十余人到会，公举孙良惠为主任，嵇直为秘书，陶静轩为交际委员。② 孙良惠宣布沪西工友俱乐部的宗旨为"联络感情，交换知识，相互扶助，共谋幸福"，③ 并请项英写成横幅，张贴在俱乐部的中堂。随即举行第一次委员会，议定：（一）征求俱乐会员，会员资格暂定经过两人介绍并每月缴纳会费一角；规定会员互相保密，不对外公开会员姓名。（二）开办工人识字班，工人夜校补习班，入学的人不限定会员，凡是工人均可入学，一律不收学费；聘请刘华、顾秀、江元清等担任教员，均为义务，并指定干事、失业工友刘贯之常住俱乐部。接着进行募捐，作为俱乐部的经费。④

俱乐部成立不久，嵇直调往外地，党组织派刘华接任秘书，分管俱乐部的宣传和组织工作。刘华，1923 年 11 月入党，时任上海大学生会执行委员、上海大学平民义务学校执行委员。他白天到内外棉第七厂（原上棉二厂）当勤杂工，广泛接触工人，把各处工人如何反抗资本家的英勇斗争事迹讲给大家听。他还编写了一些鼓词和顺口溜，用这种工人们喜闻乐见的形式来揭露帝国主义的侵略与资本家剥削工人的反动本质。有一首鼓词写道："兄弟姐妹们，睁眼望望真，帝国主义资本家，不做工来专门剥削人，拿我们当牛马，做活儿养他们。青年工友们，我们要翻身，齐心协力，打倒

---

① 唐纯良：《李立三全传》，合肥：安徽人民出版社，1999 年：第 67 页。
② 李良明著《项英评传》（经济日报出版社，1993 年版）第 30 页说"建立了沪西工友俱乐部，项英任俱乐部主任"，有误。
③ 《沪西工友俱乐部草章》，载上海社会科学院历史研究所编：《五卅运动史料》（第一卷），上海：上海人民出版社，1981 年：第 276 页。
④ 嵇直：《关于上海小沙渡沪西工友俱乐部成立经过的回忆》，载上海社会科学院历史研究所编：《五卅运动史料》（第一卷），上海：上海人民出版社，1981 年：第 288 - 289 页。

他们，工厂归工人！"①晚上，刘华和邓中夏等人在沪西工友俱乐部同工人们谈心、上课。他在工人夜校补习班的讲课入耳中听，讲到工人受剥削压迫时，许多工人流出了眼泪。刘华向大家介绍安源工人斗争的先进经验时说："我们纺的棉纱，一根根拿在手里，一拉就断，要是拧成一股粗绳，任他大力士也拉不断。我们工人就要团结起来，拧成一股又粗又长的绳索。这样，就能捆住帝国主义、资本家的手脚，解放我们自己。""我们眼前的任务，就是要象安源那样，把工人都组织起来，加入俱乐部，紧密地团结在一起。希望你们尽力团结各厂工友，准备斗争！"② 在刘华的悉心帮助教育下，许多工人很快就参加了俱乐部的活动，有些还成了骨干力量。

邓中夏也常到沪西工友俱乐部的工人识字班与补习班讲课，讲阶级斗争、剩余价值等马克思主义的理论。他讲"剥削"一课时有个工人不解地问："工人做工，老板给工钱，从来就是这样，工钱和剥削有什么关系？"邓中夏严肃地说："工钱，不是老板'给'工人的，是工人出卖劳动力得来的，是工人劳动创造出来的财富中的一小部分。"他扳起手指头，给工人算起他们劳动创造出来的大部分财富哪里去了："比方说，一个工人一天干活十二个小时，纺出十斤纱。按照市面价格，十斤纱可以卖十块钱。除掉纺十斤纱花费的成本、机器折旧等六块钱外，剩下的四块钱，就是工人劳动创造的价值。工人只能拿到两角钱，剩下的三块八，全被老板装进腰包，这就叫剥削。"工人们听后恍然大悟。③学员姜维新回忆说："俱乐部成立后，形式上仍上课，但我们一些骨干分子每天忙着开会、宣传，已不能安心听课。组织上常把一些通俗宣传品（包括画刊）和《向导》一起发给我们，这样，我们向工人宣传就方便多了。"④

小沙渡沪西工友俱乐部成立后，工人踊跃要求参加识字班，因房子太小，虽然按一小时一班分成好几个班，仍难满足工人的需要。补习班也同样应付不暇，因为补习班只开两班，趁着识字班空出的时间上课，所以更觉紧张。担任教学的几位同志，每天都是忙得吃饭时间都不易空出来。邓中夏就找在沪西工友俱乐部做具体工作的共产党员个别谈话，勉励他们；又在《中国青年》第十三期上发表《胜利》一诗："哪有斩不除的荆棘？哪有打不死的豺虎？哪有推不翻的山岳？你只须奋斗着！猛勇的奋斗着，持续着！永远的持续着。胜利就是你的了！胜利就是你的了！"项英则建议改变工作方法，一方面继续搞好识字班、补习班，一方面开办讲演会，宣讲故事、时事以

① 《五卅运动》编写组编：《五卅运动》，上海：上海人民出版社，1976年。
② 姜沛南：《五卅运动前后沪西工人的革命斗争》，载中国人民政治协商会议上海市委员会文史资料工作委员会编：《文史资料选辑》（二），上海：上海人民出版社，1978年。
③ 中共党史人物研究会编：《中共党史人物传》（第35卷），西安：陕西人民出版社，1987年：第25-26页。
④ 《姜维新同志关于沪西工友俱乐部的回忆》，载上海社会科学院历史研究所编：《五卅运动史料》（第一卷），上海：上海人民出版社，1981年：第294-295页。

及有关工人利益等事项。由于讲演会地点随时决定，容纳人数较多，内容可以多种多样，很受工人欢迎，其功效超过了识字班。

沪西工友俱乐部成了工人读书、听讲，接受阶级教育的大课堂。工人们把接受党的教育称为"听道理"。要求参加俱乐部的工人一天比一天增多。孙良惠首先在同兴纱厂组织几个小组，不到40天，该厂秘密加入俱乐部的工人就有300多人。内外棉三厂、四厂、九厂、十五厂和日华纱厂等日本纱厂也陆续组成了俱乐部小组。到1924年底，有19个纱厂建立了俱乐部的秘密组织，俱乐部会员将近2000人。内外棉七厂工人顾正红、内外棉十五厂工友陶静轩、内外棉五厂工友王有福、同兴纱厂工友郭尘侠等，后来都成了上海工人运动中的中坚分子。[①]

沪西工友俱乐部在上海工人运动的历史上发挥了极为重要的作用。通过这个俱乐部，中国共产党开始在产业工人群众中培养积极分子，然后发展党员，建立党的基层组织，党也在沪西工人中扎下了根，"使沪西小沙渡成为五卅时期上海工人运动的策源地"[②]。当代学者李良明认为，项英"在沪西平民学校和工友俱乐部的工作，直接为上海二月罢工奠定了思想上、组织上的基础"[③]。1925年爆发的作为五卅运动预演的二月罢工就是党依托沪西工友俱乐部发动起来的，沪西日本纱厂共有2万余工人参加罢工。同年5月15日，共产党员顾正红因带头反对日本资本家关厂而被当场枪杀，由此引发了持续抗争，成为五卅运动的导火索。

四、研究五卅运动一定要从沪西工人半日补习学校讲起

五卅运动是民主革命时期中共中央直接领导和指挥的一场以工人阶级为主力、席卷全国并且具有世界影响的反帝爱国运动。包括长辛店、安源在内的全国其他地方的罢工都没有形成如此大的规模。这是因为：第一，上海工人阶级是中国工人阶级的领头羊，社会主义革命与建设时期如此，新民主主义革命时期也是一样。第二，中国共产党诞生后长期驻在上海，其对上海工运的领导最为直接。第三，"万事开头难"，各地情况不同，在上海开展工运有不同于长辛店、安源的环境。经过初步探索，上海找到了党联系、发动工人阶级的具体门路：工人补习学校—工人俱乐部（工会）—在工人积极分子中发展党员，而工人补习学校是整个工作链条中的第一环。"否则，这

---

① 《刘贯之同志关于成立沪西工友俱乐部的回忆》，载上海社会科学院历史研究所编：《五卅运动史料》（第一卷），上海：上海人民出版社，1981年：第291—292页。孙良惠后来由团员转为共产党员，在1925年的上海罢工高潮中起了很大作用，后当选为中华全国总工会的执行委员，1927年被国民党反动派杀害。陶静轩，1924年秋入党，1925年6月任上海总工会第四办事处（沪西）副主任（刘华被捕后接任主任），1926年11月被捕遇害。参见中共党史人物研究会编：《中共党史人物传》（第35卷），西安：陕西人民出版社，1983年：第61—70页。

② 唐纯良：《李立三全传》，合肥：安徽人民出版社，1999年：第69页。

③ 李良明：《项英评传》，北京：经济日报社，1993年：第31页。

种学校就无需存在，可予以解散或改组。"① 研究五卅运动，一定要从沪西工人半日补习学校讲起。

从 1920 年秋至 1925 年春，沪西工人半日学校的名称多有变化，包括"上海第一工人补习学校""工人补习学校""工人识字班""工人夜校补习班"，开办的主体分别为共产党、青年团以及沪西工友俱乐部。虽然校名及具体经办人多有变化，但中国共产党一直领导着该校。学校的组织者不仅有李启汉、陈为人、嵇直、孙良惠与刘华等，邓中夏、李立三、项英等党的领导人也参与过学校的实际教学。从这个意义上说，该校的师资是超级强大的。

对共产党来说，办工人补习学校本身并不是目的，目的是要以此为场所与媒介，宣传革命思想，以此教育工人，"提高工人的觉悟，使他们认识到成立工会的必要"②。因此，在工人补习学校进行的宣传不是一般意义上的宣传，它必须因地制宜，结合实际与工人的切身问题，从身边事、眼前事、伤心事说起，注意对日常生活中各种实际问题的解释，尽量避免过于艰深或过于空泛。超过工人的文化水平，过于艰深，则学员难以理解；过于空泛，不能使他们感觉切要。两者同样会浪费宝贵的教学资源，达不到预设的教学效果。与北京长辛店的工人补习学校一样，沪西工人半日补习学校本着宣传本位、组织优先、任务中心三大原则，日常教学也是围绕着"工人为什么穷""怎样不再穷"展开的，与工人群众的生活状况与切身利益息息相关，看得见，听得到，用得着。③无论是教本还是现场讲解，都是度身定制的，文字通俗，语言生动，引人入胜。该校启发式的互动教学融知识性、趣味性、思想性于一体，贯彻了反压迫、反剥削、求解放的斗争逻辑，有利于启发工人的阶级觉悟与使命感，具有起点低、立意高、易接受等特点，工人群众听得进，记得住，用得上。其经验具有适用性、可操作性，便于复制推广，为民主革命时期的工人运动提供了可资借鉴的上海方案。

总之，小沙渡沪西工人半日补习学校是中国工人运动的起点。在纪念建党一百周年的时候，重新审视共产党最初进行职工运动走过的路是很有教益的。

---

① 《中国共产党第一个决议》，载中共档案馆、中共中央文献研究室编：《中共中央文件选集》（第一册），北京：中共中央党校出版社，1989 年：第 7 页。

② 《中国共产党第一个决议》，载中共档案馆、中共中央文献研究室编：《中共中央文件选集》（第一册），北京：中共中央党校出版社，1989 年：第 7 页。

③ 《北京共产主义组织的报告》，载中共档案馆、中共中央研究室编：《中共中央文件选集》（第一册），北京：中共中央党校出版社，1989 年：第 14—18 页。

小沙渡的"教导革命"：工人学校的两次创办（1920—1921 年）

同济大学马克思主义学院博士后、历史学博士　徐　迟

中国共产党创建史上，上海小沙渡地区的工人学校因与长辛店工人俱乐部同被视为"中国共产党做职工运动的起点"而声名远播①。 学界的研究成果已很丰富②，但在具体史实方面，仍有可继续拓展之处。本文拟着重结合小沙渡的空间环境，梳理从中共发起组到中国劳动组合书记部在该地区的办学过程与实际效果，对"教导革命"概念在地方社会适用性再检验的同时③，还原中共创建时期于具体微观场域领导工运的情态。

一、小沙渡地区与工厂概况

小沙渡地区因渡口得名，隶属于公共租界管辖，具体地点处于租界西端接苏州河岸，如图 1 所示，北至苏州河，东以西苏州路延至麦根路，南至康脑脱路为界，西至胶州路。区域内涵盖南北方向两条主路，分别为戈登路与小沙渡路，东西方向主路包括宜昌路、澳门路、劳勃生路及槟榔路，其中还有东西方向小路如莫干山路、麦根路、海防路、星加坡路，南北方向小路如东京路等④。20 世纪 20 年代初的小沙渡区已是工厂林立，其中以纺织与面粉厂为主，较大规模工厂超过 40 家（见表 1）。

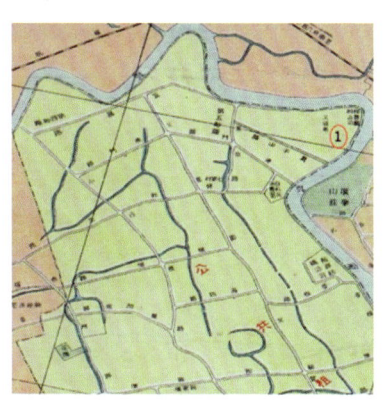

小沙渡地区

---

① 邓中夏：《中国职工运动简史》，东北书店，1947 年：第 12—14 页。

② 主要研究论文可参见信洪林《党建立的第一个工人学校》（载上海革命历史博物馆编：《上海革命史研究资料——纪念建党七十周年》，上海：生活·读书·新知三联书店上海分店，1991 年：第 179—181 页）、胡银平《沪西小沙渡研究（1899-1949）》（上海师范大学 2008 年硕士学位论文），等等。其他亦可参见《上海工人运动史》（沈以行等主编，辽宁人民出版社，1991 年）、《上海纺织工人运动史》（谭抗美主编，中共党史出版社，1991 年）中的相关章节。

③ "教导革命"概念取自裴宜理（Elizabeth J.Perry）于安源革命起源研究所归纳出的"一种颇有说服力的群众动员方式"。参见裴宜理：《安源 发掘中国革命之传统》，阎小骏译，香港：香港大学出版社，2012 年：第 41—42 页。

④ 来源：《袖珍上海新地图》，上海：上海商务印书馆，1922 年。

表 1：　小沙渡地区主要工厂名称与分布统计表（截至 1924 年）

路名	厂名（地址）	始建时间	国家
宜昌路	长丰面粉厂（4 号）		中国
	申新第二纱厂（2 号）		中国
	溥益二厂		中国
西苏州路	福新面粉厂（5 号）		中国
	内外棉株式会社三、四厂（19 号）		日本
	内外棉株式会社五、七、八、十二厂（14 号）		日本
	溥益纱厂（37 号）	1917 年	中国
莫干山路	阜丰面粉厂（25 号）	1900 年	中国
	统益纱厂（10 号）	1920 年	中国
	福新面粉一、二、三、四、六、八厂	1913–1921 年	中国
麦根路	鸿章纺织印染厂（53 号）	1921 年	中国
	鸿裕纱厂（55 号）	1916 年	中国
	内外棉株式会社九厂（60 号）		日本
	华丰面粉厂		中国
戈登路	同兴纱厂（181 号）	1920 年	日本
	内外棉株式会社十五厂（146 号）		日本
	源和皮酒厂（40 号）		瑞典
劳勃生路	宝成纱厂一、二厂		中国
	爱迪生电器厂		美国
	白礼氏洋烛厂（3 号）	1917 年	英国
	亨大洋行工厂（15 号）		美国
	东亚制麻厂（64 号）	1916 年	日本
	公益纱厂（150 号）	1910 年	英国
	日华纺织株式会社三、四厂（98 号）	1921、1923 年	日本
	内外棉株式会社十三、十四厂（62 号）		日本
小沙渡路	天纶电力丝织厂（40 号）		中国
	胜德织造厂（999 号）		中国
	永豫纱厂	1921 年	中国
	江苏药水厂	1907 年	英国

来源：《工厂名录 戈登路和静安寺地区》；《上海公共租界与华人》第356—357页；黄舜融：《沪西劳动状况》，载《民国日报》副刊《觉悟》，1922年5月1日，第1—2版；张廷霖：《上海棉纺织业简史》，载上海市文史馆、上海市人民政府参事室文史资料工作委员会编：《上海地方史资料》（三），上海：上海社会科学院出版社，1984年：第26—27页；《小沙渡主要工厂名称和分布表》，载苏智良：《上海城区史》（下），上海：学林出版社，2019年：第716—718页。

表格说明：（1）地图并未标注西苏州路，根据《上海行号路图录（1947年）》可考证为沿苏州河畔与莫干山路垂直，南端接麦根路，其与莫干山路同属工部局辟驻；（2）表中内外棉株式会社四厂地址亦可为宜昌路20号。表中亦有同一厂地点有不同标法之处，笔者以1924年工部局童工委员会调查记法为准；（3）裕源纺织公司在1918年售予日商，即内外棉九厂。公益纱厂由英商怡和收买，合并于怡和纱厂。

1921年5月1日，上海《民国日报》副刊《觉悟》发表一位记者参观内外棉八、九厂后的感想文章。虽然该文论述的目的旨在呼唤工人的阶级觉悟，作者选用素材时必有取舍，但我们从该文中依然能够观察到一些纱厂内的工人境遇。首先，厂内职工构成以日方与中方人士混用，上级职工，如技师、机工头等，均为日本人，下级职工都是中国人。男工多集中在粗纱间、打包处，细纱间、纺织场内以女工为主。厂内女工约占总厂人数的2/3。其次，工资与工作时长方面，女工工资上等者为每日2—3角，下等者只有1—2角，平均水平低于男工。工人一般分日夜两班，每班均为12小时，日夜班每7日调换一次。最后，纺织房里的多数工人为15岁以下童工，依然执行12小时工时制，工资只有1—2角。[1]1924年公共租界工部局童工委员会的一份调查也记录了纱厂使用童工的情况：童工们多数受雇于细纱车间，大部分是全天站立工作。尽管难以确定他们开始工作的最小年龄，但据估计，许多劳作的儿童不会超过6岁或7岁[2]童工委员会是由工部局在社会中挑选出有经验的社会工作者担任委员，委员结构具有国际色彩，基于调查目的是向工部局提出具有可行性、改善地方状况的建议，因此调查结果相对中立。[3]报告中关于劳动时间与工资等内容与《觉悟》记者之观察记载基本相似，亦可说明与实际状况相符。

二、从上海工人半日学校到第一工人学校

致力于向工人宣传马克思主义的中共发起组，虽重视纺织业，但对小沙渡地区纺

---

① 《参观两纱厂后的劳动界感想》，载上海《民国日报》副刊《觉悟》，1921年5月1日，第4版。工资以银洋为计量单位。
② 《童工委员会报告》，载郭泰纳夫：《上海公共租界与华人》，朱华译，上海：上海书店出版社，2017年：第330—331页。
③ 郭泰纳夫：《上海公共租界与华人》，朱华译，上海：上海书店出版社，2017年：第119—121页。

织工厂与工人状况的认识始终比较模糊。1920年《新青年》"劳动节纪念号"刊登出关于上海劳动状况的调查文章时，纺织业被置于开篇讨论，然而文中对纱厂的调查也只针对杨树浦区，未及小沙渡工厂。[①] 1920年秋季，与上海发起组创办《劳动界》几乎同时，李启汉被派至小沙渡地区开办工人补习学校，意在帮助工人提高文化知识和阶级觉悟，培养工人骨干。[②] 李启汉将办学地点选在槟榔路锦绣里（今安远路62弄178—180号），这是日资内外棉九厂出资建造的二层工房。尽管就办学场地来说已充分考虑与工人接近，亦使用基督教青年会普通识字课本进行免费扫盲宣传，但是报名上学者依然寥寥无几。[③]《劳动界》对小沙渡地区报道的缺失也从侧面反映出该地区工人难以接近。[④] 自8月末《劳动界》第3册刊登叉袋角鸿源纱厂小工被轧毙事件开始，有关小沙渡工人的新闻以损害劳工人身安全报道为主，仅仅1921年初报道了日商内外棉八厂的工人罢工事件，且该事件的结果并未完全查明。[⑤]

即便在12月中下旬，李启汉主持召开规模隆重的工人游艺会成立大会[⑥]，改以文娱活动方式吸纳学员，短时间内学员人数开始逐渐增多，并筹组起沪西纺织工会，但学校办学进展仍不很大，不久就因缺乏经费而归于停顿。[⑦] 也正是由于李启汉在工人游艺会成立大会上公开露面，他开始被当局军警注意，不仅其行踪被公共租界警察记录在向工部局总办汇报的日报中，还被北洋政府陆军部视为过激党首领，指其在上海勾连工厂及手工业者入党，联络者已超过2万余人。[⑧] 当然，无法否认的是，上海发起组于该地连续办学，也确实能影响到一些普通工人。曾任沪西工友俱乐部负责人之一的孙良惠就是其中的典型代表。孙良惠在同兴纱厂做工时就聆听过李启汉的授课，[⑨]

---

① 《上海劳动状况》，载《新青年》第7卷第6号，1920年5月1日，第1—17页。

② 中共上海市委党史研究室、上海市总工会编：《上海纺织工人运动史》，北京：中共党史出版社，1991年：第70页。

③ 信洪林：《我党建立的第一个工人学校》，载中国共产党第一次全国代表大会会址纪念馆编：《上海地区党建活动研究资料》，内部出版，1986年：第180页。沈以行等主编：《上海工人运动史》（上册），沈阳：辽宁人民出版社，1991年：第62页。

④ 除李启汉外，工人半日学校的教员还包括陈为人与雷晋笙。（薛顺生编著：《上海革命遗址及纪念地》，上海：同济大学出版社，1991年：第20—21页）他们在做教员同时兼为《劳动界》搜集工人材料，并承担《劳动界》的实际分发任务。（《彭述之回忆外国语学社的情况》，载上海革命历史博物馆筹编：《上海革命史研究资料》，上海：三联书店上海分店，1991年：第304—307页）

⑤ 参见《劳动界》第3—23册中关于小沙渡纱厂工人的报道。

⑥ 《工人游艺会成立大会》，载《民国日报》（上海）1920年12月20日，第10版。

⑦ 沈以行等主编：《上海工人运动史》（上册），沈阳：辽宁人民出版社，1991年：第62—63页。关于工人半日学校关闭的原因，参见包惠僧：《关于广东党组织历史情况的回忆》，中共广州市委党史研究室编：《陈独秀在广州的创党活动》，广州：广州出版社，2009年：第259页。

⑧ 《警务处日报》，1920年12月20日，上海市档案馆藏，U1-1-1128，第3页；《预防激党之通令》，载《时报》，1921年1月23日，第3张第5版。

⑨ 稽直：《关于上海小沙渡沪西工友俱乐部成立经过的回忆》，上海社会科学院历史研究所编：《五卅运动史料》（第一卷），上海：上海人民出版社，1981年：第283—284页。

1920 年 4 月末作为为数不多的工人,他参与了李启汉组织的五一纪念活动的筹备工作。[①]

恢复小沙渡纺织工厂附近停办很久的工人补习学校,这是中国劳动组合书记部正式工作的开始。虽未有更确切的史料证明书记部的办学位置,但据包惠僧回忆曾于"叉袋角"办学,我们可标示出学校的大概位置。[②] 叉袋角的具体方位在图 1 中①处。[③] 就地形而言,叉袋角是在莫干山路两侧河曲的尖角地区,该地距离书记部所租住公开对外办公的房屋——北成都路 19 号约 3 公里左右的路程,部员亦可由恒丰桥摆渡或直接步行到达小沙渡区。

由书记部部员重新组织起来的上海第一工人补习学校,与中共发起组时期相比,主要有以下两方面的优势:首先,教员力量得以补充。相比原本仅依靠李启汉的个人努力办学,外国语学社学生间歇参与教学[④],由专职从事工运的书记部部员担任教师对增强动员效果来说很有帮助。李震瀛与李启汉轮流住在校内,包惠僧每周去上两次课。课程内容包括扫盲教育(国语、算术)及政治常识,如劳动组合相关问题。[⑤] 其次,书记部部员能够获得相对稳定的生活费,以每月 25 元为最高额度。[⑥]1922 年 6 月末,陈独秀致共产国际的报告也反映出中共接受共产国际的经济援助用以地方劳动运动。[⑦]

此次办学于工运宣传效果而言,相比之前有所增强,具体表现在:其一,学员人数相对增加,"报名的有 200 人;内有女生 20 余人,授课钟点在每日上午 7 时至 9 时放夜工的来读,下午 7 时至 9 时放日的来读,现在到校的男女有 30 余人"[⑧]。其二,书记部部员在教课的同时又附带调查工人生产、生活情况,为编写《劳动周刊》积累素材。内外棉四、五厂,车袋角鸿裕纱厂,上海白礼氏蜡厂这些车袋角周边地带工人

① 《警务处日报》,1921 年 4 月 24 日,上海市档案馆藏,U1-1-1130,第 3 页。

② 栖梧老人:《"二七"回忆录》,北京:工人出版社,1957 年:第 32 页。根据老工人窦一飞回忆,李启汉主持办学时先在锦绣里,后搬到同兴工房,再搬到槟榔路,就是现在的安远路。他的回忆虽与一贯党史考证的地点相异,但亦可反映出李启汉先后开办学校的不同位置。参见《老工人窦一飞谈话记录》(1957 年 7 月 23 日),载上海市静安区文物史料馆等编:《红映浦江:上海工运历史研究》(第一期),上海:上海书店出版社,2020 年:第 145 页。

③ "叉袋角"亦被叫作"车袋角"。

④ 工人半日学校的教员多为临时"帮忙"性质,包括雷晋笙、严信民都曾在外国语学社学习法语时有协助李启汉上课的经历。参见张钧华、雷友声:《雷晋笙烈士传略》,载山东省民政厅编:《光照千秋——山东革命烈士事迹选》(三),济南:山东人民出版社,1992 年:第 1—21 页;严鸣晨等:《寸心如丹,至死不渝——追念父亲严信民》,载中共一大会址纪念馆等编:《红旗飘飘》(31 集),北京:中国青年出版社,1990 年:第 342 页。

⑤ 栖梧老人:《中国劳动组合书记部成立前后的回忆》,载中共北京市委党史研究室编:《北京革命史回忆录》(第 1 辑),北京:北京出版社,1991 年:第 134 页。

⑥ 张国焘:《我的回忆》,北京:东方出版社,2004 年:第 140 页。

⑦ 《中共中央执委会书记陈独秀给共产国际的报告》(1922 年 6 月 30 日),载中共一大会址纪念馆编:《中共首次亮相国际政治舞台(档案资料集)》,上海:上海人民出版社,2016 年:第 385 页。

⑧ 黄舜融:《沪西劳动状况》,载《民国日报》副刊《觉悟》,1922 年 5 月 1 日,第 1—4 版。对工人半日学校所吸纳的学生人数仅见姜沛南所撰"1921 年春,经过李启汉的半年多的苦心经营,来读书的工人逐渐增加到 20 多人"。参见沈以行等主编:《上海工人运动史》(上),沈阳:辽宁人民出版社,1991 年:第 63 页。虽未标出处,但根据该书编撰的惯常作法,作者应参考了老工人的口述访谈材料,笔者认为可以与黄舜融所述进行对比。

相关的新闻报道，甚至以车袋角纱厂工人为主角的小说的出现，都反映了书记部部员与工人们的关系日益密切。①

要建立现代意义上的工人组织，激发工人革命加实干的精神，有反抗意识，这是共产国际代表马林认为中共组织应该担负起的任务。② 透过重建工人学校实现纺织工会的重新组织，至少说明中共于此地工运动员的部分成功。纺织工会虽在 1920 年就已组织起来，但因缺少经费、会员不负责而无疾而终。1921 年 11 月中旬《劳动周刊》报道"杨树浦、东车袋角、小沙渡等处，已各自接头"，商谈纺织工会组织事宜，"闻车袋角纺织工人已具有发起者数十人，已开过筹备会一次，想不日即可联合成功"③。从该条报道记载中我们发现，本属于小沙渡区的车袋角已因动员能力突出而被单独列出。重新组织起的纺织工会也在代表孙良惠、韩荫生的领导下立即参与到书记部发起"上海各业工会代表团"的成立活动，并在书记部退出上海各工团联席会后继续与中共领导下的机器、印刷等其他工会商讨成立上海各业工会代表团，以作为与其他"招牌工会"相抗衡的工界团体，成为秘密地下状态的中共在工界中公开声援渠道。④

在取得以上工作成果的同时，不可忽略的是，书记部主办的第一工人学校依然存在动员力不够的问题。最明显如，对比一般纱厂工人数，参加学校的学员人数占比极低。另一方面，来上课者以男性居多，这也与纺织厂以女工为主的工人构成形成很大的冲突。横亘于知识分子与工人之间的界限包括工厂管理制度、地方帮派及青红帮的影响，以及从事不同工种、不同性别工人实际需求的限制。即便有工人学校作为小的动员据点，也有如李启汉、李震瀛都借学校结识工人的机会，加入青帮后逐步与工人接近，⑤但中共始终与工人联系的紧密度不够，书记部领导期间，小沙渡地区从未发生过中共领导的工人罢工事件，由此可见一斑。这种局面一直到 1924 年沪西工友俱乐部成立后才得到进一步缓解。

---

① 参见《劳动周刊》第 10 号刊登《这是工人的人格》、第 12 号刊登《饿不死的小孩》、第 14 号"本埠"板块刊载《一个人送了命》《白礼氏腊厂发了财了》《女工连裤子都得脱下来》等文。
② 《致舒米亚茨基的信》（1921 年 7 月 9 日），载《党的文献》2011 年第 4 期，第 10 页。
③ 《上海纺织工会的朝气》，载《劳动周刊》1921 年 11 月 19 日，第 14 号，第 478 页。
④ 《各工团昨日之联席会》，载《民国日报》1921 年 11 月 2 日第 10 版；《工团联合会谈话会》，载《民国日报》，1921 年 11 月 29 日，第 10 版。
⑤ 栖梧老人：《中国劳动组合书记部成立前后的回忆》，载中共北京市委党史研究室编：《北京革命史回忆录》（第 1 辑），北京：北京出版社，1991 年：第 134—135 页。裴宜理指出中共建立前所组织的工会都是由有文化的工人，即工匠建立。中共建党后工运事业主要为缺少技术的无产阶级，即普通工人中进行突破。（[美] 裴宜理：《上海罢工：中国工人政治研究》，南京：江苏人民出版社，2001 年：第 91—93 页）韩起澜（Emily Honig，又译艾米莉·洪尼格）指出，20世纪 20 年代中共组织女工失败的原因在于未能充分理解女工的实际需要。（韩起澜：《姐妹们与陌生人：上海棉纱厂女工，1919—1949》，南京：江苏人民出版社，2011 年：第 234 页。）

20 世纪 20 年代初期，以俄为师的中国共产党在全国不少城市都开办过工人学校，但是小沙渡地区的工人学校却几度经历开办—停办—重新开办的曲折过程，对其进行微观史学研究兼具历史价值与现实意义。尽管本文仅是对中共发起组至中国劳动组合书记部在该地区办学过程与实际效果的简要梳理，但很明显反映出，伴随着中共组织力量的逐渐壮大，于此地动员效果亦在逐渐增强。书记部在小沙渡的"教导革命"是其执行中共一大确定的"党的基本任务就是成立产业工会"这一理念的具体实践。

由于是位于公共租界内的重要工业区，小沙渡地区的革命表现在 20 世纪 20 年代中期更应被重视。正如 1925 年 7 月中旬日本陆军部所接获一份情报所示，位于小沙渡路 201 号的大夏大学，及公共租界外闸北谭子湾三德里的沪西工友俱乐部，都是值得重点关注的共产主义运动团体。[①]对该地区的革命考察应具有更长时段的眼光，以探寻中共取得革命胜利的核心问题，即知识分子透过何种机制调动工人阶级。中共的理念、策略转化为有形社会力量的问题，唯有继续透过对 1925 年小沙渡地区爆发的罢工运动考察方能更鲜明地体现出来。

上海工人运动的摇篮：沪西工友俱乐部

上海社会科学院历史研究所现代史研究室主任　马　军

96 年前，在今天西康路安远路交界口，能见到三间面朝东的平房，门口用纸写着"沪西工友俱乐部"几个毛笔大字。这里常有纺织工人打扮的人员进进出出，有的人还边走边讨论着什么……震撼世界的五卅运动就发源于此！它也是 1920 年以后中共在沪西地区开展平民教育、工人教育的集大成者。

故事还得从头谈起。

1923 年京汉铁路工人"二七"大罢工失败后，全国工运形势从高潮转入低潮，上海工人的罢工活动甚至早在 1922 年 11 月便已陷入消沉。当时，中共上海地下党认为，出现这种状况，是由于以往的工运工作"没有钻到里面去，只立在工人群众外面的，所以做几次，失败几次"[②]。所以，直至 1924 年春，全市仅有工人党员 8 名，[③]难以开展活动。这种情况显然与上海作为中国共产党的诞生地、一个拥有数十万产业工人的大城市是很不相称的。为此，1924 年 5 月中共中央第一次扩大会议决定，从别处调派

① 《上海附近ニ於ケル共産主義運動團體一覽表》，1925 年 7 月，日本防卫省防卫研究所藏，陆军省－密大日记－T14－6–11，第 1124–1134 页。
② 中央档案馆编：《中共中央文件选集（一九二一——一九二五）》，北京：中共中央党校出版社，1982 年：第 258 页。
③ 中央档案馆编：《中共中央文件选集（一九二一——一九二五）》，北京：中共中央党校出版社，1982 年：第 256 页。

有丰富斗争经验的项英、李立三、邓中夏等干部到上海来推动工人运动。

这些同志到沪后，有意识地运用安源路矿工人罢工斗争的经验，准备在沪西和沪东两大工业区建立工人俱乐部，借此向工人群众展开宣传活动、灌输革命思想，进而逐步把工人组织起来。事实上，早在1920年，在"到工人群众中去"的口号下，上海共产主义小组的成员李启汉就开始筹建专门针对工人的半日学校。1922年以后，党组织和团组织已陆续在沪西、沪东、浦东、吴淞、南市、闸北、虹口等地建立了若干平民夜校，特别是沪西小沙渡一带的工作很活跃。

19世纪中叶，小沙渡地区还是荒僻之地。随着1895年中日《马关条约》的签订和1899年上海公共租界在该地越界筑路，吸引了许多日商，尤其是内外棉系统的棉纺织企业前来投资建厂，并最终形成了一座棉纺工业区。到了20世纪20年代，上海近80万工人中有20余万是纺织工人，而全市58家纺织工厂中又有近20家设在沪西小沙渡一带。①日本是一个后起的帝国主义国家，其剥削工人的手段特别残酷，一切打、骂、罚扣工资、开除工人、雇用包身工等办法，在日商纱厂中十分普遍，与此相应，中国工人的反抗情绪也最为激烈。这一带的工人比较集中，容易团结，因而是开展工运的一片沃土。邓中夏在《中国职工运动简史》一书中曾称上海小沙渡和北京长辛店是中国共产党开展职工运动的起点。

其实，在项英、李立三、邓中夏等到来之前，一些共产党、社会主义青年团的积极分子，如嵇直、孙良惠、徐玮、张秋人、刘贯之等人，已在小沙渡一带建有一两个工人补习学校。项英等人到来后，一方面在补习学校担任教师，亲自对听课工人进行较为系统的文化和阶级教育。讲课之中，他们常常满怀激情地介绍十月革命后苏联劳工当家作主，以及"二七"大罢工中工人英勇斗争的情况，给了工人们以很大的鼓舞。另一方面，他们亲自深入到日商纱厂工房内和工人们促膝谈心，向大家问贫问苦，了解工人的生活情况，揭露资本家对工人的剥削。项英也是纱厂工人出身，他那平实的语言、浅显的道理常常能引起工人们的共鸣。根据一位老工人的回忆，"他的话都能和工人的思想相接触的，因而他讲的种种痛苦都是工人亲身经历过的，如工钱少、时间长、受打挨骂、无故开除等等"②由于彼此间谈得很投机，项英和工人很快熟悉起来。不久，他又结识了姜维新、王瑞安等几个工人积极分子，并经常和他们保持联系。在项英的鼓励下，姜、王等人以结拜兄弟的形式，把一批工人团结在周围，组织了工会，原来厂里一些工贼和流氓拼凑的工会很快失去了群众的信任。

---

① 张铨：《关于沪西工友俱乐部》，载《党史资料丛刊》，1980年第3辑，第116页。
② 《王瑞安谈话记录》第3—4页，原件藏上海社会科学院历史研究所现代史研究室。

时机成熟以后，项英和李立三、邓中夏研究决定，在工人补习学校的基础上正式成立沪西工友俱乐部。在武汉曾组建过著名的江岸工人俱乐部的项英，义不容辞地担负起筹建之责。经他布置，嵇直、孙良惠、徐玮、刘贯之等分头进行准备，项英自己则亲自在工人中宣传建立俱乐部的好处，鼓励工人踊跃参加。他告诉工人："应该组织一个俱乐部，便于工人读书，交换知识，联络感情，提高文化，使工人认识剥削，认识压迫。"[1]8月间，众人在小沙渡路（今西康路）槟榔路（今安远路）拐角上租得新建平房三间，两间准备做教室，一间做文娱室，门前的空地作为活动场地。项英等还以教员的名义向社会募钱，用它购买了一块黑板、几张简易的课桌和几条凳子。

一切就绪后，1924年9月1日举行了沪西工友俱乐部的成立大会，有30多人参加。大会由孙良惠主持，项英发表演讲，并当即写下"联络感情，交换知识，互相扶助，共谋幸福"16个大字，张贴在中堂上，作为俱乐部公认的宗旨。大家经过商议，决定组织一个委员会，担负俱乐部的日常事务。具体由项英任委员会主任，孙良惠任副主任，刘华、顾秀任宣传委员，李瑞清任组织委员，刘贯之任总务委员。大会还制订了一个俱乐部草章，分总纲、部员、组织、会议、规约、部务、经费、附则8部分，共21条。其中规定："凡属沪西工人，不分男女，愿遵守本部章程者，均得为本部普通部员。"部务共计8种，即"（一）补习学校，（二）讲演会，（三）合作社，（四）书报室，（五）各种游艺会，（六）储蓄会，（七）部员救济会，（八）职业介绍所"[2]。

沪西工友俱乐部成立后，最初只开办识字班和补习班，通过学文化的方式对工人进行阶级教育。项英、邓中夏、瞿秋白、刘华、李立三、蔡和森、向警予、恽代英、杨之华等中共党员经常到俱乐部教书、演讲，利用各种机会向工人们深入浅出地宣传革命真理。

有一次，邓中夏在黑板上用粉笔写了一个大大的"工"字。他指着"工"字说："这个'工'字，上有天，下有地，中间是个顶天立地的好汉，这就是我们工人阶级的伟大形象。"接着，他又在"工"字下加了个"人"字，补充说："帝国主义和它的走狗们想用死来吓倒我们，不让我们起来斗争，这是做梦！大家看，'工''人'两字连起来，就是个'天'字，我们工人就是要做天下的主人！只要大家团结起来和敌人斗争，我们的力量大如天！"[3]工人们都听得眉飞色舞，情绪振奋。

来自上海大学的大学生刘华懂得很多革命的道理，也亲身经历过工人的痛苦生活，

① 《王瑞安谈话记录》第4页。
② 上海社会科学院历史研究所编：《五卅运动史料》（第1卷），上海：上海人民出版社，1981年：第276—280页。
③ 《五卅运动》编写组编：《五卅运动》，上海：上海人民出版社，1976年：第12—13页。

他讲起课来既认真负责，又通俗易懂，所以工人听起他的讲课，总是感到十分贴切。有一次，他讲一个女工遭受资本家虐待的故事，讲得有声有色，不少听众因此流出了眼泪。又有一次，他讲到某工厂一个洋人监工如何辱骂、毒打工人，令人身临其境。一位听讲的工人竟忍不住起立高喊："我们去打死这个狗腿子！"许多人便连连应声："对、对！" 随着与工人们的关系日益密切，刘华进一步指导他们回厂去同资本家做斗争，并且教给他们斗争的方法。

这一时期，刘华还编写了许多歌词和顺口溜，揭露帝国主义侵略我们国家、资本家压迫剥削工人的罪恶。有一首新大鼓词是这样的：

> 兄弟姐妹们，
>
> 睁眼望望真，
>
> 帝国主义资本家，
>
> 不做工来专门剥削人。
>
> 拿我们当牛马，
>
> 做活儿养他们。
>
> 青年工友们，
>
> 我们要翻身，
>
> 齐心协力打倒他们，
>
> 工厂归工人！①

李立三则善于为工人算细账。有一次，他对前来听讲的工人说："你们工钱这样少，每人每天工资才 2 角半，最多也不过 3 角半，一个月总共才 7 元半。有的人每天自己带饭，这就要花去 4 元钱，于是就只剩下了 3 元半。现在次等米每石 10 元左右，卖命一月还换不来 4 斗米，这点钱是根本不够用的，所以应该要求日本老板加工钱。"工人便问："要加多少呢？""一天加 2 分都是好的。"② 大家听了，感到很高兴，随后就以俱乐部为后盾，齐心协力地向资方提出要求。在工人们的压力之下，几天之后，每天工资果然加了 2 分。斗争初尝胜利，大家真是欢天喜地。

还有一次，李立三对一大群工人说："你们每天做工 13 个小时；星期日又要多做 3 小时，却只给两个烧饼；工资应该发大洋，结果发的是小洋。对一个人来说，这不算什么，但成千成万的工人加起来，不是被剥削了很多血汗钱吗？""你们打瞌睡，就罚工；稍微有些过失，就挨打或者被开除；被机器压死、压伤的，也得不到抚恤和

---

① 梅嘉陵编：《先驱者诗联选》，上海：上海人民出版社，1986 年：第 10—11 页。
② 《主人》编辑部主编：《回望五卅》，上海：上海三联书店，2015 年：第 14 页。

医治。这样公道吗？……"①工人们听了，情绪都很激动，纷纷挥手表示不平。

前来讲课的还有女共产党员杨之华，她"一身纺织女工打扮"，深得女工的信任和尊敬，这是由于她长期以来与女工打成一片，关心女工的生活、婚姻、孩子、住房等问题，做了许多细致工作的结果。

由于工人入学一律不收学费，再加上教员通俗生动的讲解很适合工人的特点，慕名前来听课的工人越来越多。他们纷纷前来打听俱乐部的作用，询问参加识字班或补习班的手续。有的人专程来找俱乐部的人谈天说地。甚至还有"拿摩温"（工头）也来参加俱乐部的活动。40年后，顾汝舫对此是这样回忆的："有一天，大约是一九二四年十一月（阴历），孙良惠来找我，说一个俱乐部，免费教工人读书、看报，还可以练武术，问我去不去。我那时是内外棉五厂粗纱间乙班总管拿摩温，一字不识，但最喜欢听人讲报，听说有人教识字看报，正中下怀，至于练武术，那更有兴趣，于是我就跟孙到俱乐部去……邓中夏、刘华和我谈的，他们向我谈了许多道理，如中国工人要团结起来反抗日本老板，改善待遇等等。那时我曾听到俱乐部不要拿摩温的说法，我就问刘华是否这样？刘华说，这话也对也不对。俱乐部所以不要拿摩温，因为大多数拿摩温是站在工人对立方面，是帮日本人欺侮工人的，如果是肯帮工人做事的拿摩温，肯站在工人方面的，我们当然还是要的。我听了很高兴，就这样加入了俱乐部。以后，我发动了不少工人加入了俱乐部。"②

房子不大，但来人越来越多，尽管按一小时一班分成若干班，教员们还是忙得应接不暇，甚至连吃饭、休息的时间都没有，但仍不能满足需求。面对工友们求知的急切心理，项英、刘华等决定改变宣传方法，一方面继续识字班和补习班的工作，另一方面开办讲演会、游艺会。讲演会可以在露天举行，容纳的人多，宣讲故事和时事，因而效果比识字班大得多。由于宣传工作做得出色，组织工作也达到了一个新的阶段。单在同兴纱厂，不到40天，秘密加入俱乐部的就有300多人了。内外棉三厂、内外棉四厂、内外棉九厂、日华纱厂等，甚至一些华资纱厂也陆续组成了俱乐部的小组。至1924年底，即在短短的三个多月内，已有19个纱厂建立了俱乐部的秘密组织，会员近2000人，工人党员已发展到100多人。③各厂之间的联系也更加密切了。这就为之后的日商纱厂二月大罢工、五卅运动奠定了初步的组织和思想基础。

在俱乐部内，项英、刘华等还直接负责工人骨干的培养工作。他们经常分批分组

① 《主人》编辑部主编：《回望五卅》，上海：上海三联书店，2015年：第14页。
② 上海社会科学院历史研究所编：《五卅运动史料》（第1卷），上海：上海人民出版社，1981年：第293、294页。
③ 上海社会科学院历史研究所编：《五卅运动史料》（第1卷），上海：上海人民出版社，1981年：第291、292页。

地集合骨干分子谈话、开会，耐心教育，努力提高后者的理论水平和活动能力，有些人后来被发展成为共产党员和共青团员。由此，一支坚强的工人阶级骨干队伍便在沪西迅速形成，其中顾正红、陶静轩、孔燕南、郭尘侠、李振西、韩阿四、王有福等人，后来都成为了上海工人运动的中坚分子，他们冲锋在前，成为了革命的主力军。

1925年初，根据斗争形势需要，沪西工友俱乐部迁往苏州河北岸的潭子湾三德里，继续领导沪西工人运动。5月31日晚，上海总工会成立后，沪西工友俱乐部改为上海总工会第四办事处，它原来的许多骨干成了总工会的重要领导成员。

顺便一提的是，与沪西工友俱乐部遥相呼应的还有中共在沪东杨树浦眉州路永安纱厂后面成立的"工人进德会"。该会建立于1924年下半年，具体负责人是蔡之华、吴先清等。该会以提高工人福利为号召，吸引工人前来听讲演、看话剧，接受文化与阶级教育，旨在使工人们认识到资本家压迫工人的本质和手腕，并组织工人散发传单、参加斗争。

《共产党宣言》首译者陈望道与沪西工人运动的红色基因

复旦大学中文系副教授　霍四通

复旦大学党委党校办公室主任兼组织部副部长、《宣言》展示馆党员志愿服务队

指导教师　周晔

2020年是《共产党宣言》首个中文全译本在沪问世一百周年。习近平总书记多次讲述《宣言》的首译者、复旦大学老校长陈望道同志追求真理的故事，强调把红色资源利用好、把红色传统发扬好、把红色基因传承好。特别是2020年6月27日，总书记给复旦大学《共产党宣言》展示馆党员志愿服务队全体师生回信，再一次肯定了《宣言》为引导大批有志之士树立共产主义远大理想、投身民族解放振兴事业发挥了重要作用，要求全体党员、特别是青年党员努力学习马克思主义理论，学习"党史、新中国史、改革开放史、社会主义发展史"……这是我们开展工运研究和红色教育的重要遵循。

马克思主义的先驱、复旦大学老校长陈望道不仅是《宣言》首个中文全译本的译者，也是中国早期工人运动的重要领导者，更是面向工人开展马克思主义宣传教育的模范。为了吸引更多的工人加入工人组织，我党探索灵活的组织形式，在纱厂工人比较集中的沪西小沙渡创办半日学校，组织工人在工余时间学习文化，向工人宣传俄国十月革

命和劳工神圣的道理。这些工人学校经常举办报告会，请陈望道去讲演，他讲《共产党宣言》，讲劳动联合的道理，深入浅出，很受工人欢迎。后来，党组织还探索了工人游艺会、工人俱乐部等多种形式，这些组织形式为中国共产党的创建与发展培养了大批工人干部。在陈望道等早期党组织成员的推动下，上海、特别是沪西的工人运动风起云涌，蓬勃发展。

包括翻译《共产党宣言》首个中文全译本在内，陈望道在劳动问题上的深厚理论修养使他成为 100 年前党的早期组织领导工人运动、负责工人宣教的不二人选。陈望道回忆说："陈独秀、李汉俊和我等是研究会的核心，我还当了三个月的劳工部长（也叫工会部长）。1920 年下半年，陈独秀应邀去广州任广东省教育委员会委员长，上海马克思主义研究会由我和李汉俊负责，我做代理书记。"这时期，陈望道一面在复旦大学教书，一面身体力行地领导上海工人运动的开展。这主要体现在到工人中演说、办劳动刊物、组织工会等几个方面。

陈望道经常深入到沪西工人当中进行演说，用浅显易懂的语言讲解工人运动的道理，传授斗争的经验和教训。例如，《民国日报·觉悟》1920 年 12 月 30 日刊登的《劳动联合》，就是他的一篇演说记录稿。他教导工人要重视"劳动联合"的组织，对于已有的劳动联合，要进一步加强斗争的职能设置："对于中国现在工业的劳动联合共济的职务，应该加以改良决斗的职务，应该促其注意。"并且要从会费中预留"罢工基金"："记得上半年有一处工人罢工，因没有罢工基金，他们罢了几天工，仍旧要去回工，而资本家却不要他们，甚至于乞怜。从这样看来，可以知道基金底重要。"这样的演说，工人听得懂、学得会，自然受到欢迎。

陈望道还参与了著名工人刊物《劳动界》的创办。这也是我党历史上自办的第一本刊物。《劳动界》是周刊，从 1920 年 8 月到 1921 年 1 月，共出了 24 册。陈望道曾谦虚地说："工人刊物有《劳动界》，我给它写过文章。" 实际上，陈望道不仅是这个刊物的投稿者，更是重要的编辑者，甚至一段时间内是主持者。当《劳动界》稿源发生危机时，陈望道抓紧编译稿件，连载《劳动运动通论》译文来维持（第 19 至 23 册连载），直到终刊。《劳动界》的办刊思想就是陈望道"启发阶级觉悟，支持经济斗争"的工运思想。陈望道在《劳动界》第 2 册（1920 年 8 月 22 日）发表了《平安》一文，以沉重的笔调，揭露了在阶级社会里 "平安"只是工人难以实现的奢想的事实。这引起了工人的强烈共鸣。第三册刊登了读者幕痴的投稿，作者感叹："我读了陈望道先生那篇《平安》，也不晓得发生了多少感想。因为我们的生活，没有一时一刻不在'平安'这两个字的反面进行。""我的意思,已经被陈望道先生说尽,而我们所受的痛苦,也简直同陈望道先生所说的一样。"《劳动界》促进了工人的觉醒,受到了工人的普遍欢迎。刊物关注各地各行业工人状况,追踪各地工人运动的报道,有力地促进了工人运动的开展。党组织派人到各个工厂进行调查、联络组织工会,本来都到处碰壁,后来有了《劳动界》作为"名片",工人就都不再躲避他们了,甚至要主动和他们接触。不管他们去哪里调查,工人们总要和他们先谈一会儿周刊的内容,由此打开了局面,促进了工人运动的开展。

作为参与建党伟业、我党最早的党员和党的早期组织的重要领导,陈望道在上述实践中形成的工运思想,对于新生的共产党开展工人运动,起着巨大的指导和鼓舞作用,归纳起来主要有以下几个方面。

第一,启发阶级觉悟,支持经济斗争。陈望道在《回忆党成立时期的一些情况》一文中说:"马克思主义研究会的政治工作和工运工作,都还是启蒙性质的,我们边学边宣传。初期的工运,主要是启发和培养工人的阶级觉悟,支持他们搞经济斗争。"这是符合历史事实的。陈望道认为,不能责怪"女人、劳工自口不会说话诉苦"。因为"女人多是家庭奴隶","劳工就是工钱俘虏",过于拘牵、劳瘁,自然不会再"诉苦说话"了。所以,社会主义者要通过揭示劳动者自身的遭遇和处境,启发他们的阶级自觉,唤起抗争意识。比如,《平安》一文生动地描绘了劳动者最低的"平安"愿望也无法得到满足的现实画面。在阶级对立的社会里,劳动者受尽剥削,是没有公平和平等而言的。"越不做工的穿的衣服越好,吃的东西越讲究,住的房子越阔气。"相比而言,"做工的做煞,还是个得不到他们闲着抛了的一点剩余"。劳动者面临着失业、疾病的威胁和暑热冬寒的折磨,朝不保夕,时时刻刻都在向"不安"陷落。陈望道替劳动者喊出了他们的心声:"我们向哪里去找'平安'?""劳动界的痛苦和悲惨,真是看见就要酸鼻,听到就要伤心,我们恨不能马上把他细细传出。"

第二,求同存异,用社会主义理想引导劳动阶级。陈望道认识到,"大多数的人,简直毫没有理想,我们应该一步一步地引他上来。""劳工们平时劳作很忙,没有会晤的机会,又大多数不曾受过教育和训练,会晤时也多消费时间在闲谈杂谈里面。"他在一次演说中还打了个比方说:"譬如今天我没有知道到这学校里来的路,幸亏你们社里的一位同志,他一步一步地引我过来。所以我们谈社会主义,也要作如是想,总要使一般群众引到有理想的一条路,才行!"当时存在着基尔特社会主义、无政府主义和新村主义、工团主义等各种打着社会主义旗号的思潮,陈望道抱着求同存异、团结同志的态度，主张："无论谈哪种社会主义，彼底派别虽是不同，但总注意在劳动阶级；引劳动阶级一般人，去达到理想之境。劳动阶级不分男女，那般人总是为现社会所虐待的人。""我们讲社会主义的人，却都要想引上这一般的人，和其它的人互相平等。无论哪一种社会主义，这是共通之点。所以我们第一步是要使无产阶级的人，怎样能引导佢向理想之路？他们资产阶级都是金钱神通，而无产阶级却无论哪一条路都很难走。"

第三，从中国实际出发，循序渐进地朝理想前进。陈望道认为劳动运动不能脱离中国的现实情况，而当前第一步就是要发展劳动联合。他说："我们暂且不要说甚么高大的理想，甚么公共'管理'，甚么公共'享用'。那种高大理想，原也是劳动者所企求。但是现在劳动者连生命都要被饥、冻夺去的时候，第一步却是先要找到一个切实共济改善的靠着。其余种种理想，还是找到靠着以后的事。""今天所说的题目，是劳动联合。这种理想，并不高妙；诸位听起来，或是没有趣味。但是我们要知道理想尽高，达到彼总须一步一步地前走。"而在劳动联合的跟三个发展阶段相应的三种形态中，他也认为不必急于求成，第一步也是改良旧有的"工业的劳动联合"："若是将来要行社会主义，那非有实业的劳动联合不行。但在我们中国不能立刻做到，而原有工业的劳动联合，却很发达；我们应该帮助彼格外发达，而且改良彼所有的缺点。""使工业的劳动联合发达是第一步。""一俟工业的劳动联合发达以后，再进一步去组织实业的劳动联合，因实业的劳动联合，合于我们将来新社会的组织。""但在中国，原有而且被人公认的既只有职业的劳工联合稍微有一点雏形，而且产业的劳工联合现在也还无从着手。我们要使我们劳工追及文明国已经走到的境地，虽不该忽略第三种典型，却须对于这一种，首先指示出一条可走的路，使其滋长、扩大。"

第四，核心是建立劳动联合。《共产党宣言》的末句是"万国劳动者联合起来呵"。陈望道认为，中国劳动问题第一步的解决就是振兴正当的"劳动联合"。"凡百事情，都少不了一种结集和组织，结集就强，不组织便弱；劳工更是这样。" 因为资本家正在努力组织资本联合，他们的秘诀就是"使一般劳动者个个分子分离"，"使吃苦的一般劳动者不能集合"。工人如果不用有组织的机关去对付那有组织的机关，无异于以卵击石，必然会遭到失败。"所以劳工们，更要有一种有组织的机关，促进佢们阶级底自卫和互助；更要有一种有组织的机关，唤回佢们那听天由命和咒天骂地的被损害被侮辱的灵魂，归依这'联合'底救星。" 陈望道还拿学生运动作为榜样说明联合的重要性："劳工们应该看那学生，没有组织时力量怎样？有组织时又怎样？用尽全力来联合！""联合就是势力！"所以，劳动问题第一步的解决就是提倡正当的"劳动联合"。

陈望道在阐明劳动联合重要性的同时，还介绍了劳动联合的种类和组织形式，使得工人在组织工会时有了可以参考的样本。陈望道说："但组织上很要用点研究的工夫，胡乱结集，却是无济于事的。" 他在《劳动联合》的演说（《民国日报·觉悟》1920 年 12 月 30 日）和《职业的劳工联合论 》"译文前记"（《东方杂志》1921 年 11 月 10 日）里反复阐明劳工联合的三种典型：第一种是为增进劳工全体利益而组织的劳工联合，通常称作"一般的劳工联合"或"阶级的劳工联合"；第二种是为增进各种职业的劳工各自特殊的利益而组织的劳工联合,通常称为"职业的劳工联合"或"技艺的劳工联合"，也叫作"同行的劳工联合"；第三种劳工联合，处在前述这两种中间，既不是筹划直接增进全体劳工共同的利益，也不是预备直接增进各种职业劳工各自特殊的利益，却是以增进各种产业的劳工共同的利益为直接目的而组成的劳工联合，通常称为"产业的劳工联合"或"实业的劳工联合"。这三种典型的劳工联合，各有特殊的名称：属于第一种典型的，属于第二种典型的，属于第三种典型的，在这三种典型的劳工联合中，我们原该特别注意第三种典型，即产业的或实业的劳工联合这种。

对于劳动联合的组织形式的讨论，他提出一般劳动联合，都有二重职务：对内，就是劳动联合共济的职务，是分子对分子的；对外，就是劳动联合决斗的职务，是劳动者对资本家的。但是看中国现在的劳动联合，就是一般工业的劳动联合都只有共济方面的职务，而于决斗一方面的职务，简直丝毫没有。所以要改良劳动者生活，真没有希望。我们要使在共济的职务之外，还加种决斗的职务。

最后，陈望道支持工人罢工，反对不抵抗主义。陈望道的译文介绍了很多种工人运动的斗争形式。如连载于《劳动界》《觉悟》的久留弘三《劳动运动通论》译文，就介绍了作为"劳动联合会最末的对抗手段"的同盟罢工的组织方式。"一动手罢工，劳动联合会就该用尽全力使彼成功"，采取一系列措施，如：发放罢工救济费，屏障罢工者底生活，鼓舞罢工者的志气；散布守卫队 (Picketing)，防护罢工期间别的劳动者去抢罢工者的工作，借此达到罢工的工人们对抗厂主资本家的目的。罢工者可以采取暴力手段防止妨碍罢工的别的劳动者；为保证同盟罢工确实有效，往往同时举行"同盟抵货"（就是"婆哀考脱"， Boycott)，或者发行 "联合证券"（Union Label）或消极或积极的实行抗争。这种介绍对于工人运动的开展有很强的指导意义。陈望道还从理论上支持工人的罢工。他批判了空洞的"谦让""敬慎""慈爱"的伦理道德，"倘若谦让足以长人'掠夺''驾驭'这种劣性，那谦让便反而是恶不是善"。他同时将"小我"和"我们"（人类全体）区分开来，主张"小我底谦让不一定是善，必须谦让合乎人类全体的理想才是善；敬慎也不一定就是善，必须敬慎合乎人类全体的理想才是善"。坚决反对所谓的无抵抗主义，对"阶级争斗主义"，"不但不反对，而且赞成，而且主张，而且顽强地、热烈地主张"。他欢迎各种"争斗底方法"，认为"寻常要求"的形式、"婆哀考忒"的形式、"斯忒拉克"和"沙婆达奇"的形式都是"合乎伦理规模的行为，就是善的行为""是铲除掠夺恶性的行为，都是合乎我们人类全体理想的行为，都是推进文化转轮的行为，都是滋养人类长进的行为"。

100 年前，随着《宣言》的问世和传播，在陈望道先生等的领导教育下，沪西工人率先觉悟，全市工会纷纷成立，工会刊物纷纷创办。邵力子曾欣喜地欢呼说："醒了！醒了！"陈望道在领导和开拓中国早期工人运动的历史功绩值得我们永远铭记。

李启汉在中国共产党创建时期的工运实践

上海市委党史研究室研究一处　柏　婷

李启汉于 1920 年 5 月经邓中夏介绍从北京来到上海华俄通讯社工作，在中共一大召开前就参加了中国共产党发起组。在外国语学社学习期间，李启汉积极投身工人运动，同时翻译了一些关于宣传介绍马克思主义的通俗读物，具有一定的群众基础和理论储备。因此，为尽快开拓工运新局面，中共发起组委派李启汉从事工人运动。

一、领导党创办的第一所工人学校——上海工人半日学校

为提高工人觉悟，中共发起组创办了一些进步刊物，如《劳动界》《上海伙友》等，但由于当时工人文化水平低下，仅靠文字宣传无法达到组织和动员工人的效果。如在上海当时的纺织工人中，男工中一字不识的占 50%—60%，女工占 80%—90%，其中日商厂的文盲，女工占 80% 以上，男工占 70% 以上，就是识字的，文化程度也非常低下。[1] 由于文化程度不高，工人在思想上更易接受封建思想，男工中帮派流行，女工则烧香拜佛。为了改变这一局面，正在沪西纱厂集中地小沙渡开展工作的李启汉，建议在上海先创办劳动补习学校，边教文化边做宣传发动工作。[2] 李启汉的建议得到了党组织的同意，决定从办文化补习学校入手开展工人运动。

1920 年秋，李启汉租下槟榔路北锦绣里 3 号（今普陀区安远路锦绣里 62 弄

---

① 中共上海市委党史研究室、上海市总工会编：《上海纺织工人运动史》，北京：中共党史出版社，1991 年：第 53 页。
② 林健柏、李致宁编：《李启汉传》，广州：广东人民出版社，1984 年：第 24 页。

178—180号）作为工人补习学校的教室及办公室，"楼下3间连成一大间作教室，内放28套课桌和凳子，楼上一大一小两间，小间放一张床和一只写字台，做李启汉的宿舍兼办公室，大间是两间通连，也做教室用"①，再挂上写着"半日工人学校"的黑字白纸条，学校就此开学。这是中国共产党早期组织开办的第一所工人文化补习学校。

学校根据工人上班时间，分早晚两班上课，因此称"半日学校"，夜班工人的上课时间是上午7时至9时，日班工人的上课时间是下午7时至9时，学费全免。李启汉、李震瀛、包惠僧等作为教师轮流在此上课。除了讲授基本知识，教师还用通俗语言传播马克思主义思想。然而，学校开学后，来上课的学生不多，工人学校一度受到冷落。

万事开头难。以知识分子为主体的早期马克思主义者，要得到工人的理解与支持，相互之间要有一个认识、熟悉、接受的过程。为了解工人不愿意来上课的原因，李启汉放下知识分子的架子，主动深入到工人之间，与他们谈心交流，工人也逐渐向他敞开了心扉：平时上班非常劳累，没有时间和精力再去读书识字和学习什么是马克思主义。了解到工人的真实想法后，李启汉将工人半日学校改为上海工人游艺会。1920年12月19日，工人游艺会在白克路上海公学召开成立大会，李启汉、杨明斋、邵力子等都发表了演讲。工人游艺会通过开展文娱活动吸引更多工人，李启汉同工人一起玩球、一起喝茶，在看似闲聊的过程中向工人宣传学习文化知识的好处。为了更好地开展工作，李启汉下功夫改掉了湖南方言口音，努力学习上海话。同时，为了拉近与工人的距离、争取帮会对劳工运动的支持，李启汉打入了上海当时帮会势力中最大的青帮。虽然争取帮会支持的努力失败了，但是借助青帮的身份，他"便以公开的身份在工人中活动，此后，工人们都不躲着他了。他来往于各纱厂、烟厂、印刷厂，渐渐打开了局面。经过他不断努力，工人补习学校站住了脚"②。

1921年春，上海工人半日学校重新开学，报名听课上学的工人逐渐增加。但是，随着来学习的工人逐渐增多，学校引起了租界当局的注意，不久即被强行封闭。1921年8月，在中国劳动组合书记部的领导下，半日学校改名为"上海第一工人补习学校"重新开学。1922年5月1日，《民国日报》副刊《觉悟》发表了《沪西劳动状况》一文，文中对半日学校的发展状况做了梳理："这学校起落有二年多了，首名半日学校，后又改为工人游艺会……去年8月该校又改名为上海第一工人补习学校。"③1922年7月，

---

① 中共上海党史研究室编：《中共上海党史大典》，上海：上海教育出版社，2001年：第650页。
② 林健柏、李致宁编：《李启汉传》，广州：广东人民出版社，1984年：第27页。
③ 《沪西劳动状况》，载《民国日报》附刊《觉悟》，1922年5月1日。

中国劳动组合书记部被租界当局封闭,学校也被迫停办。

工人半日学校虽历经多次打压,被迫停办,但是学校向工人阶级传播的火种却逐步燎原。前来听课的工人中,不少人都加入了中国共产党,成为工人运动的骨干。同兴纱厂工人孙良惠就按照李启汉讲的革命道理,回厂反抗资本家的压迫和剥削,虽先后两次遭到开除,但他并没有后悔。后来,他成为小沙渡地区第一个参加共产党的工人、沪西工友俱乐部的负责人之一。①

二、指导党领导的第一次有组织的工人罢工——上海英美烟厂工人大罢工

地处浦东的上海英美烟厂,外国资本家为了攫取最大利益,强迫工人每天劳动12个小时,但所发薪水极低,工人每月所得工资连一石米都买不起,生活已经穷困至极。工人在厂时还要受到各种人身侮辱、殴打等,但为了活命,只能忍气吞声,敢怒而不敢言。

"1921年7月20日上午,老厂卷烟部厕所里挤满着人,他们低声地谈论着昨天发下来的工资,被洋监工亨白尔克扣了每人五分钱。"②工人的工资无缘无故被洋监工克扣,工人派代表与资方交涉却遭到毒打和扣押。据《申报》报道:"当今大班用电话通知三区警署,曾署长立派长警排,前往弹压,并拘获煽惑罢工之张涛一名,带署押候讯纠。"③这激起了老厂工人的愤怒,新厂工人闻讯后也发起罢工。于是,新老两厂全体工人加入了罢工行列。然而,工人虽然情绪激昂,但却不知道接下来该怎么办。有人建议按照老传统去庙里求签,如果是"上上签"则继续罢工,有人不赞成,但又无法提出更好的办法。工人的罢工斗争一度失去了方向。

当时正值中国共产党在上海举行第一次代表大会,会议期间得知英美烟厂工人罢工的消息,上海党组织立即选派有工作经验的李启汉去进行组织指导工作。李启汉正是在工人犹疑不决之际来到了他们中间。

李启汉说:"最彻底的办法,就是像俄国工人那样起来革命,没收地主、资本家的财产!"④他还号召工人们"要不分帮派,不分地区,不分男女,不分车间,大家团结起来,叫烟厂资本家给我们增加工资,不许他欺侮我们。我们团结起来的人越多,就越有力量,就一定能够达到目的"⑤。在李启汉的指导下,工人们开始有序地组织罢工。

① 中共上海市委党史研究室、上海市总工会编:《上海纺织工人运动史》,北京:中共党史出版社,1991年:第71-72页。
② 中共上海卷烟一厂委员会宣传部编:《战斗的五十年——上海卷烟一厂工人斗争史话》,上海:上海人民出版社,1960年:第19页。
③ 《英美烟公司工人罢工》,载《申报》,1921年7月21日。
④ 中共上海卷烟一厂委员会宣传部编:《战斗的五十年——上海卷烟一厂工人斗争史话》,上海:上海人民出版社,1960年:第21页。
⑤ 中共上海卷烟一厂委员会宣传部编:《战斗的五十年——上海卷烟一厂工人斗争史话》,上海:上海人民出版社,1960年:第21页。

由新老两厂工人推选出 10 余名代表组成罢工领导机构——工人代表会议，由该机构根据工人的意见，起草罢工宣言，宣言中要求条件如下："1. 现在普遍的增加工资；2. 以后仍旧要按期加薪；3. 撤换虐待工人的监工；4. 罢工期内的工资无论如何要照发；5. 以后不准虐待工人；6. 星期六半天及星期日的工钱无论如何要照发；7. 凡年节假期的日期，也要照平日发工钱；8. 无论如何，不准开除工人代表。"[①] 工人代表会议还租了一间房子作为日常办公场所，从根本上改变了过去罢工"群龙无首"的散漫状态。为争取社会各界的支持，工人们通电各报馆、各社会团体，如通过当时倾向进步的《民国日报》报道罢工消息，刊登工人写给厂主、警察的信件。罢工持续一个多星期后，工人失去了经济来源，生活十分艰难。为解决这个问题，李启汉一方面组织力量进行募捐活动，接济工人，并号召工人发扬阶级友爱精神，互通有无，共渡难关；另一方面，他组织工人到码头或其他工厂做临时工，维持生计。

在罢工工人的强大压力下，资方在谈判中基本上接受了工人提出的条件，工人们历时三周的罢工取得胜利。"浦东陆家嘴英美烟公司新老两厂车间工人罢工风潮，行将解决……至昨日，两厂男女工人已完全上工，恢复原状。"[②] 为了防止资本家反扑，李启汉继续在工人中深入开展工作。经过多方的联络与协调，1921 年 8 月下旬，上海烟草工会成立，李启汉继续引导工人与资本家进行斗争。

英美烟厂罢工是中国共产党领导的第一次有组织的工人大罢工，"它标志着中国工人阶级的政党一经诞生，便立即率领本阶级的群众，向这个帝国主义重要企业展开了猛烈的进攻"[③]中国的工人运动开始从自发的散漫状态转向有领导有组织的新阶段，面貌焕然一新。《共产党》月刊对此次罢工也给予了高度评价："此次罢工相持有 20 多天，该厂所受损失已有百余万，而工人方面办事之精神毅力果能达到此种较素来略满意的结果，真是向来罢工所无的呀！愿该厂劳动界同胞，尚要努力勿懈才好。"[④] 通过此次罢工，以李启汉为代表的工运领袖在工人中树立了共产党人的良好形象，也为后续中共领导的一系列震惊中外的罢工斗争积累了广泛的群众基础和丰富的斗争经验。

三、奋斗在党的第一个领导全国工人运动的公开机构——中国劳动组合书记部

1921 年 7 月，中共一大通过了《中国共产党第一个纲领》，规定："革命军队必须与无产阶级一起推翻资本家阶级的政权，必须支援工人阶级。"[⑤] "本党承认苏维

① 《英美烟公司工人罢工七志》，载《申报》，1921 年 7 月 27 日。

② 《英美烟公司工人业已上工》，载《申报》，1921 年 8 月 12 日。

③ 沈以行等主编：《上海工人运动史》，沈阳：辽宁人民出版社，1991 年：第 98 页。

④ 《上海英美烟公司工人罢工记》，载《共产党》，1921 年第 6 期。

⑤ 《中国共产党第一个纲领》，载中央档案馆编：《中共中央文件选集（一九二一——一九二五）》，北京：中共中央党校出版社，1982 年：第 5 页。

埃管理制度，把工人、农民和士兵组织起来，并承认党的根本政治目的是实行社会革命。"①为了贯彻落实一大提出的纲领、迅速开展工人运动，1921 年 8 月 11 日，中国劳动组合书记部正式成立。该名称来自日语，"劳动组合"意为"工会"，"书记部"意为"秘书处"，"劳动组合书记部"即为"工会秘书处"。书记部主任为张国焘，干事为李启汉、李震瀛等。1921 年 10 月，张国焘离开上海，赴苏俄参加远东各国共产党及民族革命团体第一次代表大会，书记部的工作由李启汉主持。

中国劳动组合书记部（以下简称书记部）是中国共产党领导全国工人运动的第一个公开组织。书记部成立后，相继在北京、长沙、武汉、广州等地设立分部，将工人运动的火种播向全国各地，对于上海乃至全国的工人运动都产生了重要影响。邓中夏说："劳动组合书记部成立后，对于上海，确有相当影响，因为上海工人经过这个机关，也逐渐有了组织了，并且还领导了不少的工人斗争。"②

书记部建立后，李启汉负责编辑机关刊物——《劳动周刊》。《劳动周刊》设有"评论""通讯""工会消息""世界要闻"等栏目，每周六出版。为办好这份刊物，李启汉倾注了大量心血，发表了许多文章。1921 年 11 月 19 日他撰写评论《工友们，我们为什么要分帮？》，痛切地提醒工人："我们都是受痛苦的弟兄，都是没有产业的，被压迫的同胞，无论他是宁波，湖北，江北，或本地，应该大家一总联合起来，共谋幸福才是，怎么要分什么帮来自己害自己的同类呢？"③文章语言简洁，发人深思，许多工人由此认识到资本家才是自己的压迫者，同胞之间的争斗只会让资本家渔翁得利。刊物还对广东、湖南、江西、安徽等地的工人罢工做了介绍。当时，不少工人都从《劳动周刊》中受到教育。中国共产党机关报《共产党》月刊称赞其"办得异常完善，大可以增进劳动者的智识，这真是教育训练劳工们一个最好的机关报"④。

在李启汉的实际领导下，书记部不仅通过创办《劳动周刊》，在理论层面推动工人运动，还通过各种实际行动，组织和领导工人开展斗争。第一，组织产业工会。书记部成立后，继续领导和帮助上海工人阶级组织自己的真正的工会，上海烟草工会、上海纺织工会浦东分会、上海邮务友谊会、上海海员工会等相继成立。第二，领导工人进行罢工。1922 年 4 月 24 日，上海邮务工人为反对当局滥扣罚金以及实施不合理的储蓄金制度举行罢工，李启汉不顾巡捕房的严密监视，直接深入邮务工人中去了解

---

① 《中国共产党第一个纲领》，载中央档案馆编：《中共中央文件选集（一九二一——一九二五）》，北京：中共中央党校出版社，1982 年：第 5 页。

② 邓中夏：《中国职工运动简史》，郑州：河南人民出版社，2016 年：第 14 页。

③ 李启汉：《工友们，我们为什么要分帮》，载《劳动周刊》，1921 年 11 月 19 日。

④ 《上海劳动组合创办劳动周刊》，载《共产党》，1921 年第 6 期。

情况，帮助工人起草传单并亲自帮忙散发，最终，罢工取得胜利。在书记部的统一领导下，1922年在全国范围内掀起了中国工运史上的第一次罢工运动高潮。在上海，自2月日商上海第二纱厂罢工开始，到11月浦东日华纱厂与英美烟厂同盟罢工结束，其间共发生大小罢工54次，参加人数在8.5万以上。[①] 其声势与组织规模之浩大，除了1919年"六三"爱国大罢工外，是前所未有的。第三，发动工人群众参加反帝反军阀斗争。1922年1月，湖南军阀杀害劳工会领袖黄爱、庞人铨，取缔劳工会，激起各地青年和工人的极大愤慨。1922年3月26日，书记部和上海机器工会、纺织工会等在霞飞路尚贤堂召开黄爱、庞人铨追悼会，追悼会由李启汉担任主席。李启汉在发言中指出："黄、庞两君同努力为一般社会谋幸福之故，牺牲生命，在我辈同志理宜开会追悼；且不独追悼而已，我辈且应借此追悼会之纪念，互相鼓励，秉黄、庞两君未竟之志，努力于社会改造事业。"[②] 1921年4月17日，李启汉受中共发起组委托，在霞飞路渔阳里6号举办纪念五一劳动节筹备会议。五一劳动节当日，虽然受到租界当局的严密监视，李启汉仍与中共发起组成员一起，到沪西、闸北及南京路等处散发传单，呼吁工人觉醒。这是中国共产党领导下的第一个五一劳动节庆祝会。1922年1月8日，书记部还联络进步工会，联合发起了工界外交大会，举行游行示威，反对帝国主义在太平洋会议上损害中国权益的行径和北京政府的媚外行为。第四，发起召开第一次全国劳动大会。在上海和全国工人运动不断高涨的形势下，由书记部发起召集，于1922年5月2日至6日，在广州召开第一次全国劳动大会。李启汉代表书记部赴广州参会，他提出的《八小时工作制案》和《罢工援助案》引起了广大工人的强烈共鸣，并被大会通过。会议之后，书记部发起了劳动立法运动，并拟定了劳动立法原则和劳动法大纲。

书记部成立伊始，李启汉始终奋战在领导工人运动的战斗一线，工人运动得到蓬勃发展并在1922年达到高潮，这些都凝结了李启汉的心血和智慧。

四、结语

1920年5月至1922年6月，李启汉在上海从事工人运动，以机动灵活的斗争策略组织工人开展了声势浩大的罢工斗争，深受工人群众的爱戴。然而，工人们有组织的罢工运动早已引起了帝国主义租界当局和军阀政府的注意，他们察觉出了工人罢工情况异常，怀疑有外来势力"从中煽惑"。李启汉由于经常深入工人中间，更是被上海公共租界当局和军阀政府视为危险人物。如1922年4月25日上海工部局《警务处日报》显示："上海工潮主要组织者李启汉，今晨有人发现他在邮局附近与邮务工人

---

① 沈以行等主编：《上海工人运动史》，沈阳：辽宁人民出版社，1991年：第118页。
② 中共上海市委党史研究室资料征集委员会主编：《中国劳动组合书记部在上海》，上海：知识出版社，1989年：第17页。

谈话，无疑地他将努力利用时机来损害资方。如有充分证据发现，李氏将被控告。"①
1922 年 6 月 1 日，李启汉被公共租界工部局巡捕房以"煽动罢工，扰乱秩序"的罪名
逮捕，被判监禁三个月，6 月 9 日，工部局勒令《劳动周刊》停刊。刑满后，租界当
局将李启汉作为"过激党"②押解给军阀政府。在狱中，李启汉遭受了长期的摧残和
非人的折磨，但始终坚贞不屈、无所畏惧。1924 年 9 月，党组织利用军阀混战的契机
积极开展营救活动，10 月 13 日，李启汉出狱。出狱后，李启汉仍然把主要精力投入
到工人运动中去。1927 年 4 月 15 日，李启汉在广州被逮捕，22 日被国民党反动派秘
密杀害，牺牲时年仅 29 岁。他短暂的一生都献给了工人运动事业，历史终将铭记这
位著名的工人运动领袖——李启汉！

沪西工人半日学校在建党中的地位和作用

中共上海市普陀区委党史研究室原副主任　华校生

上海沪西小沙渡地区从 1899 年公共租界扩张以来，逐渐形成为上海著名的近代
大工业区和工人集聚区。中国共产党发起组在上海建立后，遵循马克思主义建党学说，
到上海纺织工人最为集中的小沙渡创办沪西工人半日学校，深入工人群众，宣传马克
思主义，推进马克思主义与中国工人运动相结合，取得教学双方"初心致远、使命铸魂"
的积极成果。这在中国共产党建党史上具有丰碑意义的历史地位，其产生的"初心和
使命的红色基因"至今对我党的思想建设仍有传承和借鉴作用。

一、中国共产党发起组为建党创办沪西工人半日学校

上海是中国近代工业发源地之一，也是中国工人阶级的集中地。据统计，1919 年
的上海工人总数为 513768 人，其中产业工人为 181485 人，60% 在 500 人以上的大厂
做工，集中程度很高，是中国工人集中程度最高的城市。③

1919 年，北京爆发了五四反帝爱国运动，上海沪西小沙渡日商内外棉三、四、
五厂工人率先举行罢工以声援北京学生，进而上海全市工人大罢工，推动了全国的罢
工、罢课、罢市斗争的发展。这是中国工人阶级第一次举行的政治性大罢工。而五四
运动的最终胜利，则标志了上海工人阶级开始以独立的政治力量登上历史舞台。这样，
五四爱国运动突破了学生、知识分子的狭小范围，发展成为有工人阶级、小资产阶级

---

① 《李启汉在邮务工人中活动》，载上海工部局《警务处日报》，1922 年 4 月 25 日。

② 《李启汉解送军署》，载《民国日报》，1922 年 9 月 9 日。

③ 中共上海党志编纂委员会编：《中共上海党志》（第一卷），上海：上海社会科学院出版社，2001 年：第 1 页。

和民族资产阶级参加的全国范围的群众性反帝爱国运动。①

五四运动后，马克思主义在中国广泛传播，具有初步共产主义思想的中国先进知识分子在五四运动中看到了中国工人阶级力量的强大，认识到只有马克思主义与中国工人运动相结合，建立无产阶级政党，才能改造中国，振兴中华。1920年6月，以陈独秀等人为代表的一批先进分子首先在上海成立中国共产党发起组（简称上海发起组），并要在上海这个有建党阶级基础和思想基础的城市正式建党。

上海发起组成立后的主要任务是联络各地筹备建立中国共产党，其间在上海做了三件事，即建立社会主义青年团、进行马克思主义宣传、投身工人运动。深入到工人群众中去，了解他们的疾苦，并把他们组织起来，向工人宣传马克思主义，这是上海发起组为筹建无产阶级政党必走的第一步，而到上海纺织工人最为集中的沪西小沙渡创办工人半日学校，则是进行马克思主义与中国工人运动相结合的一个伟大探索和实践。

上海发起组要到工人群众中间开展宣传工作，没有现成的模式可套用。对此，上海发起组成员陈望道深有体会。中共党史专家金冲及曾采访陈望道，其采访笔记写道："那个时候，知识分子要深入到工人中去开展宣传和组织工作并不是一件容易的事。他和沈雁冰（茅盾）常在工厂放工的时候，站在一个高处对工友演讲，却没有多少人理他们。后来他们在实践中摸索出一些新的做法，到工厂里面办工人夜校，提高工人的觉悟，发现积极分子，然后搞工人俱乐部，把工人组织起来，为自己的利益奋斗，开展工人运动。"② 很快，他们将办工人夜校的视线聚焦到上海棉纺业纺织工人最密集的沪西小沙渡。

1920年秋，上海发起组指派李启汉到沪西小沙渡槟榔路（今安远路）62弄锦绣里，租借内外棉九厂工房的178号、179号、180号创办沪西工人半日学校。这尤如飞来之物镶嵌在拥挤的工房中间，不乏是小沙渡地区工人阶级的一大新闻。李启汉将租来的工房进行改装，楼下改为教室，楼上为办公室和夜间教师宿舍。学校很简陋，教室只有桌凳和黑板，夜间添加一盏煤油灯照明上课。学校不收学费，授课分早、晚两班，冠名为工人半日学校。由于半日学校直接办到了工人家门口，方便工人就近上学，教师也能零距离与工人接触，生动活泼的教学活动很快由锦绣里传到小沙渡众多的工厂中去。上海发起组终于为建党深入工人群众迈出了极其宝贵的第一步。③

① 中共中央党史研究室：《中国共产党历史（第一卷）》（上册），北京：中共党史出版社，2011年：第41页。
② 金冲及：《生死关头——中国共产党的道路抉择》，北京：生活·读书·新知三联书店出版社，2016年：第38页。
③ 中共上海市普陀区委办公室、中共上海市普陀区委党史研究室编：《中共上海市普陀区（沪西）历史》，北京：中国社会出版社，2011年：第34页。

二、工人半日学校是启蒙和培养工人干部的大课堂

小沙渡是上海近代重要工业区，工人是近代大工业的生产者，他们大多出身在破产农民或手工业者家庭，深受帝国主义、资产阶级和封建势力的三重压迫。沪西小沙渡外商企业从19世纪末至1937年抗日战争前统计有26家，其中日商有19家。日本是在小沙渡地区拥有外商工厂和工人数量最多的国家。①在日商工厂做工的中国工人，劳动时间长达12个小时，有的更长。他们劳动强度大，工资低，劳动条件恶劣，生活极端困苦，社会地位低下。工人阶级从诞生起就有改变自己悲惨境遇的强烈要求，他们的反抗斗争从没有间断过。但不容置疑的是，中国工人是生长在半殖民地半封建的旧中国，还深受封建宗法思想、行帮观念、宗教迷信及农民小生产者的思想和习惯势力影响，同时，他们普遍文化水平低，缺乏民主意识，因此，虽有强烈的自发的反抗斗争精神，但受旧思想束缚，不能一开始就认识到自己阶级的历史使命，难以自为地发挥革命作用。就是这样的工人，马克思有高度的评价，称赞这是人类最革命、最先进、最有前途的无产者，是资本主义的掘墓人。其科学原理是，他们不占有任何生产资料，同先进生产形式相联系，是先进生产力的代表。问题是，如何让中国工人阶级觉悟到自己阶级的历史使命，即无产阶级只有通过革命，消灭一切人剥削人和压迫人的制度，使人类由阶级社会过渡到没有阶级、没有剥削的社会，才能最后解放自己。这需要具有马克思主义理论武装的先进知识分子的思想启蒙和灌输。

1920年2月，陈独秀到上海后不久就开始到工人群众中宣传马克思主义。上海发起组为了建党，相对各地的共产主义小组，较早地通过沪西工人半日学校，开展对工人的思想启蒙教育，为建党做阶级基础和思想基础的准备。

上海发起组成员陈望道是《共产党宣言》首个中文全译本的翻译者。翻译出版《共产党宣言》是马克思主义在中国传播史上的一件大事。陈望道不仅在外国语学社讲课，还坚持以通俗易懂的语言到小沙渡工人半日学校给工人学员讲解《共产党宣言》，让工人学员原原本本地接受马克思主义的无产阶级历史使命的启蒙教育。李启汉是工人半日学校校务主持人和兼职教师，经常到校上课的教师还有外国语学社学生陈为人、雷晋笙、严信民等青年学生，他们都卓有成效地在给工人文化补习中，宣传和启蒙马克思主义基本原理和历史使命的启蒙教学。

上海发起组在小沙渡创办沪西工人半日学校的目的性很强，并不是让工人学员沉醉于书斋里的识字解惑、坐而论道。正如马克思说的："哲学家们只是用不同的方式解释世界，而问题在于改变世界。"李启汉经常组织师生参与改变世界的社会革命活动。

---

① 上海市普陀区志编纂委员会编：《普陀区志》，上海：上海社会科学院出版社，1997年：第407页。

李启汉组织创办了上海机器工会，让学校师生到中国公学参加上海机器工会成立大会，直接聆听社会名流孙中山热情洋溢的演讲，扩展了参加社会革命的视野。工人半日学校后来改为工会性质的上海工人游艺会，李启汉让学员到中国公学参加有200多人参加的开幕仪式。李启汉在大会做开幕演讲，公开亮出了中国工人阶级要进行社会革命的旗号："什么金钱万能，劳工无能，我们都要改革，打破！"1921年春，学校恢复开学，工人学员的队伍旋即壮大。沪西地区在招牌工会和帮会工会的激烈竞争中，适时地成立了沪西工人阶级自己的纺织工会，并由工人半日学校自己培养的第一代工人骨干孙良惠为纺织工会负责人。从此，沪西纺织工会与上海机器工会、上海印刷工会一起为中国共产党在上海成立奠定了工人阶级基础，为中国共产党的正式诞生做出积极贡献。①

三、工人半日学校是革命知识分子自我教育的阵地

工人半日学校由上海发起组创办。中国共产党在上海正式诞生后，随即设立的劳动组合书记部又将半日学校改称为"上海第一工人补习学校"。前后将近2年的学校开办期间，参与教学的教师有李启汉、陈望道、陈为人、雷晋笙、严信民、包惠僧、李汉俊、李震瀛、蔡和森等人，可谓阵容庞大。这些共产主义知识分子对帝国主义的强权和封建主义的专制充满憎恨，都有强烈的投入劳工阶级为主体的社会的革命意愿。但他们本身不是大工业的产业工人，在生活习性和作风上与工人有很大差距。他们到沪西小沙渡，与工人热切接触，在心心相印的教学中切身体验到中国工人阶级的苦难，并且站在无产者的立场上给工人学员灌输工人阶级历史使命的思想和信念，自己也实现了立场的蝶变，自觉地肩负起无产阶级的历史使命，成无产阶级先锋队的一员。他们在后来的革命生涯中坚守初心和使命，用热血和生命献身于民族独立、人民解放、国家富强、人民幸福的伟大事业，成为党的革命家、活动家。例如，最早的4位专职教员中，李启汉、陈为人和雷晋笙都在各自的战斗岗位英勇牺牲，严信民为新生的社会主义建设事业做出了许多积极的贡献。

四、工人半日学校在中共党建史上的地位和作用

上海发起组一经建立，就在上海小沙渡创办沪西工人半日学校，在深入工人、宣传工人的马克思主义启蒙教学中取得了"初心致远、使命铸魂"的积极成果。其形成的"初心和使命的红色基因"和传承，在党的建党史上具有重要的开创地位和历史借鉴作用。其成功的经验在中国共产党创建史上是值得探究的重要课题。

---

① 上海工运志编纂委员会编：《上海工运志》，上海：上海社会科学院出版社，1997年：第192页。

上海发起组是以"提倡平民教育"的合法名义创办沪西工人半日学校的，教师是清一色的穷书生，他们沉到工人群众中间去，与工人群众同甘苦、共命运，在教学中给工人群众宣传和普及马克思主义。众所周知，马克思主义是博大精深的百科全书，要在文化普遍低下的工人群众中宣传和普及，并非易事。

首先，上海发起组坚持一切从实际出发，通过提高工人的文化程度，结合中国人民所处时代的民族危亡和工人阶级深受帝国主义、资本主义和封建主义压迫的实际，来宣传马克思主义，使工人正确认识社会发展的规律，认识资本主义制度本质，为担负起改造中国历史使命而寻找和掌握革命科学理论。

上海发起组在沪西工人半日学校的教学中特别重视传播阶级斗争和社会发展的学说，并把马克思主义的阶级斗争学说看作是联系马克思主义其他原理的一条"金线"。不可否认，大多数的青年教师并没有条件直接阅读外文版的马克思主义著作，无法系统地研究马克思主义和中国的实际情况，存在理论准备不足的弱点，但他们学到马克思主义的一些基本观点后，就积极投身到实际斗争中去，努力用这些新观点来观察和分析中国社会的诸多问题。[1]

沪西工人半日学校上课选用的《劳动界》就是联系工人阶级苦难实际和启蒙无产者历史使命的马克思主义宣传教材。陈独秀在《劳动界》发刊词上开门见山地讲解："劳动是什么？就是做工。劳动者是什么？就是做工的工人。劳动力是什么？就是工人。世界上若是没有人工，全靠天然生出来的粮食，我们早已饿死了。……"教员陈为人在《劳动界》发表了许多讴歌工人、抨击剥削者的文字："兄弟们呀！我们要减轻我们的劳苦，要增高我们的生活，要脱离资本家的奴隶，要得到那'有饭大家吃，有衣大家穿'的乐境，这是我们自己的责任，要我们自己努力去做呢！弟兄们啊！我们的责任既是这样大，我们为什么还要饮恨吞声的服从那资本家，不去实行社会主义，不去打破那资本家的阶级？"类似的文章和演讲在《劳动界》里俯拾即是。潜移默化地灌输和宣传马克思主义思想，受苦受难的工人们怎么会无动于衷？他们都是一无所有的无产者，不占有任何生产资料，同先进的经济形式相联系，是先进生产力的代表，一旦无产阶级历史使命觉醒，焕发了革命的觉悟，为自己阶级谋彻底解放的"初心致远、使命铸魂"就会油然而生。这是上海发起组为建党在沪西工人半日学校宣传马克思主义的丰硕成果，是马克思主义与中国工人运动结合中形成的"初心和使命的红色基因"，是建党初期理论联系实际、一切从实际出发的光荣革命传统的始发地。

---

[1] 中共中央党史研究室：《中国共产党历史（第一卷）》（上册），北京：中共党史出版社，2011 年：第 49 页。

我们要珍惜来之不易的工人半日学校红色资源，要把红色基因传承好，把红色传统发扬好，特别要向青年一代宣传介绍，并在深入学习中进一步厚植对马克思主义的信仰、坚定对中国特色社会主义的信念、增强实现中华民族伟大复兴中国梦的信心，做到信仰如山、信念如铁、信心如磐，使工人半日学校成为初心和使命的薪火相传的爱国主教育基地。

后　记

在迎来中国共产党成立百年大庆之际，《火红地标》正式出版了。

中共上海市普陀区委高度重视红色资源的挖掘、保护和利用工作。2020年初，纪念中国共产党成立百年大庆的筹备工作正式启动，确定由区委宣传部、区委党史研究室牵头编撰出版"苏河红色印记"系列丛书，向中国共产党成立100周年献礼，并作为全区深入开展中国共产党史、新中国史、改革开放史、社会主义发展史"四史"学习教育的教材。

沪西地区是中国近代民族工业的重要发祥地之一，也是党领导的中国工人运动的发源地之一，在新民主主义革命时期发生过众多具有重大影响的历史事件，留下了众多可歌可泣的革命先驱、先烈斗争故事以及红色革命旧址（遗址）。为此，区委党史研究室在先前对沪西地区红色革命旧址（遗址）所做的梳理工作的基础上，会同区档案局，以其中45个点位为线索，挖掘、整理出相关历史文献和党史、工运史研究资料，用图文并茂的方式讲述这段波澜壮阔的革命历史，并以《火红地标》作为书名。

2020年6月，本书的编撰工作正式启动。为了准确、全面地反映这段光辉历史，我们多次组织会议研究讨论，广泛征集相关文献、史料。在上海市总工会、市委党史研究室的指导下，于10月13日召开纪念沪西工人半日学校100周年理论研讨会，邀请沪上专家、党史工作者对沪西工人半日学校开展专题学术研讨，提供学术支持。在区委有关同志的努力下，由区委党史研究室原副主任华校生主笔，编撰形成了全书初稿。

让我们感动的是，中共党史研究专家金冲及老先生对我们的工作给予了指导与支持。11月中旬，我们怀着十分忐忑的心情，把本书初稿寄呈给金老，请他在百忙之中为我们"批改作业"。2021年1月初，我们欣喜地收到了金老亲笔为本书题写的题词——"记录红色足迹，讲好党的故事"。金老的题词不仅是对本书的肯定，更是对我区党史工作的期许与嘱托。

本书的编撰和出版得到了上海市总工会、中共上海市委党史研究室和上海社科院历史所的指导和支持，得到了中共普陀区委办公室、区委宣传部和普陀区文旅局、区总工会、区摄影家协会等单位的大力协助。华东师范大学出版社多位同志为本书的出版付出了辛勤的劳动。在此，一并向他们及相关同志表示衷心的感谢！

由于我们水平有限，加上时间紧迫，书中难免有疏漏和不足之处，希望广大读者给予批评指正。

编　者

2021 年 1 月 15 日